WENYIZUOPIN YANBOXUAN
WENYIZUOPIN YANBOXUAN
WENYIZUOPIN YANBOXUAN
WENYIZUOPIN YANBOXUAN
WENYIZUOPIN YANBOXUAN
WENYIZUOPIN YANBOXUAN

文艺作品演播选

罗　莉 王明军 编著

中国传媒大学出版社
·北京·

前　言

《文艺作品演播选》是配合《文艺作品演播》一书而编写的训练教材，选用的作品具有全面性、针对性、技巧性和实用性，对训练学生学习文艺作品演播非常有帮助。

本书具有以下几个特点：

一、所选作品对应每一种类型的文艺作品；

二、所选作品针对不同问题有所侧重；

三、对所选作品都给予一定的训练提示。

值得提及的是，文艺作品演播不同于一般的表演，它侧重于话筒前的艺术语言创作，因而，本书立足于话筒前的演播训练。

艺术重于个性，不同的人对于同一部作品，由于观念、阅历，甚至性格、气质的不同，往往会有不同的理解与感悟，在语言处理、技巧运用方面也会有所不同。从这个意义上讲，我们对每部作品的处理提示仅供参考，不强调唯一性。

可爱的大自然孕育着生命，伟大的艺术激活着生命。我们因大自然的美而倾倒，为艺术的魔力而震撼。艺术语言是我们制造美和魅力的武器，让我们用自己的思想和技巧创造一片美的天空，自由的天空。

我们真诚地希望这本《文艺作品演播选》，能给您的学习与训练带来有益的帮助。我们愿给您一双翅膀，让您在艺术语言的天空中尽情飞翔！

编　者

目录

散文作品朗诵训练材料与提示

白色方糖

马莉

在那淡淡的苦味的杯盏中，他是否获得了一丝儿甜意和温暖……

周末在广九大酒店的“卡拉OK”里听歌，看到一个20岁的女孩走上台去唱，也许心理准备得不够充足，旋律响起后，她才唱了开头一句：“雨潇潇……”这个女孩跟不上旋律，非常尴尬，正不知所措，再也唱不下去了。

有一个大胆的男孩，从座位上站起，快步走到台上，拿起另一只麦克风，站在女孩的身旁。待乐曲重又过渡到开头的时候，跟女孩齐声唱起：“雨潇潇，恩爱断姻缘……”唱了这开头的一句后，他放下麦克风，大方地回到自己的坐席上。那个女孩在他的“启动”下，有了信心，拉开了嗓子，大声唱到完。

当时我的心不觉涌出了一种感动。

那一年冬天，我独自走在广州的街上。经过公园前的马路，我正想心事，忽然听到一声响亮的“喂！”接着被一个小伙子拉了一把。一辆红色“的士”飞快地从我面前擦身而过。我被吓了一大跳。当我定下神来想说声“谢谢你”的时候，那小伙子早已跨上自行车消失得无影无踪了。

后来独自逛街过马路，我总会想起这位面影都未曾记着的陌路人。

从前有一个不快活的老头儿，他常来看我。他的老伴儿几年前过世了，唯一的女儿也嫁到了美国。他不习惯那边的日子，不愿意去住。他说：“我已是快入土的人了，还企望什么呢？”

这位孤独的老头儿没有任何企望，非常的节俭，不喝酒也不抽烟，但唯一喜欢喝咖啡。当我把一块白色方糖投入他的杯盏中，用一只小汤匙不断地搅动的时候，他竟感动得流出眼泪来。

偶然一个小小的动作，却触发了他的伤感，真是“可怜天下父母心”啊！

以后每每他来看我，我都细心地为他煮咖啡，并且把一块白色方糖放进他的杯中，为他慢慢地、慢慢地搅动。我不知道，在这个世界上，在这淡淡的苦味的杯盏中，他是否能获得一丝儿甜意和安慰，一丝儿温暖？

爱，有许多种。人类的血缘之爱是天赋的。陌路人的爱没有血缘性，体现了人对同类的关心，和人之为人——这样一个大家族的亲密和温暖。这就是一种博爱，一种比血缘亲情更深刻的东西。它有一种无形的凝聚力，把人类团结在一起。

世上每一个人都需要爱，需要温暖，需要帮助。

别人给予我爱，我当把这爱，也给予别人。

训练提示

1. 这篇散文“以小见大”写出了人之情的高境界，表达这篇作品，应当注意“形散神聚”的理解感受与表达，还应把握“点睛之句”的处理。

2. 作品中的“议论”应当依情而发，与前面的叙述语言有机结合而又有所区分。

3. 注意对三件小事的叙述要有层次和转换感。

4. 表达应内在，有感而发。

我与《少女的祈祷》

赵鑫珊

人的一生某些重大情感性事件往往是同一首曲子组结在一起的。三十年来，只要《少女的祈祷》这首钢琴曲一响，我的内心顿时就会被它的灵魂自白拔高、点燃、照亮。音乐形象祈祷中的少女恰如在蓝天底下五月的原野上采摘一朵紫罗兰的少女，微风拂起衣裙，比在正常现实生活泥潭中挣扎的不祈祷的女人要温柔许多，纯洁许多，高贵许多，更接近我心中一叶理想风帆的追求。

这是一段超柏拉图式的精神焦灼和亲和，当然，也是宗教感情的洗礼和潜移默化。在我五十岁的生命史上，这段隐私断断续续穿越了整整三十个春去秋来的椭圆轨道。即便是现在，我这颗饱经世变的心，依旧会被它一声合掌祈祷，那天使般的时而娴静、时而激昂的咏唱为之紧缩、颤抖、心碎。我敢说，一切纯洁的爱恋在本质上都是紧缩的、颤抖的、心碎的。因为她神圣，含有一种敬畏和崇拜的成分。女人崇拜男人的力度和硬度，男人则在女人们的温存和柔情面前跪拜。

说给你听你也不信，我的恋她情结所焦灼的女子，我的利比多心理能量所释放的对象，竟是用旋律语言在钢琴黑白相间的琴键上所造出来的一个绝对摸不着的音乐形象:一位正在做晨祷或晚祷的波兰少女。的确,谁又能否认幻想中的爱不如真实的爱更为持久,更为猛烈,更为之动情呢?谁又能否认牛顿力学中的f,m,a比物质世界中的力、质量和加速度要逊色呢?

我有位同事,她是通过两地书信认识她丈夫的。她非常爱看他的情书,因为这些情书给了她许多梦样的缠绕和想象力的财富分享,"情书中的他比实际中的他有魅力得多,"婚后她如是说。我理解她这句话的深意,因为艺术形象毕竟高于现实形象。《少女的祈祷》便是一个引导男人和女人上进的艺术形象。我想起有位农夫好心地问一位风景画家:"先生,这大片森林都在您的庄园里,您为什么还要在画布上画一株枯萎了的老橡树呢?"

我第一次听到《少女的祈祷》这首世界著名的钢琴小品是在1958年暑假。当时要听到这首曲子可不像今天这样容易,因为没有收录机,电子音响设备远不如现在这么普及。像往年假期那样,因为我是拿助学金的穷学生,没有路费回南方探亲,只好孤单单地继续留在北大校园里。也许,当一个人在物质生活处在贫困的时候,他的精神幻想生活就会空前显示其活力。1957年反"右"后极不正常的政治生活所造成的压抑和一位女学生对我的拒绝这两件事加在一起,更激化了我的幻想气质。当时恐怕没有一个女人会爱上我的,因为我的年纪比她们都小。事后很久我才知道,女人决不爱比自己嫩、比自己没有主见的男性。

我之所以要在这里交代这么几句,因为这是我对《少女的祈祷》深深感受和刻骨体验的心理背景。不把自身的内外经历注入某部艺术作品欣赏中去是从来没有过的事。艺术的功能和价值本在弥补现实生活中的缺陷和遗憾。现实生活中没有女子爱我,我就偷偷跑到文学艺术作品中去发疯似的爱苔丝,爱霍桑笔下《红字》里面的女主角海丝特,这是爱的目标位移,从现实到梦。对于我,所有这些永恒的女性都是一所陶冶性灵的大学,都是速效兴奋剂。有了这兴奋剂,这求生的大诱因和大鼓舞,世界和人生获得了不易折断的支撑,才有了不易摧毁的根基。这理由正如有位女作家所说:"人生不能没有恋。"

一天晚上,我路过未名湖畔生物系供实验用养狗房附近的钢琴室。突然,从一片茂林修竹中飘来一阵由虔诚、热烈的和弦所组成的引子,随后在高音区便奏出了一个银白色的、非常柔婉的音响形象,其韵明亮、清和,其声如祷、炽热,在流畅如歌的咏唱中多天真烂漫的美质,颇有脱身已得所的决毅和归宿感,我被这段明朗的抒情诉述深深吸引了。就其美学意境来说,它和舒伯特《圣母颂》、门德尔松《春之歌》和贝多芬《致爱丽丝》同属于热血沸腾的浪漫派。临近结尾部分,我蹑手蹑脚地步进琴房,发觉弹奏者是中文系的刘纪霖——《儿童钢琴曲集》的作者。

“哦，这是什么曲子？”

她指了指乐谱上的几个英文字。

“哦，‘少女的祈祷’，难怪，旋律太扣标题了。”

“这是一支无言的歌，心在唱，魂在咏叹。”她说。

在标题的下方印有作曲家的姓名：“特克拉·芭达尔泽芙斯卡”，从该姓氏来看，很可能属斯拉夫民族，估计是波兰人，女的。这都是我当时的猜测，我因为十分喜欢这首曲子，所以很想知道作者的生平和身世。我曾问过好几个行家，他们都是一问摇头三不知。我查阅过英国、德国和美国的《大百科全书》，也毫无结果。也许在这些主编们的眼中，只有巴赫、莫扎特、贝多芬、肖邦和舒曼，才有资格在权威性的百科全书中占有显赫的地盘，至于《少女的祈祷》及其作者则是不能登堂入室的。不是吗？在世界各地一切规格较高的大型音乐会的曲目中，我从来就没有看过《少女的祈祷》同贝多芬的《钢琴奏鸣曲》和肖邦的《夜曲》并列在一起演奏。我知道，《少女的祈祷》只是小品，然而，却是伟大而辉煌的小品。法国都德的《最后一课》不也是一篇伟大的震撼人心的小品吗？几乎没有一本西方音乐史的专著提到过芭达尔泽芙斯卡的名字，对此我愤慨了，我觉得这不公平！

自那以后岁月匆匆，整整三十年过去了。这些年不管何时何地，只要我一听到《少女的祈祷》，我就会轻轻地呼叫一声：“啊，芭达尔泽芙斯卡”，一个多么陌生、名不见经传、默默无闻的不朽作曲家。不朽，是因为《少女的祈祷》还活着，还在千百万人的心灵深处回响。我想起了中国的一句俗语：“室雅何须大，花香不在多。”我还想起肖邦致比托卡的一封信中这样说：“巴赫像一位天文学家，他借助于暗码发现了最奇特的星星；贝多芬则用他的精神力量拥抱了宇宙；我爬不上这么高，我早就打定了主意把人的心和魂作为我的宇宙。”

是的，各有各的成就，谁也不能挤掉谁。在一次盛大的酒席上有烤鸭，有全鸡，但也必须有一小盘花生米或海蜇皮。芭达尔泽芙斯卡的唯一成就便是用音响在钢琴上塑造了一个正在热烈祈祷的少女形象，她或许就是作曲家的自画像，就像简·爱是女作家本人。

此次，我撰写这篇回首往事的东西，只好特意为芭达尔泽芙斯卡的生平跑了一个下午的上海图书馆。苍天不负有心人。在昭和四十一年出版的《日文标准音乐辞典》和1967年联邦德国出版的二十卷本《布鲁克豪斯大百科全书》等四种工具书中，我终于喜出望外地查到了芭达尔泽芙斯卡的身世，尽管仅有寥寥数语：“波兰女作家兼钢琴家，1838年生于华沙，1861年死于同地，只活了23个春秋。《少女的祈祷》系她18岁所作，1856和1859年分别在华沙和巴黎出版，20世纪该曲风靡于世界各地，经久不衰。此外，她还写过 34 首沙龙钢琴曲，却被人遗忘。”

啊！是她 18 岁的少作，我肃然起敬了。

也许天妒她的才华，上帝过早地把她唤回了天国。有用的人早走了，留下了一件永久的有用；没有用的人赖着不走，从头到脚是一堆蠢。她的履历就像她的生命一样简洁，她的身世宛如她的绝唱，那么清澈、透明，在 19 世纪灾难深重的波兰夜空久久地缭绕回荡。对于我，有关她的生平，这点信息也就够了，三十年的小谜解开了。今天，我趁此机会把这一“风幕含烟空断魂”的信息转告给喜欢这首曲子的万千听众，也算是我对作曲家的最好悼念，而且还是我对她这唯一一首传世之作的感激之情。我想起中国一句古诗：“其人虽已没，千载有余情。”

三十年来，《少女的祈祷》如秋风朗月之夜，宇宙澄清，上下天光烛影摇动，多少次撒播在我的焦灼心田，多少次安慰了我漂泊羁旅的灵魂。尤其在我的青年时代，在少年维特烦恼的苦闷时期，它给了我感情的皈依，幻想的寄托，爱欲的升华。艺术世界的定义正是爱欲受压抑后的升华。我想起了护士的起源。1870 年普法战争，法国伤员甚多，男看护短缺，伤兵情绪极烦躁。后来破例招聘了一批女护士，结果伤兵情绪立刻稳定，伤口愈合得又快又好。《少女的祈祷》于我就有平息灵魂的骚乱，包扎好内心伤口的功能。在过去的岁月，我的内伤实在太多了。《少女的祈祷》其实是 18 岁的芭达尔泽芙斯卡的祈祷。祈祷，永远是同诗的超越和哲理的沉思联系在一起的；祈祷是你通过诗的情绪在同上帝交谈；沉思，则是你面对生之不易，死之可惜，潜心对人生真谛的探索。祈祷中的少女都是天使，都很美，因为她们的头上有一圈圣光弥漫。试问，一个正在作诗的超越的少女哪有不美的道理？

1984 年我去教堂体验生活，我好奇地问一个青年为什么来做礼拜？他说是为了找女朋友。我愕然了。当他解释说“有宗教信仰的女子心地都是美的”，我频频点头，深表赞同。这许多年令我遗憾的是，我始终没有坐在钢琴旁把《少女的祈祷》全部弹下来。说来我的弹琴水平也非常可怜，连“拜尔教程”都没有结业，究其原因，当然是政治运动接连不断的后果。所以我同《少女的祈祷》的关系始终是隔着一层大众化的欣赏关系。

1973 年深秋，我向我的羊群告假十天，回北京料理私事。一天雨夜我路过西郊，突然听到从远处一个淡绿色的窗口低诵《少女的祈祷》，我便情不自禁地收住了脚步，我久久地站在一棵加拿大白杨树下，冥想了许多。在那个年代听到有人弹奏这首曲子是多么的珍贵！《少女的祈祷》转化成了我的祈祷，我的脸被水淋透，既有雨水也有泪水。那是一颗正处困穷之乡的心在和泪而歌，如雁唳秋原。我祈祷有个理解我的温柔女子对我说：“我答应跟你去偏远山村，你放羊、我喂鸡，相依为命，欣然欢悦。”

许多年，我常有一种周期性的忧郁症缠身，忧郁一来，少则一天，多则一个星期，人完全处在瘫痪状态。我永远也不会忘记，我最后一次忧郁症便是《少女的祈祷》将它驱散了结的。1978年春，那时，我刚步入不惑之年。一天，我去探望朋友，他的妻子弹得一手好钢琴。深夜归来，我在日记中写道：今天晚上听吴太太弹奏《少女的祈祷》，我建议关了电灯，点着了一支蜡烛，那气氛使我十分动情。我的心纯极了、虔诚极了，坏我被驱赶走了，好我占了绝对优势。倘若我每天都能听到这首曲子，每天同唐诗、贝多芬、普朗克物理、哲学世界在一起，我在人生道路上就再也不会发生愚蠢的迷惘了，我会永远朝气蓬勃，发奋忘忧。《少女的祈祷》的艺术魅力在于它传播了某种不能言传的东西，帮助我们回到了自我，缓解了酷烈的命运，使我们暂时摆脱了惶惶然失去所在的烦忧状态，使人生在世得着了灵的烛照，魂的澄明。

最近几年收录机普及，使我经常能同芭达尔泽芙斯卡在一起做祈祷，不论我在何时何地，在咖啡厅，或走过某家商店，只要同“她”相遇，我马上就会抛开周遭的一切独自低徊，进入角色，体验宗教热忱中的宁静，汲引这股清凉的甘泉，借以呼吸一下圣洁的空气，摆脱掉现代人所受到的来自各方面的压力。

我始终认为宗教的力量在于热忱中的宁静，《少女的祈祷》就给了我这力量，尤其是当我苦闷、彷徨或陷入忧郁状态的时候，我的心会因祈祷的和弦而紧缩，幸福得不住滴血。是的，心滴血是种很深的幸福。

我觉得我的心理结构还年轻，年轻的标志之一，是我依旧像过去那样为《少女的祈祷》或祈祷中的少女而战栗，同波兰这位金发碧眼、短命天才的芭达尔泽芙斯卡不期而遇，心依旧会怦怦跳。也许，当我一旦对这首表现人类性灵的杰作变得无动于衷、水波不兴，我就的确老了。心老才是真老。我给老年下一个定义：对春风秋雨、万家灯火、自然规律的庄严和崇高，音乐的优美和壮美，爱情的痛苦和欢乐，不再为之激动、战栗和牵肠挂肚，对于我，这就叫死亡。死亡，就是丧失了生命原先的意义和价值。

愿《少女的祈祷》永远伴随我生命的四季！

训练提示

1. 作者赵鑫珊是一位哲学艺术家，有着深厚的艺术造诣。他的这篇作品，既有普通人的真情实感，也有艺术家的特殊敏感和孜孜以求的精神。作品透出知识性、情感性、真实感，同时，也让我们深深体味到那挥之不去的“文化大革命”阴影。

2. 表达这篇散文，要有一种睿智与艺术家的气质和冲动，语言表达不能死板，基调不应一味沉郁，要有变化与层次。应有一股股真情涌动，但又不能浮躁。面对一个个具体情节，应体现出思维的过程。

3. 注意，表达不应模仿艺术家、哲学家的气质与声音，要真正体现出自己的感悟。

夜临月观峰

金聚泰

人人都知道泰山上有座日观峰，但是，你听说过这里的月观峰吗？

月观峰位于泰山的西巅，是与雄峙岱顶东边的日观峰遥遥相对的姊妹峰。峰顶上建有一座四角亭，名“望月亭”，是赏月的好地方。据说晴空朗夜、星垂平野之际，登此峰可遥见济南灯火，故又名“望府山”。也许有人会说，天下何处无月圆，不信这里的月亮就比别处的月亮叫人稀罕！就月亮本身来说，那当然不会，可是她在不同时间、不同地方所给予人的感受，却是决然不同的。疏枝寒窗下，她素衣缟衫，寂寞而清冷；悠悠小湖边，她凝目端睇，柔媚而娴静；素月如练，波光万点，她为穷苦的渔哥们洒下点点碎银，慷慨而大度；“月上柳梢头，人约黄昏后”，她在情男恋女间绾系红线，温善而热情；“春江花月夜”，她给人以美的享受；“万里关山月”，又让人想起古战场上铁马金戈相搏击的苍雄。在诗人不同的感受里，她有时是海的娇女：“海上生明月”，有时是天的掌珠：“一轮秋夜月，几颗晓天星”；到了文采飞扬的散文家笔下，则又成了“新月如眉，满月如镜，残月如弓”了。啊，那么此朝此夕，此天此地，在我这个中原游客的眼里，这泰山上的明月又该是一种什么样的情景呢？

怀着这种期待，我从泰山顶上的招待所走出来，踏着暮色，移步“望月亭”。先我而来的，已经有一些游客了，不用说，大家都是一样的心情。出门的人容易相交，不一会儿，便三三两两地凑在一起，海阔天空地聊起来，京腔粤语，甚为交融。其中一个头戴遮阳帽，脚蹬旅游鞋，长发披肩，清新得像三月的清晨一样的女青年的声音特别脆、特别响：“都说泰山高、泰山高，再高，我们不是也登上来了？”别看她貌似柔柳，倒真有点当代青年的气魄呢！

暮色转浓，暮霭像滔滔海浪从山谷间涌起，吞没了四周的远山，并迅速向我们身边合拢，终于漫过了眼前最后一个山头，于是一切都湮没在夜色中。

忽然，一位通晓农历的老同志若有所悟地咕哝道：“初一初二看不见，初三初四一条线……啊，对了，今天是初二，没有月亮！”大家听了，好不扫兴！

借着夜色的掩护，山风不知什么时候从身后袭了过来。秋凉如水，直往脖子里灌，我情不自禁地紧了紧衣领，暗叹道：果真是“琼楼玉宇，高处不胜寒”呢！正想离去，忽见山脚下的泰安市和修建于半山间的泰山索道站华灯骤放，万户通明，像海市，像水府，金堆玉砌，火树银花，构成一幅无比绮丽的图景。我看着看着，忽然想到：天国虽好，毕竟虚幻，只有这美丽的人间才是实实在在的啊！难怪天上的那些仙女们放着“神仙”的日子不过，一个个都想落户人间呢……

训练提示

1. 这是一篇写景之作，作品的着眼点在泰山赏月，却描写了人间之情。
2. 处理这篇散文，应当注意人物语言的“写意化”和语言表达的文辞美、音韵美。
3. 表达中还应注意语言叙述、议论、抒情、描绘的显现与有机转换。

橘园颂歌

闻捷

风很大，云很低，也许要落雨了。我和海军大尉，沿着海边那条鹅卵石铺砌的小路，并肩向东走去。海军大尉是个非常豪放的人，平日爱说爱笑，现在他却无言地走，我们爬上山坡，便看见一排排竹篱围成的院墙，这就是橘园了，在这里，埋葬了 17 个英雄的水兵。

“到了。”说完，海军大尉整理了一下军帽和衣领，双手推开了掩蔽着的竹门。我踏上橘园门口的石阶，不由地回身望去。啊，群山环抱的舰罗港全部袒露在我的眼前。这时，海上那迅疾的风正卷起万堆白浪，不息地冲击着海岸，溅出雪亮的浪花。对面，玉龙山脚下停泊了近千只落帆的渔船，在激荡的水面颠簸。左边，我们来路的尽头，挨着码头，停靠着一列炮艇和战舰。右边，从两山夹峙的海口出去那白茫茫的一片就是东海了。多么雄伟壮丽的景色，当年的战斗指挥部就设在这样美丽的地方。

看守橘园的老人迎出来，远远就认出海军大尉，他连连说：“哦，哦，你又来看他们了。”他们——17 个水兵在这儿整整睡了三年。

我们穿过结满青色果实的橘林，走到橘园后边陡峭的石林下，那并排着有 17 座坟墓，坟上都新培了黄土，碑前的花束还很鲜艳。老人说，有一群远海归来的渔民，昨天刚刚来过。我和海军大尉脱下帽子，默默地低下头来。我的心情异乎寻常，我用心里的声音和他们谈心，安息吧，亲爱的同志，你们睡在这儿是不会感到寂寞的，你们抬起头，就可以看见祖国的山、祖国的海、飞驰的风帆、辛勤的渔民以及他们海洋般沸腾的生活。你们睡在这里，是不会感到孤单的，常常有海上归来的渔民、船夫、水兵、假期中的孩子们来看你们。今天我虽然没有献上常绿的松枝、鲜红的花束，却带来了我满腔的激情和崇敬之意。

我默立在坟前很久很久，我不是期待他们回答什么，我是想起了他们一生中最光荣的时刻。

1953年的今天，天气阴沉，舰罗港指挥部忽然收到一艘海上巡逻艇发来的急电："我艇在鳌鱼海面发现敌情，敌机……"电讯到此中断了，不知是因为天气干扰呢，还是发报机发生了故障呢？一个钟头以后，海军大尉，哦，当时他还是一个炮艇中队的队长，他接受指挥部的命令，立刻带领四只炮艇，载着几十颗焦虑不安的心，迎着风浪、迎着闪电、迎着雷声赶到鳌鱼出事地点。

在鳌鱼浅滩地带，我们的巡逻艇已经完全沉没了，汹涌的波涛上，只漂浮着一层柴油，几顶染有血迹的水兵帽子，几件烧破了的水兵上衣。远处的渔船也扯满风帆陆续赶来救援。渔民们说，不久以前，他们看到四架敌机贴着海面从东飞来，接着，这儿便响起激烈的战斗声。后来，他们又看见两架敌机尾巴上带着火焰栽进海里，两架敌机抖动着受伤的身子，呼啸着向东逃去。他们知道的，就是这些。但是，战斗是怎么打响的？战斗是怎么进行的？敌机是怎样被击落的？我们的巡逻艇又是怎样被炸沉的？没有一个人看见，也没有一个人知道。

当天傍晚，在汽笛的齐鸣中，在飘扬的旗海中，在水兵和渔民的泪眼模糊中，沉没在浅滩上的巡逻艇和全部死难者都被打捞出水面。

巡逻艇中了四颗炸弹，机舱的发动机破碎了，艇尾的副炮毁了，指挥台前虽然中了炸弹，前主炮还是完好的。炮筒上裹着水兵的上衣，想必是炮筒打红的时候，水兵们脱下衣服浸透了冷水裹上去的。信号兵腰部受了重伤，他爬过的软梯也有血迹。他用皮带把自己绑在桅杆上，忍着伤痛、火烧、烟熏发出最后的信号，以致嘴唇全被自己的牙齿咬破了。艇长小腹上中了一排机枪子弹，他没有倒下，一只手攥着望远镜，另一只手臂挎在指挥台上的铁栏杆上，倾斜着身子，睁着眼睛，张着嘴，仿佛还在喊叫射击口令。操作兵头顶上中了弹片，因为有短发覆盖着，所以看不出伤痕。他半闭着眼睛，紧紧地抱着舵子，好像远航归来后暂时的小憩，一会儿，还会醒来。无线电兵和三个轮机兵，他们的遗体已经难以分辨了。八个枪炮兵都赤着膊，他们的胸部完全被射击的时候炮筒喷射出来的硝烟熏黑了。枪炮长胸前更有一片火燎的水泡。他们的遗体，已经被波浪冲击得离开了艇身，是从海里寻找到的。只有炊事兵离开了自己的岗位。他被卡在左舷的铁索上，但他的手里拿的不是饭勺和菜铲，而是一支不知从哪个战友手中接过来的冲锋枪。

巡逻艇的弹药仓中，没有留下一颗炮弹，每支冲锋枪中，没有一颗未出膛的子弹。战斗打得多么激烈！敌人是多么疯狂！但是我们的水兵又是多么的顽强！

他们——参加这次战斗的17个水兵英勇牺牲的壮烈事迹，很快传遍了整个舰罗港。在渔民的心中，化为了无数动人心弦的美妙传说。有人说，这17个水兵并没有死，每天还和往常一样，巡行在祖国领海的边缘；有人说，在风起云涌的夜里，曾经听到过他们驾驶的那只巡逻艇，在风浪中奔驰着、呐喊着，带着仇恨、带着血迹前进，而当浪尖上粼光一闪的刹那，就看见那个年轻的信号兵高高地站在指挥台上，挥舞着缀有两条飘带的水兵帽。

是的，他们并没有死，他们永远活在人们的歌声中、传说中，他们是永生的。我为他们而感到自豪！我想，我们的孩子，将来在欢庆每一个胜利的节日的时候，会怀念起这个时代，会怀念起他们和他们一样的革命烈士的。

我怀着崇高的敬意和海军大尉默默地告别了橘园，迈开大步，沿着海边那鹅卵石铺砌的小路往回走去。远处，舰罗港正被迅疾的海风卷起万堆白浪，汹涌地冲击着沿岸，发出呼啸的声音。

训练提示

1. 这是已故著名作家兼诗人闻捷的作品。作品中所表现的时代离我们已有段距离，但它所反映的精神，在今天仍被称为“主旋律”。

闻捷的作品被称为“激情的赞歌”。在这篇作品中，作家以饱含深情的叙述为我们描绘出特定的情景，讴歌了时代的英雄，将“叙述”与“抒情”完美融合。在叙述中完成特定情感的抒发是其作品创作的显著特征。

2. 表达这篇作品，应抓住倒叙的写作方式，营造一种意境，朗诵者自己要始终沉浸其中，以娓娓道来的方式给听者讲述一个自己也深为感动的故事、一段刻骨铭心的体验和一种孜孜不倦的思考。

3. 在表达时，应声控情浓，风格平实，内涵深厚，处理上也要有层级与变化。

4. 语言表达方式除了以叙述为主，还要体现抒情、议论、描写的功能与变化并将其有机结合。

女性之一种

铁凝

忘记了从什么地方，读到过一支歌的名字，歌名叫做《享受你自己》。我不曾听过这支歌，歌子唱的一定是关于女性。

“享受”一词令我想起“欣赏”一词，欣赏自己的过程也是一种享受自己的过程吧。自赏意识其实是不分男女的。我常常感到，懂得欣赏自己，并敢于公开这欣赏的人，原本是可爱的。当你面对着一位满怀抱负的男性，这男性郑重地告诉你“我觉得自己有一种伟大感”时，你不觉得他可爱么；当你面对着一位情窦初开的少女，这少女坦率地向你宣布“我长得多好看”时，你不觉得她可爱么；当年轻的女同事自信地对你说，完全是因了她的到来，办公室的男人们变得整洁了，你不觉得她可爱么？

懂得欣赏自己本不是件坏事，你在这欣赏之中享受到自己的价值，于人生的旅途上你才知道倍加珍重这价值。你渐渐地明白了怎样去爱惜自己，怎样凭了你已经具备的价值，去创造于人类的光明前景，于民族的生生不息，于你的家庭、亲朋、爱你和你所爱的人们有益的财富。倘若欣赏自己和享受自己循了这样的轨迹去深入人心，请让我引用朋友的一个诗句：“为什么不呢？”

我又知道，人们通常的看法是，女性的自赏意识终归强烈于男性。身为女性，我不免也受了这通常看法的传染，读到“享受”便想起“欣赏”，想起“欣赏”则认定与女性有关了。那支歌该不是为女性的自赏正名的吧？因为，人们习惯于给自赏冠以贬义，那被贬的对象又常是女人。

我不是社会学家，对历史也少有研究，仅凭了微薄的感受，觉出或许正是漫长的人类社会发展史，造就了女性的自觉意识强烈于男性呢。在人类历史的舞台上，女性领衔主演的剧目又有多少呢。且不说中国几千年的封建岁月湮没着女性的本相，一句“金屋藏娇”谁又知蕴藏了女人的多少悲哀。即使如尼采、叔本华这样的洋人，也对女性充满鄙夷。叔本华声言女性是无法感悟艺术的；而尼采则说，和女人交往时要带着一条鞭子。男性的自赏可以有广阔的天地去发挥表现，那自赏就化作了行动去同整个社会碰撞；女性的自赏则只能在镜前、在井边、在灶间，在怀中的婴儿脸上。要是你稍不小心将你的自赏流露于大庭广众之下，那么你便是轻佻，便是张狂，便是大不规矩了。你那自赏，也因此变得格外碍眼，格外不合路数。而你那自赏意识，却因这种种限制与压抑，反倒倍加强烈、执著起来，好比一个无可扼制的恶性循环。

今日的女性，当然已用不着靠着一支歌来为自我的欣赏正名，如我在前边所讲。她们大胆地欣赏自己，也将这欣赏化作了行动，在各自的位置上，为人类的文明与进步，放出璀璨的光芒。更有那走向极端的“彻底解放者”，在公开的场合，与某些男性比赛着骂街，一样地猜拳行令，一样地捧着人碗狂饮。这样的女性，不是我在本文将要谈及的，我要讲的，到底还离不开女性的自我欣赏。

记得读中学时，同年级的一个女生告诉她的班主任，每天早晨她在上学的路上，都要碰见一个截住她不放的男人，这使她感到害怕。这女同学的处境，博得了班主任的同情。班主任从那天起，就派两名男生和这女生同路上学。这一行动，顿时使那女生成了班级里的新闻人物。大家想着，她与别人到底是有什么不同之处吧，不然为什么会有男人截住她要交朋友？那两名被派了任务的男生，在每日的清晨很庄严地尽着自己男性的义务，那天然生成的保护弱小的责任感被激发出来，他们倍感自豪。从此在他们护送女生的路上，再也没有出现过什么男人。许多年之后有一次我碰见了那长大成人的女生，闲聊中对她提起这件事，她哈哈笑着对我说，她上学的路上其实从来就没有出现过截住她的男人。我问她为什么要骗班主任呢，“好玩啊。”她说。

我并不觉得这女生无聊，那本是青春期的少女渴望引人注目的小花招吧。假如这样的花招里尚有天真的成分，使成人能明白地会心一笑，那么，成年之后依然地有意为之呢？

在我们的生活里，有时会遇见这样的女性，她们的外表大多顺应时尚，她们的神经每每敏感于常人。她们对待本职工作的态度还算认真，业余时间也读小说、逛商店。她们的手包里常有话梅和影视杂志，她们坦率地崇拜某个女明星，并固执地认为自己与那明星长得非常相似。她们的口中没有什么不文明的言词，也谈时局，谈社会上的不正之风。只是，当周围有男性相聚时，她们便相当频繁地调整自己的身姿和发式，并高声地笑——绝不粗俗，相当女性化的笑。她们也常作些弱不禁风之态，比如在办公室需要她们提着暖壶打开水的时候，在机关里分了西瓜需要她们用自行车驮回家的时候，在与男性同路而自己又提着沉重的旅行袋的时候。这样的时刻，知情达理的男性总会及时走在前边，为她们排忧解难。要紧的不在于此，因为弱不禁风之态与调整身姿、发式其实也无可非议。要紧在于，她们企盼着男性相助，而男性友好的相助又使她们坚信那男性正在打着她们的坏主意。

她们的神经确是敏感于常人的，她们的想象，也确比常人丰富百倍。她们的自信力每每超出真实景况许多，但这样的女性最为固执己见，她们觉得所有见过她们的男性均会为她们打动而心怀叵测。她们继而会因了这叵测的心怀而惴惴不安，仿佛自己的分秒都处于男性的危险中。

假使这固执的己见只埋藏在心里，男性倒还安全。但往往这样的女性对自己的信念常有不吐不快之感，她们把这信念当做事实讲给熟人、同事，伴着楚楚动人的无奈和疏远那男性的愤慨。她们对这样的讲述不厌其烦，叫人觉得这讲述的过程真正是享受的过程，是她们在享受自己的风采和愤慨。

假使仅仅是讲述，是要用这讲述来证实自己的魅力与男性的没出息，尚能使人谅解。如果将这习性发展成欺诈男性的手段，就不免叫人毛骨悚然。

她们似乎无师自通地明白女性那最原始的威力，当自己的要求不能被满足（你尽可以想象当代女性有着多少要求），而那要求者又是男性时，她们会大声疾呼她们受了这男性的欺侮。她们知道，全社会都会起来保护被欺侮的女性的，因了女性是弱小的象征，社会舆论定而无疑要为她们伸张正义。她们以她们自己那混乱不堪的价值观和畸形的自赏心态，将女人和男人逼上了尴尬的境地。她们在抬高自己的时刻，也彻底贬低了自己。

女人和男人的“战争”，是古老漫长的话题，而在人类这古老漫长的话题里，又每每延续着男女之间无尽的和平。我不要听尼采“和女人交往要带着一条鞭子”，也不要看上述的女性折磨男人也折磨自己。我相信战争与和平其实是同一轨道上的两极，善意地面对人生，你的内心就会获得宁静。

那支《享受你自己》唱的究竟是什么呢？有发现自己的乐趣吧，有自尊自爱的张狂吧，还会有女性与男性之间那健康、纯净的友爱之心。

训练提示

1. 这是一篇议论性散文，作者以女性的触角论及了女性意识，当代社会女性的自尊、自爱与自赏；同时，谈及正确的女性意识、女人与男人的战争，呼吁那纯洁的男女友爱之心、友爱之情。

2. 表达中，应透出一种理性的思考与议论。语言声音不可太柔，应有一种力度在其中。

丑　石

贾平凹

我常常遗憾我家门前的那块丑石呢：它黑黝黝地卧在那里，牛似的模样；谁也不知道是什么时候留在这里的，谁也不去理会它。只是麦收时节，门前摊了麦子，奶奶总是要说：这块丑石，多碍地面哟，多时把它搬走吧。

于是，伯父家盖房，想以它垒山墙，但苦于它极不规则，没棱角儿，也没平面儿；用錾破开吧，又懒得花那么大气力，因为河滩并不甚远，随便去掮一块回来，哪一块也比它强。房盖起来，压铺台阶，伯父也没有看上它。有一年，来了一个石匠，为我家洗一台石磨，奶奶又说：用这块丑石吧，省得从远处搬动。石匠看了看，摇着头，嫌它石质太细，也不采用。

它不像汉白玉那样的细腻，可以凿下刻字雕花，也不像大青石那样的光滑，可以供来浣纱捶布；它静静地卧在那里，院边的槐荫没有庇覆它，花儿也不再在它身边生长。荒草便繁衍出来，枝蔓上下，慢慢地，竟锈上了绿苔、黑斑。我们这些做孩子的，也讨厌起它来，曾合伙要搬走它，但力气又不足；虽时时咒骂它，嫌弃它，也无可奈何，只好任它留在那里去了。

稍稍能安慰我们的，是在那石上有一个不大不小的坑凹儿，雨天就盛满了水。常常雨过三天了，地上已经干燥，那石凹里水儿还有，鸡儿便去那里喝饮。每每到了十五的夜晚，我们盼那满月出来，就爬到其上，翘望天边；奶奶总是要骂的，害怕我们摔下来。果然那一次就摔了下来，磕破了我的膝盖呢。

人都骂它是丑石，它真是丑得不能再丑的丑石了。

终有一日，村子里来了一个天文学家。他在我家门前路过，突然发现了这块石头，眼光立即就拉直了。他再没有走去，就住了下来；以后又来了好些人，说这是一块陨石，从天上落下来已经有二三百年了，是一件了不起的东西。不久便来了车，小心翼翼地将它运走了。

这使我们都很惊奇！这又怪又丑的石头，原来是天上的呢！它补过天，在天上发过热，闪过光，我们的先祖或许仰望过它，它给了他们光明、向往、憧憬；而它落下来了，在污土里、荒草里，一躺就是几百年了?!

奶奶说："真看不出！它那么不一般，却怎么连墙也垒不成，台阶也垒不成呢?"

"它是太丑了。"天文学家说。

"真的，是太丑了。"

"可这正是它的美!"天文学家说，"它是以丑为美的。"

"以丑为美?"

"是的，丑到极处，便是美到极处。正因为它不是一般的顽石，当然不能去做墙，做台阶，不能去雕刻、捶布。它不是做这些玩意儿的，所以常常就遭到一般世俗的讥讽。"

奶奶脸红了，我也脸红了。

我感到自己的可耻，也感到了丑石的伟大；我甚至怨恨它这么多年竟会默默地忍受着这一切？而我又立即深深地感到它那种不屈于误解、寂寞的生存的伟大。

训练提示

作者用"丑石"来歌颂那种不屈于误解、寂寞的生存的伟大。文章以小见大，以具象写抽象，把深刻的富有哲理的思考用日常的生活小事娓娓道来。表达时注意全篇平实质朴的基调的统一，最后的升华要水到渠成。

我的心

巴金

近来，不知道什么缘故，我的这颗心痛得更厉害了。

我要向我的母亲说:“妈妈,请你把我这颗心收回去罢,我不要它了。”记得你当初把这颗心交给我的时候,你对我说过:“你的爸爸一辈子拿了它待人、爱人,他和平安宁地过了一生。他临死把这颗心交给我,要我将来在你长成的时候交给你,他说,承受这颗心的人,将永远正直、幸福,而且和平安宁地度过他的一生。现在你长成了,那么你就承受了这颗心,带着我的祝福,到广大的世界去罢。”

这几年来我怀着这颗心走遍了世界,走遍了人心的沙漠,所得到的只是痛苦的创痕。正直在哪里?幸福在哪里?和平在哪里?这一切可怕的景象,哪一天才会看不见?这一切可怕的声音,哪一天才会听不到?这样的悲剧,哪一天才不会再演?一切都像箭一般地射到我的心上。我的心上已经布满了痛苦的创痕,因此我的心痛得更厉害了。

我不要这颗心了。有了它,我不能够闭目为盲;有了它,我不能够塞耳为聋;有了它,我不能吞炭为哑;有了它,我不能够在人群的痛苦中找寻我的幸福;有了它,我不能够和平地生活在这个世界;有了它,我再不能够生活下去了。妈妈,请你饶了我罢,这颗心我实在不要,不能够要了。

我夜夜在哭,因为我的心实在痛得忍受不住了。它看不得人间的惨剧,听不得人间的哀号,受不得人间的凌辱。它每一次跟着我游历了人心的沙漠,带了遍体的伤痕归来,我就用我的眼泪洗净了它的血迹。然而它的伤痕刚刚好一点,新的创痕又来了。有一次似乎它也向我要求了:“你放我走罢,我实在不愿意活了。请你放了我,让我把自己炸毁,世间再没有比看见别人的痛苦而不能帮助的事更痛苦了。你既然爱我,为何又要苦苦地留着我,留着我来受这种刺心刻骨的痛苦?”我要放走它,我决心让它走,然而它却被你的祝福拴在我的胸膛内了。

我多时以来就下决心放弃一切。让人们去竞争,去残杀;让人们来虐待我,凌辱我。我只愿有一时的安息。可是我的心不肯这样,它要使我看,听,说。看我所怕看的,听我所怕听的,说我所不愿听的。于是我又向它要求道:“心啊,你去罢,不要苦苦地恋着我了,有了你,无论如何我不能够活在这样的世界上了。请你为了我的幸福的缘故,撇开我罢。”它没有回答。因为它如今知道,既然它已被你的祝福系在我的胸膛上,那么也只能由你的诅咒来分开。妈妈,请你诅咒我罢,请你允许我放走这颗心去罢,让它去毁灭罢,因为它不能够活在这样的世界上,而有了它,我也不能够活在这个世界上了。

我有了这颗心以来,我追求光明,追求人间的爱,追求我理想中的英雄。到而今我的爱被人出卖,我的幻想完全破灭,剩下来的依然是黑暗和孤独。受惯了人们的凌辱,看惯了人间的惨剧。现在,一切都受够了。可是这一切总不能毁坏我的心,弄掉我的心，因为没有得到母亲的诅咒，这颗心是不会离开我的。所以，为了你的孩子的幸福的缘故，请你诅咒我罢，请你收回这颗心罢。

在这样大的血泪的海中，一个人一颗心算得什么？能做什么？妈妈，请你诅咒我罢，请你收回这颗心罢。我不要它了。

可是我的母亲已经死了多年了。

训练提示

作者带着追求光明、追求人间真善美的一颗心来到社会，但黑暗的现实使他频频遭遇挫折并饱受欺凌，他强烈地憎恨社会的丑恶却不知道光明的出路在哪里，因此他感到苦闷，也觉得沉痛。文章表现出在那个黑暗的时代中有一颗真诚的心是多么痛苦，这痛苦不仅仅是因看到假、恶、丑弥漫，真、善、美无踪，更在于真诚的心并不能因此放弃真诚。因此作者以貌似激愤的灵魂独白方式，为崇高的心灵和生命的出路发出真挚的呼号。

西湖梦(节选)

余秋雨

西湖的文章实在做得太多了，做的人中又多历代高手，再做下去连自己也觉得愚蠢。但是，虽经多次违避，最后笔头一抖，还是写下了这个俗不可耐的题目。也许是这汪湖水沉浸着某种归结性的意义，我避不开它。

初识西湖，在一把劣质的折扇上。那是一位到过杭州的长辈带到乡间来的。折扇上印着一幅西湖游览图，与现今常见的游览图不同，那上面清楚地画着各种景致，就像一个立体模型。图中一一标明各种景致的幽雅名称，凌驾画幅的总标题是“人间天堂”。乡间儿童很少有图画可看，于是日日逼视，竟烂熟于心。年长之后真到了西湖，如游故地，熟门熟路地踏访着一个陈旧的梦境。

明代正德年间一位日本使臣游西湖后写过这样一首诗：

昔年曾见此湖图，
不信人间有此湖。
今日打从湖上过，
画工还欠费工夫。

可见对许多游客来说，西湖即便是初游，也有旧梦重温的味道。这简直成了中国文化中的一个常用意象，摩挲中国文化一久，心头都会有这个湖。

奇怪的是，这个湖游得再多，也不能在心中真切起来。过于玄艳的造化，会产生一种疏离，无法与它进行家常性的交往。正如家常饮食不宜于排场，可让儿童偎依的奶妈不宜于盛装，西湖排场太大，装饰太精，难以叫人长久安驻。大凡风景绝佳处都不宜安家，人与美的关系，竟是如此之蹊跷。

西湖给人以疏离感，还有另一原因。它成名过早，遗迹过密，名位过重，山水亭舍与历史的牵连过多，结果，成了一个象征性物象非常稠厚的所在。游览可以，贴近去却未免吃力。为了摆脱这种感受，有一年夏天，我跳到湖水中游泳，独个儿游了长长一程，算是与它有了触肤之亲。湖水并不凉快，湖底也不深，却软绒绒地不能蹬脚，提醒人们这里有千年的淤积。上岸后一想，我是从宋代的一处胜迹下水，游到一位清人的遗宅终止的，于是，刚刚弄过的水波就立即被历史所抽象，几乎有点不真实了。

它贮积了太多的朝代，于是变得没有朝代。它汇聚了太多的方位，于是也就失去了方位。它走向抽象，走向虚幻，像一个收罗备至的博览会，盛大到了缥缈。

训练提示

作者把西湖看做中国文化中的一个常用意象，把西湖当做极复杂的中国文化人格的集合体，借西湖这个陈旧的梦境带来的疏离感，阐述了群体性文化人格日渐黯淡的趋势。作品思想境界极为开阔，与社会、与历史、与现实紧密联系，抒发了自己独到的见解，格调超脱、亦褒亦贬，虽明显带有调侃意味，但又能感觉到沉甸甸的文化积累。

诗歌朗诵训练材料与提示

白雪歌送武判官归京

唐·岑参

北风卷地白草折，胡天八月即飞雪。
忽如一夜春风来，千树万树梨花开。
散入珠帘湿罗幕，狐裘不暖锦衾薄。
将军角弓不得控，都护铁衣冷犹着。
瀚海阑干百丈冰，愁云惨淡万里凝。
中军置酒饮归客，胡琴琵琶与羌笛。
纷纷暮雪下辕门，风掣红旗冻不翻。
轮台东门送君去，去时雪满天山路。
山回路转不见君，雪上空留马行处。

训练提示

岑参（约715—770），天宝三年进士及第，著名边塞诗人，长于七言古诗。其诗写边塞风光及将士生活，雄健奔放，想象奇特，色彩瑰丽，杜甫曾赞“岑参兄弟皆好奇”。

充满奇思异想、浪漫的理想和壮逸的情怀既是诗人的创作个性，也是此诗主要的特色。

这首诗抒写塞外送别、客中送客之情，不但不令人感到伤感，反而使人觉得塞外风雪变成了可玩味、欣赏的对象。

作者用敏锐的观察力和感受力捕捉边塞奇观，笔力矫健，有大笔挥洒（如“瀚海”二句），也有细节勾勒（如“风掣红旗冻不翻”）；有真实生动的摹写，也有浪漫奇妙的想象（如“忽如”二句），再现了边地瑰丽的自然风光，充满浓郁的边塞生活气息。全诗融合着强烈的主观感受，在歌咏自然风光的同时还表现了雪中送友人的真挚情谊。诗情内涵丰富，意境鲜明独特，具有极强的艺术感染力。

作品基调明朗优美，表达时注意作品利用换韵与场景画面交替的配合，形成跌宕生姿的节奏旋律。诗中或二句一转韵，或四句一转韵，转韵时场景必更新：开篇入声起音陡促，与风狂雪猛画面配合；继而音韵轻柔舒缓，随即出现"春暖花开"的美景；以下又转沉滞紧涩，出现军中苦寒情事……末四句渐入徐缓，画面上出现渐行渐远的马蹄印迹，使人低回不已。全诗内涵丰富，意境鲜明独特，具有极强的艺术感染力。

在表达时还要注意情景再现的运用，通过具体的"内心视像"引发自己真实的感受。比如"忽如一夜春风来，千树万树梨花开"这壮美的画面，使人宛如回到了南方，见到了梨花盛开的繁荣壮丽之景，心中的喜悦可想而知。"纷纷暮雪下辕门，风掣红旗冻不翻"，帐外那以白雪为背景的鲜红一点，更与雪景相映成趣。那是冷色调的画面上的一点暖色、一股温情，也使画面更加灵动。

李清照词二首

(一)一剪梅·红藕香残玉簟秋

红藕香残玉簟秋。轻解罗裳，独上兰舟。云中谁寄锦书来？雁字回时，月满西楼。

花自飘零水自流，一种相思，两处闲愁。此情无计可消除，才下眉头，却上心头。

训练提示

李清照(1084—约1151)，号易安居士，著名南宋女词人。她的词强调协律、典雅、情致，反对以作诗之法作词，严格区分词与诗，重视词自身的艺术特点，提出词"别是一家"之说。

前期作品多表现对爱情的向往和对自然景物的喜爱，韵调优美，风格热情明快。后期(南渡后)作品多抒发孤寂凄凉的身世，寄寓对中原故土的怀念之情，风格曲折深隐、哀婉凄凉，表达爱国情感。其词善用白描手法，状物抒情，细腻精巧，曲折尽意，语言清新自然，音律谐和优美，在两宋词坛上独树一帜，被称为"易安体"。她把婉约词推向高峰，对后世影响很大。

这是一首工巧的别情词。以词来抒写相思之情，这并不是什么新鲜的题材，但李清照这首《一剪梅》以其清新的格调，女性特有的沉挚情感，丝毫"不落俗套"的表现方式，给人以美的享受。

词的起句"红藕香残玉簟秋"，领起全篇，为全词定下了幽婉的抒情基调。接下来的五句顺序写词人从昼到夜一天内所做之事、所触之景、所生之情。"花自飘零水自流"一句，承上启下，词意不断。它既是即景，又兼比兴。所喻人生、年华、爱情、离别，则给人以凄凉无奈之恨。下片自此转为直接抒情，用内心独白的方式展开。

此词"眉头"、"心头"对举，"才下"、"却上"相应，形成一条动荡起伏的感情流波。朗读时注意节奏的回环往复。

(二)醉花阴·薄雾浓云愁永昼

薄雾浓云愁永昼，瑞脑消金兽。佳节又重阳，玉枕纱橱，半夜凉初透。

东篱把酒黄昏后，有暗香盈袖。莫道不消魂，帘卷西风，人比黄花瘦。

训练提示

这首词是作者早期和丈夫分别之后所写，它通过悲秋伤别来抒写词人的寂寞与相思情怀。上片写秋凉情景，下片写重九感怀。从字面上看，作者并未直接抒写独居的痛苦与相思之情，但这种感情在词里却无往而不在。

表达时要注意：

1. 巧妙的比喻是这首词广泛传诵的重要原因之一。古诗词中以花喻人瘦的作品屡见不鲜，但比较起来却均未及李清照这首词的比喻与全词的整体形象结合得紧密，又极切合女词人的身份和情致。比喻性重音"黄花"的强调要有意境。

2. 烘云托月的手法，藏而不露的韵味。全词不见一个"菊"字，但"菊"的色、香、形态却俱现纸上。词中多此一层转折，朗诵时要多一层思考，使全词的韵味也因之增厚一层。

3. "眼词"是最后一句的"瘦"，但情感的表达却层层推进，环环相扣：先用一句"莫道不消魂"带有反诘与激问语气的句子作引，再加一句写动态的"帘卷西风"，这以后，才写出"人比黄花瘦"的警句来。这警句不是孤立的，三句联成一气，前面两句环绕后面一句，起到绿叶红花的作用。

我骄傲，我是中国人

王怀让

在无数蓝色的眼睛和褐色的眼睛之中，
我有着一双宝石般的黑色的眼睛，
我骄傲，我是中国人！

在无数白色的皮肤和黑色的皮肤之中，

我有着大地般黄色的皮肤，
我骄傲，我是中国人！

我是中国人——
黄土高原是我挺起的胸脯，
黄河流水是我沸腾的热血，
长城是我扬起的手臂，
泰山是我站立的脚跟。

我是中国人——
我的祖先最早走出森林，
我的祖先最早开始耕耘。
我是指南针、印刷术的后裔，
我是圆周率、地动仪的子孙。

在我的民族中，
不光有史册上万古不朽的
孔夫子、司马迁、李自成、孙中山，
还有那文学史上万古不朽的
花木兰、林黛玉、孙悟空、鲁智深。
我骄傲，我是中国人！

我是中国人——
在我的国土上
不光有雷电轰不倒的长白雪山、黄山奇松，
还有那风雨吹不灭的井冈传统、延安精神！

我是中国人——
我那黄河一样粗犷的声音，
不光响在联合国的大厦里，
大声发表着中国的议论，
也响在奥林匹克的赛场上，

大声高喊着“中国得分”。
当掌声把中国的旗帜送上蓝天，
我骄傲，我是中国人！

我是中国人——
我那长城一样的巨大手臂，
不光把采油机钻杆
钻进外国人预言打不出石油的地心，
也把通信卫星
送上祖先们梦中不曾到过的白云。
当五大洲倾听东方声音的时候，
我骄傲，我是中国人！

我是中国人——
我是莫高窟壁画的传人，
让翩翩欲飞的壁画与我们同住。
我就是飞天，
飞天就是我们。
我骄傲，
我是中——国——人！

训练提示

1. 这是一首流传甚广的抒情诗，诗中抒发了诗人对祖国的热爱之情和身为中国人的自豪之感。诗中充满激情，诗句整齐，节奏激越。朗诵时，应带出这一特点，情绪饱满，节律分明。注意“定位词语”的处理，注重其内涵与形式的具体和多样。

2. 此诗可以用作集体、配乐朗诵的训练。

风流歌（节选）

纪宇

（一）

风流哟，风流，什么是风流？

我心中的情丝像三春的绿柳；

风流哟，风流，谁不爱风流？
我思索的果实像仲秋的石榴。

我是一个人，有肉，有血，
我有一颗心，会喜，会愁。

我要人的尊严，要心的颖秀，
不愿像丑类一般鼠窃狗偷！

我爱松的高洁，爱兰的清幽，
决不学苍蝇一样追腥逐臭。

我年轻，旺盛的精力像风在吼，
我热情，澎湃的生命似水在流。

风流啊，该怎样将你理解，
风流啊，我发誓把你追求！

清晨——我询问朝阳，
夜晚——我凝视星斗……

遐想时，我变成一只彩蝶：
“啊，风流莫非指在春光里嬉游？”

朦胧中，我化为一只蜜蜂：
“啊，风流好似是在花丛中奔走。”

我飘忽的思潮汇成大海，
大海说：“风流是浪上一只白鸥”；

我幻想的双翼飞向明月,
明月说:“风流是花下一壶美酒。”

于是,我做了一个有趣的梦,
梦见人生中的许多“朋友”——

他们都来回答我的问题,
争辩着,在八十年代谁最风流。

理想说:“风流和成功并肩携手,”
青春说:“风流和品貌不离左右。”

友谊说:“风流是合欢花蕊的柱头,”
爱情说:“风流是并蒂莲下的嫩藕。”

道德说:“风流是我心田的庄稼,”
时代说:“风流是我脑海的秋收”……

风流哟,风流,请你回答:
这样的理解是不是浅陋?

风流哟,风流,请你开口:
你有没有不变的标准让我恪守?

(四)

这才叫风流,这才叫风流,
敢于和残酷的命运殊死搏斗!

这才叫风流,这才叫风流,
在历史长河上驾时代飞舟!

在枪口下揭穿造神者的阴谋,

把一腔滚烫的血洒在荒丘；

在棍棒下祭奠好总理的英灵，
让无数朵洁白的花开在胸口！

把祖国请到世界体坛的领奖台上，
让她听一听国歌的鸣奏；

把红旗插在珠穆朗玛的最高峰，
让她摸一摸蓝天的额头！

在地雷密布的山口请战："让我先走，"
在完成任务撤退时高喊："我来断后！"

性能还不稳的新歼击机，我去试飞，
烟云尚未散的核试验场，我去研究。

像雷锋那样热爱平凡的工作岗位，
不管到哪里，都是一台车头；

像焦裕禄那样关心灾民的柴米油盐，
纵然是死了，也要浩气长留！

数风流人物，还看今朝，
今朝，就是实现理想的战斗——

……

北斗的风流是指引方向，
卫星的风流是环绕地球。

……

我们干的是各行各业，
我们对风流却有共同的追求：

“一口清”，是查号话务员的风流，
“一刀准”，是肉店售货员的风流；

“神刀手”，是女修脚工的风流，
“描春人”，是清洁队员的风流……

我们要让服装和心灵同样美丽，
我们应使物质和精神同样富有！

从劳动中提取快乐作为报酬，
从奋斗中夺来胜利当成享受。

呵，每一个无法解释的现象，
都可能是一门新兴学科的入口；

每一项成绩都靠汗水浇就，
每一个问号都可能“曲径通幽”！

劳动、创造、进步——无止无休！
爱真、爱善、爱美——不折不扣！

这是真风流哟，这是真风流，
把时代的彩笔紧握在手。

绘四化之图，建幸福之楼，
在九百六十万平方公里土地上铺锦叠绣！

让人民说：他们受过挫折，摔过跟头，
可他们把时代的使命担上了肩头；

让历史说：他们善于思索，敢于战斗，
不愧是中华民族的一代风流……

训练提示

这是一首优秀的政治抒情诗，它反映出“文化大革命”结束以后，中国年青一代对“风流”的追求与思索。诗歌内容与时代特征结合紧密，因而受到年青一代朋友的喜爱，大家争相传诵。

全诗共分为四节，有人将其定名为：追求、引路、苦思、召唤。我们在这里只选择了第一、第四节进行训练，以求更好地显现诗歌处理的对比与变化。

1. 朗诵此诗总体应把握渴望、追求、积极向上的情绪。

2. 注意区分第一节与第四节的基调、节奏、音色的不同：

第一节朗诵：应以谈心方式，语气亲切、发人深省；

第四节朗诵：应答案明确，层层递进，催人向上。

3. 朗诵要表现思索的过程，不能只是结果。

4. 朗诵不可大声喊叫，一喊到底，应表现探讨的意味。

5. 要注意重复句的处理，如“风流哟，风流”和“这才是风流”。不要拿腔作调，应加强内心的感悟与支撑。

6. 对诗中“啊”的处理，要各有其貌，不应雷同。

此诗可作为集体朗诵、配乐朗诵训练之用。

不满（节选）

骆耕野

像鲜花憧憬着甘美的果实，
像煤核怀抱着燃烧的意愿，
我心中孕育着一个“可怕”的思想，
对现状我要大声地喊叫出：
——“我不满”！

谁说不满就是异端？
谁说不满就是背叛？
是涌浪，怎能容忍山涧的狭窄，

是雏鹰，岂肯安于卵壁的黑暗。
不满：激扬着对海洋的神往！
不满：苏生着对蓝天的渴念！

生命的创造多么痛楚而伟大，
请赐给母亲以满足的甘甜：
“不！还是祝福孩子尽快成长吧。”
婴儿问世已叩响了母亲不满的心弦。
啊，谁能说不满就是不爱？
啊，谁敢说不满就是抱怨？

哥伦布不满铅印的海图，
才发现了大洋的彼岸；
哥白尼不满神圣的《圣经》，
才揭开了宇宙的奇观；
开普勒不满“日心说”才去发展真理；
亚里士多德不满柏拉图才能“青出于蓝”。

啊，谁说不满是背弃出类拔萃的先人？
啊，谁说不满是亵渎德高望重的圣贤？

不满：茹毛饮血的人猿才去寻觅火种，
不满：胼手胝足的祖先才去摸索种田；
不满：雄丽的赵州桥才取代了简陋的木桥，
不满：“精巧”的石斧才让位于青铜和冶炼；
不满：才产生了妙手回春的华佗，
不满：才造就了巧夺天工的鲁班。

啊，不满正是对变革的希冀，
不满乃是那创造的发端。

……

我不满官僚主义，
轻浮地荡尽了先烈的遗产；
我不满文化水平，
至今还托不起四化的航船；
我不满软弱的法制，
英雄碑前有民主的泪浸血染；
我不满大话和空想，
睡在海市蜃楼上描绘缥缈的明天；
我不满抱怨和牢骚，
躺在时代的堤岸上指责涌进的波澜……

啊，不满就是一个绝妙的议事日程，
不满就是一部崭新的行动提案；
不满已催生出伟大的战略转移，
不满已催挂起新长征的战斗风帆。

啊，河床在不满中伸直了脊梁，
石油在不满中涌出了海面；
科学在不满中冲破了禁区，
指标在不满中跨上了火箭。
思想在不满中睁开了慧眼，
真理在不满中延伸了路线；
贫穷在不满中紧追着富强，
现状在不满中疾速地登攀！

啊，不满像两个矛盾间过渡的桥梁，
不满像一粒细胞中产生的裂变；
不满便有所发明，有所创造，有所前进，
不满将通向繁荣，通向幸福，通向完善！

像鲜花憧憬着甘美的果实，
像煤核怀抱着燃烧的意愿，

我心中溢满了深挚的爱哟，
对现状我要大声地叫喊出：
“我——不——满”!

训练提示

这是一首充满思索和革命激情的政治抒情诗。它体现出诗人敢于思索、善于思索的求实态度与奋进精神。此诗句式整齐，朗朗上口，朗诵时要注意如下几点：

1. 注意诗歌层次的合理划分。
2. 注意朗诵节奏的层层递进与变化透出思索的光芒。
3. 注意在全诗激情的氛围下找到情绪的变化。
4. 注意表现诗歌朗诵的音韵美。

永生的和平鸽

刘擎　王嫣

女：无数次，
在天空和大地之间的一棵棵橄榄树旁，
我伸开手掌放飞一对年轻的洁白的鸽子。

男：无数次，
在太阳被地平线颤抖的举起又颤抖地沉入的一个个早晨和黄昏，
我向着遥远的南方，唱一支深情的无词的歌。

女：就在亚热带丛林中那片不知名的小草上，
他最后一次站起身，向祖国致敬。
红色的生命之泉奔涌着，再也没有停歇。
于是，那天的晚霞很红很红。

男：就这样，他在那片小草上，
献出最后一次脉搏，最后一次呼唤，
献出二十二岁的年龄。
就这样，他在青春里永恒，

女：于是，他的生命永远年轻。

男：他是个普通的人，
女：普通极了，
男：是我们儿时的伙伴，
女：我们青年时代的朋友。

男：他并不曾编织过关于英雄和元帅的光荣梦想，
甚至并不特别喜欢那些打仗的故事。
女：他迷恋着他的鸽子，
他的洁白、美丽的鸽子。
每一次当鸽子从他肩头起飞的时候，
总会听见他对着蓝天吹响那嘹亮的无比洒脱的鸽哨。

男：可是，有一天，他说，他要去参军，
他要去南方的前线。
女：于是，在一个雾气蒙蒙的早晨，
他打好背包，向我们告别。

男：他说，南方有一对白鸽子死了，
因此总有人要走上前线。
女：是的，总有人要走上前线。
男：他说，他是爱鸽子的，
所以他要上前线。
女：他爱鸽子，因此他要上前线。

男：他说，你们生活吧！奋斗吧！幸福吧！相爱吧！
女：他说，你们要幸福，要相爱。

男：他说，洒尽鲜血是为了要开放出阳光和爱情，
开放出大片大片和平的天空，
女：是为了让所有的白鸽永远不死地自由飞翔。

男:这时候,你哭了,你的脸上挂着泪珠。

女:我哭了。我的脸上挂着泪珠。

男:他说,你还是一个小丫头,一个傻乎乎的小丫头。

女:他说,我是一个小丫头,一个小傻丫头。

男:他微笑着,吹响一声长长的口哨,

女:一声口哨,一声无比优美的口哨。

男:然后,眼睛和眼睛相互凝望着,

女:凝望了许久,什么也没说。

男:最后,他拿出那对雪白雪白的鸽子,
放到我们手上,

女:转过身,踏上那条弯弯曲曲的小道。

合:从此,他再也没有回来,
永远也不会回来了……

男:那一天,

女:那一天,

合:我看见晚霞很红很红;
那一天,他在青春里永恒,
他的生命永远永远年轻!

合(叠):鸽子飞翔着,飞翔着,
牵出长长的弧线,
牵出长长的没有尽头的怀念。

男:我的歌回旋着,它是低低地、低低地,
可我总相信,在那遥远的亚热带丛林中,
会有一片小草听到这歌声,

合:和我们一起怀念。

合：于是，当我们无数次地面对湛蓝湛蓝的天空，
和血红血红的霞光，
女：总觉得有一个掩藏的故事，
还不曾述说。
男：总觉得有一阵嘹亮的歌哨，
在久久地回荡！

女：无数次，
合：我们伸开手掌，
放飞一对年轻的洁白的鸽子，

男：无数次，
合：我们向着遥远的南方，
唱一支深情的无词的歌。

训练提示

这是一首感人的诗作。在隐隐的情节中，讲述了一个隐隐的爱情故事，歌颂了一名普通的、年轻的士兵的高尚情怀。此诗写法含蓄，意味深长。

1. 朗诵处理应内在、深情地。
2. 对诗歌的分析要准确、细致，找到其前后呼应的结构与层次。
3. 朗诵语调虽然以轻柔为主，但也应根据内容有相应变化，切忌节奏“平”。
4. 此诗既可以对诵，也可以单人朗诵，有配乐处理。

周总理办公室的灯光（节选）

石祥

夜啊，静悄悄……
静悄悄……
当祖国度过了沸腾的白天，
当人们梦里发出甜蜜的微笑，
当熟睡的婴儿脸上现出幸福的酒窝，
当晶莹的露珠挂上嫩绿的幼苗……

啊！同志啊，
你可知道，
我们敬爱的周总理的办公室啊，
灯光又亮了通宵！

啊！春天啊！风吹！
夏天啊！雨浇！
秋天啊！霜降！
冬天啊！雪飘！
我们敬爱的周总理啊，
几十年如一日，
紧跟伟大领袖毛主席，
昼夜为革命操劳！
如果说世界上真有不知疲倦的人，
那么，我们敬爱的周总理啊，
一生休息得最少，最少！

看，周总理办公室的明灯啊，
就是最好的写照！
这是一盏普通的灯吗？
不！它包含着周总理毕生的心血啊，
是敬爱的周总理的红心在闪耀！

不要说敬爱的周总理已经安息，
这样伟大的无产阶级革命家啊，
两眼炯炯发光，注视着风云变幻，
永远不会睡着！

不要说敬爱的周总理与世长辞，
这样杰出的共产主义战士啊，
一生朝气蓬勃，在祖国的大地上行进，
永远战斗在最前哨！

……

夜啊，静悄悄……
静悄悄……
当我们在月下漫步，
当我们在灯前思考……
啊！同志啊，
你想过没有？
我们该怎样像周总理那样战斗不息，
我们该怎样像周总理那样
为共产主义铺道。

训练提示

《北京青年报》上曾刊登过这样一条信息：世界上休息得最少的伟人是周恩来。敬爱的周恩来总理虽然已经离开我们很久了，但他一直活在我们的心中。凡是心中装着人民的公仆，都将永远活在人民的心中。这首诗（节选）既有思想性，也有较强的艺术性，更适合作为学生诗歌朗诵入门的训练。

1. 此诗（节选）的朗诵应深情而丰富，既有赞美的抒情，也有思索的激情，色彩多变，层级细致。开头和结尾存在诗的呼应关系，应处理为夜的氛围，但二者的语境又有所不同，开头的诗节应突出“静谧”与“情景”，具有视觉感；而结尾的诗节应当有一种思维的感悟之情，虽然诗句与前有回环往复之感，但处理却不能相同，要有启迪、推进、呼吁之意，因此二者表现既有联系，又有所不同。

2. 此诗（节选）的具体表达处理：第一诗节，应是赞美的心态，用声较柔，节奏舒缓，朗诵运用弱控制表现；第二诗节，体现感慨之情，用声渐强，语速渐快；第三诗节语速放慢，提出问语与回答；第四、第五两个诗节是歌颂的心态，思绪展开，情感浓烈，语言强度与速度逐级递增，声音放开，激情喷涌；待一个较长的停歇之后，最后第六个诗节，与开头呼应又回到诗的意境，但用声与情绪不是开头诗节意境的翻版，而有自身递进的情感，此时处理可以比开头稍放开些，用声力度和语速应稍强于、快于开头。

3. 此诗（节选）的训练，应注意语气的内涵及节奏的变化，细腻而有层级。

4. 朗诵此诗一定注意运用声音弹性，形成语言声音的快慢、高低、强弱、刚柔、虚实等多组对比与反差。

席慕蓉诗两首

(一)茉莉

茉莉好像
没有什么季节
在日里在夜里
时时开着小朵的
清香的蓓蕾

想你
好像也没有什么分别
在日里在夜里
在每一个
恍惚的刹那间

训练提示

1. 这是一首爱情小诗,短短几句,便将一种深深的浓浓的挥之不去的爱,质朴地表现出来了。

2. 朗诵时,应把握内在、质朴与细腻的情感,用声应轻柔。

(二)禅意

当一切都已过去
我知道我会
慢慢地将你忘记

心上的重担卸落
请你请你原谅我
生命原是要
不断地受伤和不断地复原
世界仍然是一个
在温柔地等待着我成熟的果园

天这样蓝树这样绿
生活原来可以
这样的安宁和美丽

训练提示

1. 这也是一首爱情小诗，所不同的是它所表现的不是正在恋爱着的情感，而是恋情已逝的内心感觉。因而，诗中透出几许自慰与哲理。

2. 朗诵不能太消沉，应有几分理性意味，语言有内涵及内在力度。

雨 巷

戴望舒

撑着油纸伞，独自
彷徨在悠长、悠长
又寂寥的雨巷，
我希望逢着
一个丁香一样地
结着愁怨的姑娘。

她是有
丁香一样的颜色，
丁香一样的芬芳，
丁香一样的忧愁，
在雨中哀怨，
哀怨又彷徨；

她彷徨在这寂寥的雨巷，
撑着油纸伞
像我一样，
像我一样地
默默行着，
冷漠，凄清，又惆怅。

她默默地走近
走近，又投出
太息一般的眼光，
她飘过
像梦一般地，
像梦一般地凄婉迷茫。

像梦中飘过
一枝丁香地，
我身旁飘过这女郎；
她默默地远了，远了，
到了颓圮的篱墙，
走尽这雨巷。

在雨的哀曲里，
消了她的颜色，
散了她的芬芳，
消散了，甚至她的
太息般的眼光，
丁香般的惆怅。

撑着油纸伞，独自
彷徨在悠长、悠长
又寂寥的雨巷，
我希望飘过
一个丁香一样地
结着愁怨的姑娘。

训练提示

《雨巷》写于1927年夏天，是戴望舒早期的成名作和代表作。诗歌发表后产生了较大影响，诗人也因此被称为“雨巷诗人”。诗歌描绘了一幅梅雨时节江南小巷的阴沉图景，借此构成了一个富有浓重象征色彩的抒情意境。诗中“丁香一样的姑娘”就是这种美好理想的象征。但是，这种美好的理想又是渺茫的、难以实现的。这种心态，是作者在孤寂中咀嚼着大革命失败后的幻灭与痛苦，心中充满了迷惘的情绪和朦胧的希望，交织着失望和希望、幻灭和追求的双重情调的心境的真实反映。在艺术上，本诗也鲜明地体现了戴望舒早期诗歌的创作特色。它既采用了象征派重暗示、重象征的手法，又富于音乐性，全诗回荡着一种流畅的节奏和旋律。旋律感主要来自诗韵，除每节大体在第3、6行押韵外，每节的诗行中选用了许多与韵脚呼应的音组。诗中复沓、叠句、重唱等手法，造成了回环往复的旋律和宛转悦耳的乐感，同时也强化了音乐效果。正如叶圣陶所说，《雨巷》是“替新诗的音节开了一个新的纪元”。

我爱这土地

艾青

假如我是一只鸟，
我也应该用嘶哑的喉咙歌唱：
这被暴风雨所打击着的土地，
这永远汹涌着我们的悲愤的河流，
这无止息地吹刮着的激怒的风，
和那来自林间的无比温柔的黎明……
——然后我死了，
连羽毛也腐烂在土地里面。

为什么我的眼里常含泪水？
因为我对这土地爱得深沉……

训练提示

《我爱这土地》是艾青的代表作之一，创作于国难当头、山河沦陷的抗战初期。作品不可避免地带上了那个时代悲壮的氛围。作者在诗中非常善于意象的刻画，而这些意象也不可避免地带有悲壮的色彩。从“土地”、“河流”、“风”、“黎明”这些意象中，我们不难品味出作者所经历的坎坷、辛酸以及对苍老、衰弱、正备受苦难的祖国，对人民，对土地的那种深深的爱。诗人的歌喉虽然沙哑但却宽厚，内心虽然悲哀但却博大。作品显示出一种雄浑的生命感，基调古朴、苍劲有力。

正是由于有了对土地的这种热爱和眷恋，诗人笔下的另外三个意象便顺流而出。“河流”的前面加上“永远汹涌着”和“悲愤”两个形容词，“风”前面加上“无止息地吹刮着的”和“激怒”两个修饰语，就把“河流”、“风”这两种外在的纯景物变成了含有作者主观情思的“意象”，进而把悲愤和激怒的人民为了挽救土地的那种不屈不挠、前仆后继、奋力抗争的革命斗争形象地表现了出来。“黎明”这个意象表明作者坚信在人民风起云涌的斗争中必将迎来曙光，迎来胜利。本诗在表达时要传达出深刻的内在含义。

这首诗无固定的节律，不押韵。它主要由句中停顿和句末停顿构成一定的节拍。诵读时要着重把握由诗中感情起伏所构成的“内在节奏”。全诗以“假如”领起，用“嘶哑”形容鸟儿的歌喉，并续写出歌唱的内容，由生前的歌唱，转写鸟儿死后魂归大地，最后转由鸟的形象代之以诗人自身形象。全诗感情波澜起伏，诗意层层递进。

热爱生命

食指

也许我瘦弱的身躯像攀附的葛藤，
把握不住自己命运的前程，
那请在凄风苦雨中听我的声音，
仍在反复地低语：热爱生命。

也许经过人生激烈的搏斗后，
我死得比那湖水还要平静。
那请去墓地寻找我的碑文，
上面仍刻着：热爱生命。

我下决心：用痛苦来做砝码，
我有信心：以人生去做天秤。
我要称出一个人生命的价值，
要后代以我为榜样：热爱生命。

的确，我十分珍爱属于我的
那条曲曲弯弯的荒槽野径，
正是通过这条曲折的小路，

我才认识到如此艰辛的人生。

我流浪儿般的赤着双脚走来，
深感到途程上顽石棱角的坚硬，
再加上那一丛丛拦路的荆棘，
使我每一步都留下一道血痕。

我乞丐似的光着脊背走去，
深知道冬天风雪中的饥饿寒冷，
和夏天毒日头烈火一般的灼热，
这使我百倍地珍惜每一丝温情。

但我有着向旧势力挑战的个性，
虽是历经挫败，我绝不轻从。
我能顽强地活着，活到现在，
就在于：相信未来，热爱生命。

训练提示

当朦胧诗的主将们还处于蒙昧之中时，食指已写出了划时代的篇章。本诗以其深刻的思想、优美的意境、朗朗上口的诗风，迅速传颂于一代青年人的口中。这是一首在现代社会中不依靠媒介，而只依靠人心流传的诗歌。流传于人心的诗歌往往是新奇大胆的。何谓大胆？在严酷的年代，普普通通的诚实便被称为大胆。

食指（原名郭路生）的诗是质朴的，没有华而不实的语言，他的作品基本上遵从了四行一节，在轻重音不断变化中求得感人效果的传统方式，以语言的时间艺术与中国画式的空间艺术相结合，实现了他所反复讲述的“我的诗是一面窗户，是窗含西岭千秋雪”的艺术追求。

但是在那个特殊的年代，从一开始就注定了诗人的殉道者的命运。通览他的诗作，虽然我们更多感受到的不是轻松而是压抑，不是快乐而是痛苦，但在那压抑和痛苦之中，我们也看到他无时不在渴望和憧憬着光明以及他为理想和光明而奋斗、而挣扎的身影。

好的诗歌，永远是从心里面流淌出来的。诗人作为社会最纤细的触角，他总是忍不住为之呼喊、为之战栗。世俗的生活给了诗人一个栖身之所，诗人却坦然面对命运：鱼儿跳出水面，落到冰块上，它的前途是死，和这个冰块一起消亡。

寓言、童话朗诵训练材料与提示

猴吃西瓜

猴王找到个大西瓜。可是怎么吃呢？这个猴啊是从来也没吃过西瓜。忽然他想出一条妙计，于是就把所有的猴都召集来了，对大家说："今天我找到一个大西瓜，这个西瓜的吃法嘛，我是完全知道的，不过我要考验一下你们的智慧，看你们谁能说出西瓜的吃法。要是说对了，我可以多赏他一份；要是说错了，我可要惩罚他！"小毛猴一听，骚了骚腮说："我知道，吃西瓜是吃瓤！"猴王刚想表示同意。"不对，我不同意小毛猴的意见！"一个短尾巴猴说："我清清楚楚地记得我和爸爸到我姑妈家去的时候，吃过甜瓜，甜瓜吃皮，西瓜当然也该吃皮了！"大家一听有道理，可到底谁对呢，于是都不由得把眼光集中到一只老猴身上。老猴一看，觉得出头露面的机会来了，就清了一下嗓子说道："吃西瓜嘛，当然……是吃西瓜皮啦。我从小就吃西瓜，而且是一直吃皮，我想我之所以老而不死，也正是由于吃了西瓜皮的原因！"

有些猴早等急了，一听老猴也这么说，就跟着嚷起来："对，吃西瓜吃皮！""吃西瓜吃皮！"猴王一看，认为已经找到了正确的答案，就向前跨进一步开言道："对！大家说得都对，吃西瓜是吃皮！哼，就小毛猴崽子说吃西瓜吃瓤，那就叫他一个人吃瓤，咱们大家都吃西瓜皮！"于是西瓜一切两断，小毛猴吃瓤，大家伙是共分西瓜皮。

有个猴刚吃了两口，就捅了捅旁边的猴说："哎，我说这可不是滋味啊！"

"咳，老弟，我常吃西瓜，西瓜嘛，就是这味……"

训练提示

1. 这是一篇讽喻寓言，它揭露了教条主义，讽刺那些人云亦云的人。表达可以根据作品中塑造的形象和"人格化"、"性格化"原则，将作品中的"猴"分别想象为："猴王"是外强中干、官气十足的"领导"；"短尾巴猴"是简单、教条的"形式主义者"；"小毛猴"是天真、率直的"小青年"；"老猴"是迂腐、倚老卖老的"老学究"；"众猴"是知识不多、缺乏主见的“人云亦云者”。

2. 这篇作品的表达语言声音造型是必要的，然而，更重要的是对其“神”的体现，叫人一听就知道这是什么猴在说话。这一点在本篇作品的表达中尤为重要，它直接关系到对作品寓意的表现。

3. 除了对作品中“形象化主体”的造型设想外，对于相关的时间、地点等环境氛围也要做具体、合理的想象。如可以将猴们分西瓜的时间、地点想象为白天正在开会，猴们远近高低、错落有致地坐在山上。

4. 在表达中，感觉要真实，不可“脸谱化”。

谦虚过度

水牛爷爷是森林世界公认的谦虚人，很受大家尊重。小白兔夸它：“水牛爷爷劲儿最大了！”“哎，过奖了。犀牛、野牛劲儿都比我大。”小山羊夸它：“水牛爷爷贡献最多了！”它就说：“哎，不能这样讲了。奶牛吃下的是草，挤出来的是奶，它的贡献比我多。”

狐狸艾克很羡慕水牛爷爷谦虚的美名。它想：“我也来学习一下谦虚吧。这谦虚太好了。”它想：水牛爷爷的谦虚不就是这两点吗？“一是把自己的什么都说小点儿；一是把自己的什么都说少点儿。对！就是这样。”

一天，艾克遇到一只小老鼠。小老鼠看到艾克有一条火红蓬松的大尾巴，不禁发出了由衷的赞美：“哎呀！艾克大叔，您这尾巴真大呀！”艾克学着水牛爷爷的口气，歪歪嘴：“哎，过奖了。你们老鼠的尾巴比我大多了。”“啊，什么？”小老鼠大吃一惊，“你长那么长的四条腿，却拖根比我还小的尾巴？”艾克谦虚地说：“哎，不能这么讲了，我哪有四条腿，三条了，三条了。”小老鼠以为艾克得了精神病，吓跑了。

艾克的谦虚没有换来美名，倒换来一大堆谣言。大家说：“唉，森林世界出了一条妖怪狐狸，只有三条腿，还拖一根比老鼠还小的尾巴……”

训练提示

1. 这是一篇饶有趣味的寓言故事，演播时要注意不同形象的角色塑造：小白兔的机灵可爱，小山羊的温顺，老水牛爷爷的宽厚谦逊，艾克的不动脑筋等。

2. 此外，还要注意角色语言与叙述语言的转换。

木偶探海

木偶想测量一下大海的深浅，他到海上游历了一番，回到沙滩上，就召集听众作报告了。

“海，人们常说是很深的，其实这并不然，我在海上游历了好几个月，走了好几十里，可是，水只能浸湿我的后背。此外，我还观察了海鸥，它们从高空猛地冲下来，海水也不曾没过它们那小小的胸脯儿……”

话还没说完，会场早就乱起来了。螃蟹在痴痴地窃笑，老蚌舞着两片硬壳乱敲打，连脚下数不清的泥沙也乱糟糟地吵起来了。于是木偶大怒，用手拍着讲台大叫道：“你们嚷什么？难道我错了吗？难道我这从实际中得来的知识会是假的？难道……”

怎么能和一个对一切事情都浮在表面的人说得清楚呢？他以为自己什么都知道了，可是他却不明白，要想真正知道，就得钻下去，只浮在表面上是不行的。

训练提示

1. 这篇寓言讽刺了那些浮于表面、缺乏深入了解就夸夸其谈的人。

2. 在表达时要注意木偶的声音造型，调门较高，吐字亦轻巧，以此来刻画其浅薄和浮躁。会场上听众的反应要生动形象，最后一段解释道理时要水到渠成，引人深思。

月亮出奔

据说，在很古的时候，有一年中秋的夜晚，月亮听到人们对她的赞美和夸奖，禁不住内心的高兴，以至于飘飘然。啊——我是多么明媚，多么皎洁，多么美丽，多么娇艳！要是白天也能够和人们见面，那该有多少荣誉和赞美落到我的身边！——就是那个太阳逼得我不能露脸！

于是，月亮忍不住了，怒气冲冲地对太阳说：“你干吗老瞧着我？让人家看起来，好像我的光辉倒是你给的。再说，老让我围着你转，这样下去，就会埋没了我的天才！”

太阳忠告她说：“每一个星球都有自己的位置，在这个位置上可以发挥自己的全部才能和力量，要是离开这个位置，就会沉入宇宙海洋的底部。”

地球也忍不住地对她说：“你呀，要是离开太阳就会失去一切光辉和温暖，要是离开了太阳，就会迷失方向。”

可是，月亮更恼火了：“好哇，你们串通一气来欺侮我。你们以为我离开你们就不行吗？不，没有太阳，我自己可以发光。没有地球，宇宙中有善感的织女，多情的牛郎，他们会对我做出崇高的评价，正确的估量。成年累月地跟着你们转，有什么出息？我要独立创立一番事业。”

说罢，月亮真的离开太阳去了，走向那无边的星空，浩瀚的宇宙。月亮越走越寒冷，越来越凄凉。她对着茫茫的前途，感到无限的悔恨和懊丧，最后终于忍不住放声痛哭起来，泪水落在身上凝成了一座座冰山。

慈祥的太阳听到了月亮的哀哭，就用强大的引力把她重新吸到自己身旁，这就是我们今天所看到的月亮。

训练提示

1. 这篇寓言讽刺了那些自以为是的人。

2. 在表达时要注意不同角色的声音造型：月亮的话可处理成甩腔甩调，洋洋自得，以年轻的女性为好；太阳可设计成一个宽厚的长者，声音慈祥而睿智；地球可以是个埋性而质朴的小伙子。

狐假虎威

老虎搜集各种野兽吃，有一次捉到了一只狐狸。狐狸说："你是不敢吃我的，天帝派我当百兽之王。如今你要吃了我，就是违抗天帝的命令！——你以为我的话不可靠？那么我走在前面，你跟在我后边，看看百兽望见我有敢不逃走的吗？"

老虎以为这话很有道理，所以就跟它一路走去。果然野兽们望见它都逃走。老虎不知道野兽们是害怕自己而逃走的，还以为是害怕狐狸哩。

训练提示

1. 这篇中国古代著名的寓言故事，讽刺了那些借助别人的力量而洋洋自得的人。

2. 在表达时要注意狐狸的声调较高，以表现其诡计多端，还要注意角色语言与叙述语言的转换。

乌鸦和狐狸

世人不知受过多少次劝告，说阿谀是卑鄙而有害的，但一切都是徒劳，阿谀的人总是能够钻到空子的。

上帝赐给乌鸦一块奶酪，乌鸦高高地歇在枞树上，它已经准备好开始用早餐了，奶酪衔在嘴里，还在思索一下。

不幸旁边跑过了一只狐狸，狐狸闻到奶酪的香味，突然停下来。狐狸看见了奶酪，它被奶酪迷住了。

狡猾的骗子蹑手蹑脚地走近枞树，摇着尾巴，一眼不眨地盯着乌鸦，沉住气，那样甜言蜜语地说："哦，亲爱的，好美啊！颈项多美！眼睛多俏！多么丰满的羽毛！多么灵巧的小嘴！讲起话来正像童话一般！那想必有天使般婉转的歌喉！唱吧，亲爱的，哎——别怕羞！小妹妹，你有了这样的美丽，如果唱歌再是能手，那你真够得上鸟中之王哩！"

乌鸦被赞美得飘飘然，高兴得连气都透不过来，听了狐狸的恭维话，它就张开喉咙大叫了一声——奶酪掉了下来——狡猾的骗子就带着它跑掉了。

训练提示

1. 这篇著名的寓言一开始就劝告世人阿谀奉承之人是卑鄙而有害的。

2. 在表达时，狐狸的声音要夸张而肉麻，要有表现力。最后一句不仅仅是结果的交代，更要引人深思。

狼和小羊

弱者在强者面前总是有罪的，这样的例子我们在历史上听到过不少，可是我们并不在写历史，关于这个事，寓言里是这样说的。

热天，有一只小羊走近小河去喝水，它该倒霉啦，因为靠近那地方跑过一只饿狼。

狼见了小羊，就向靠近嘴边的猎物追上去。但事情总该做得冠冕堂皇，讲道理得振振有词，于是它喝道："无耻的家伙，你怎么敢用肮脏的鬼脸来搅混我的清水和泥沙？你这样无礼，我要把你的脑袋摘下来！"

"要是狼大王准许的话，那我可以斗胆地向您相告：我在离开大王一百步的下游喝水，您是用不着生气的，我绝对不会搅混了大王的饮水。"

"这样说来是我撒谎！下流胚，世上从未听到过这样傲慢无理的话！哦，想起来了，前年夏天你在这里还得罪我哩。朋友，这个我是忘不掉的！"

"请狼大王原谅，我从娘胎出来还不到一年哩。"小羊说。

"那么一定是你的哥哥。"

"我是没有哥哥的。"

"那么一定是你的干亲或亲家，总而言之，是你们同属。你们自己、你们的狗和你们的牧人，都想来害我。为了他们的一切罪恶，我要向你清算。"

"呀，这我有什么罪呢？"

"住嘴，我听够了。我没有空来分辨你的罪状，小畜牲！你的罪名就是我要吃。"

狼说完以后，就把小羊拖到阴森森的林子里去了。

训练提示

1. 这篇寓言深刻地揭示了什么叫做“欲加之罪，何患无辞”。

2. 表达时要注意刻画狼的道貌岸然、无理蛮横和最后的凶相毕露，小羊的无辜辩白要有表现力。

鞋匠与财主

一个补鞋匠从早到晚哼着歌，他的曲调明快、欢乐。他的快活也感染了别人，听到这歌声，人们的心情都欢快起来。他比古希腊七圣人中的任何一位都要心满意足。

鞋匠有个财主邻居，却与鞋匠恰恰相反，极少唱歌和睡觉。他把钱缝到衣服衬里还担心丢失，有时到了黎明才昏昏入眠，可鞋匠的歌声又把他闹醒。财主于是抱怨老天爷，“怎么不像出售食品饮料那样也出卖些睡眠给我呢？”

这天，财主让人把那个正在哼歌的鞋匠请到自己的家里，问道：“格里古瓦先生，我想知道您一年能挣多少钱？”

“一年？说真的，老爷，”快乐的鞋匠用愉快的声调回答，“我可不用这种方式计算收入。我也不是天天可以赚到钱的，只要能混到年尾也就可以了，过一天算一天。”

“是这样吗？那你一天能挣多少钱？”

“时少时多，倒霉的事也不是没有，要不然收入还相当可观。主要是一年中总有些日子要歇工，人们一过节我们可就惨了，真是有人欢乐有人愁。可本地神父在布道时还在不断地公布新的圣人纪念日。”

财主见他如此憨厚，就笑着对他说：“我今儿个要让你像当上国王一样。来，把这100块钱拿去收好，今后会派上用场的。”

鞋匠这时仿佛看到这是100块钱里生产出来的全部财富一般。他回到家里，把钱藏在地窖里，不知不觉地，把欢乐同时也埋藏了起来。自从他得到这笔劳神忧愁的钱以后，他便失去了往日愉快的歌喉，也失去了睡眠。忧虑、怀疑和惊吓常常来骚扰他。他的眼睛瞪得大大的，到了夜晚稍有动静，就以为连猫也会偷钱。最后，这个可怜的鞋匠不得不跑到那个已不再被他歌声吵醒的财主家里，对财主说：“把我的歌声和睡眠还给我，呶，这100块钱你拿回去吧！”

训练提示

这是一篇富有哲理的寓言故事，演播时要注意人物语言的对比。一方面是同一人物前后的不同语气变化，另一方面是不同人物表现在语言上的不同性格特点的对比。

猫和老鼠做朋友

〔解说〕 有一只猫认识了一只老鼠，这只猫三番五次地说它是多么的喜欢这只老鼠，愿意跟它做个朋友。老鼠终于相信了猫的话，就同意跟它住在一起共同生活了。

眼看秋天就要过去，冬天就要来了，一天猫对老鼠说……

猫：亲爱的老鼠，我们应当准备些冬天吃的东西了，要不我们就该挨饿了。可是，亲爱的，我不想让你到处去冒险，因为我怕你让人逮住，所以——

鼠：你心眼真好，谢谢你了！那么，那么我们就买一罐猪油留着吃好吗？

猫：好主意。可是，我们把它放在哪儿保险呢？

鼠：是呀，放在哪儿好呢？

猫：再没有比教堂更保险的了，谁也不敢到那儿去偷东西吃，我们不到最需要的时候也不要去动它。

鼠：啊，好极了！好极了！我这就去买油。

〔解说〕 老鼠买了油，猫就和它一起把油罐藏在教堂的祭坛底下了。可是没过多久，猫就想吃那罐猪油了。

猫：亲爱的老鼠，我告诉你一件事，我的表姐它生了一只小公猫，它要请我去做干爹。对，这只小公猫的毛是白的，它带有一点儿杂毛，我要抱它去受洗礼，所以，今天得出去一趟。

鼠：好的，上帝保佑你去。如果你吃了好吃的东西请想到我，产妇喝的红葡萄酒我也喜欢喝一点儿呢。

猫：啊，知道了。

〔解说〕 没等老鼠说完，猫一溜烟儿就钻了出去。可是它根本没有到什么表姐家里去，它压根儿就没有表姐，更没有谁请它去做干爹。它呀，一直跑到了教堂，悄悄地爬到那罐猪油旁边去了。它伸出舌头朝油罐里舔了几下，一层厚厚的猪油皮儿就全被它舔光了。

猫：啊，太香了！我该找个地方美美地睡上一觉了。

〔解说〕 猫在城市的屋顶上悠闲地散了会儿步，就躺在阳光底下睡开大觉了。梦里头它还不停地舔着自己那几根粘满了猪油的胡须呢。就这样，猫一直在屋顶上躺到了太阳落山才懒洋洋地回到了家里。

鼠：啊，你回来了！你一定快快活活地过了一天吧？

猫：过得挺好。

鼠:哎,那孩子叫什么名字呀?

猫:叫、叫"舔了皮儿"。

鼠:啊?"舔了皮儿"?多奇怪的名字呀,哎,你们常用这个名字吗?

猫:这有什么稀奇!比你们的干爹叫什么"偷面包"好听。

〔解说〕 没过多久,猫的嘴又馋起来了。它向老鼠说——

猫:亲爱的,你还得帮我点儿忙,自己看会儿家,人家又请我去做干爹了。因为,因为那个孩子脖子上有一道白圈,所以我不能推辞。

鼠:好吧。

〔解说〕 善良的老鼠又同意了。这次,猫悄悄地从城墙后面爬到教堂里边,一下子把罐子里的猪油吃了一半。

猫:单独吃东西这味道是再好没有了,心满意足了。现在可以蹓蹓跶跶地回家去了。

鼠:啊,你这么快就回来了!哎,这个孩子叫什么名字呀?

猫:叫、叫"吃一半儿"。

鼠:什么?!"吃一半儿"?哎呀,这个名字我从生下来就没听说过,我敢打赌,连历史书上都没有这个名字。

猫:哼!

〔解说〕 不久,猫想起了那罐好吃的东西,嘴里又流出口水来了。

猫:亲爱的老鼠,你看好事成三,又有人请我去做干爹,那孩子、那孩子,它除了爪子是白的以外,全身都是黑的,没有一根白毛,这可是几年才出现一次,你让我去吧,啊——

鼠:哼,"舔了皮儿"、"吃一半儿",都是非常奇怪的名字,实在让我想不通,这回呀,不知又要起什么怪名字了。

猫:你坐在家里,穿着这身深灰色的粗布外套,拖着长辫子胡思乱想当然想不通,谁要是白天不出门就会这样的,再见吧!

〔解说〕 猫又一转身就跑掉了。老鼠在家里头把房子打扫得干干净净的,把东西收拾得整整齐齐的。可是猫呢,它这次溜到教堂里头,把一罐猪油都给吃光了。

猫:嘿嘿嘿,一罐都吃光了,我才安点儿心。

〔解说〕 贪吃的猫打着饱嗝,挺着圆鼓鼓的肚子,直到半夜才回到家。老鼠一开门,马上就问它这第三个孩子叫什么名字。

鼠:这回,这个孩子叫什么名字啊?

猫:名字嘛,也是你不愿听的,它叫"一扫光"。

鼠:什么?!“一扫光”,“一扫光”这是什么意思呀,真想不通。

〔解说〕 糊涂的老鼠还是不明白。它叹了口气,摇了摇头,无可奈何地踡成一团,躺下睡觉了。从此以后,自然再也没有人请猫去做干爹了。

冬天到了,田野里一片白茫茫的,什么吃的东西也找不到了,这时候,老鼠想到了它们藏的那罐猪油。

鼠:啊,亲爱的,起来吧,咱们去拿那罐猪油来吃好吗?那东西,一定很合我们的口味啊。

猫:嗯,是的,一定很合口味。

〔解说〕 它们动身上路了。到了教堂里面一看,只见罐子还在原来的地方放着,可是已经空空的了。

鼠:哎呀!我知道了。现在我都明白了!你不是我的好朋友,你去做干爹的时候把什么都偷吃光了。最先是什么“舔了皮儿”,以后又是“吃一半儿”,再后来——

猫:你要是再说一个字,我就吃了你!

〔解说〕 尽管“一扫光”三个字还没有从可怜的老鼠嘴中嘣出来,猫还是跳过去抓住它一口吞下去吃了,并且,似乎很合口味。

训练提示

1. 这是一篇很有意思的童话。它抨击了背信弃义的人,同时,也对交友不慎者进行了嘲讽。以往“猫”的形象多是可爱的,而老鼠的形象却经常是可憎的。但在这篇童话中,“猫”却是狡猾、欺诈、对朋友不忠者;而小老鼠却是可怜、糊涂的弱者。因此,对它们的语言声音造型不可沿用以往的“形象定位”,要依据这篇作品的内容、作用而定。在这篇作品中,“猫”的语言可以语调弯曲,语言有点儿“粘”来表现它的叫声和善于“哄人”的特点;“小老鼠”的语言除了细弱以外,还可以有点儿单纯,带点儿傻乎乎的感觉,以表现它的不敏。

2. 这篇作品的表达,应当注意层次的把握(猫三次去偷猪油)以及小老鼠不解的心理推进,要有层次、细腻地体现出来,并且表现得越真实越有“戏”。

3. 值得提及的是,这篇作品的嘲讽意味是在受众听完整个故事之后自己品味出来的,而不能太过于表现在讲述的语气之中。在这里,叙述语言主要起介绍具体情节的作用,语言中虽有与情节相应的态度,但并不担负点题议论的任务。

小说演播训练材料与提示

观后感

王小建

晚上，我刚刚翻开《医用英语》，华宁迈着潇洒的步子来了。他是歌舞团的舞蹈演员。我们相知、相好，不知不觉已有半年多了。

原来又是约我去看电影，可他最近选择的影片，不是什么什么“案”，就是怎么怎么“恋”，越来越不合我的口味，我真有点儿懒得去了。

“今天的片子，你肯定有兴趣，观后感一定不坏。那是音乐片，展现了奥地利一伟大作曲家的一生。影片编导把他的生平和作品糅在一块了。对他的曲子不感兴趣……那是缺乏文学修养的表现。”

终于拗不过他，我和他一起来到电影院。

开演了。华宁看了不一会儿便满口称赞影片的编、导、演都不同凡响，对出自那位大作曲家本人手笔的音乐，华宁更是推崇备至。他挺内行地说：“这样的音乐才真正能够给人以美的享受，才能叫人陶醉在里面。”啊，他已经完全陶醉了。

“啧啧，老是没完没了的音乐，真没劲。”前排的一位观众不耐烦地咕哝了一句。近旁的一男一女大概也有同感，他俩小声嘀咕了一阵之后，干脆起身退场了。

华宁斜视了这几个未被打动的观众一眼，颇有些愤世嫉俗地说：“哼，这号人根本不配看真正高雅的片子，他们呀，压根儿就没有艺术细胞！”

我起初并不喜欢这部影片，但很快就被大作曲家的才华彻底征服，沉浸在他为我们创造的无比美妙的境界中。身边的华宁也没有再作声，噢，这不奇怪，他不是早就陶醉了么？

影片放映完了，场灯亮了，我缓缓站起身，耳畔仿佛还有余音在缭绕。

我迫切地想向华宁发表点儿观后感，却发现他没有和我一起站起来，我转眼一看，天哪！华宁歪着漂亮的头，紧闭着那双富有魅力的眼睛，靠在皮椅背上睡得正香呢！

训练提示

这是一篇带有讽刺意味的小说。作品着重刻画了“华宁”这一爱慕虚荣、夸夸其谈的人物形象,作品是由“人物语言”来凸显人物形象的。

在这篇微型小说中,华宁这个人物,小说中说他步子潇洒,又是舞蹈演员,他有着漂亮的头和富有魅力的眼睛。这些是对他外形的描写,也为我们把握这个人物提供了一些线索。小说中又引用了他的三段话:①“今天的这个片子,你肯定有兴趣,观后感一定不坏。那是音乐片,展现了奥地利一伟大作曲家的一生。影片编导把他的生平和作品糅在一块了。对他的曲子不感兴趣……那是缺乏文化修养的表现。”②“这样的音乐才真正能够给人以美的享受,才能叫人陶醉在里面。”③“哼,这号人根本不配看真正高雅的片子,他们呀,压根儿就没有艺术细胞!”这三段人物语言似乎透出了他懂艺术,并热衷于艺术。

但小说的结尾却说:④“当电影结束时,只见他靠在皮椅上睡得正香呢!”这是作者的点睛之笔。它点出了华宁这个人物貌似高雅、懂艺术,实则却内心浅薄。这样一来,小说用不多的笔墨就为我们勾勒出了一个外表潇洒、漂亮而内心肤浅、虚荣又冒充高雅这样表里不一的人物形象。所以,在这篇小说中,华宁这个人物的基调应当是华而不实、轻飘、外露的。了解了具体人物,把握了人物基调,就为外化其语言形象打下了良好的基础,有了表达、表现的尺度。

演播此篇作品着重表现在人物语言上。

1. 表达时,应着重抓住人物说话时的神情与形体感觉,并将其融入人物语言中表现出来,可使演播更加生动传神。

2. 作品虽然是讽刺性的,但演播基调也不应太外露,要有度的把握。应注意,叙述语言的讽刺意味不可太强,又不能一点儿没有,它应同人物语言形成层次。

3. 注意把握作品基调与风格。

纽扣

1991年10月,当我终于确切地意识到,我根本就没有能力支付一笔学费来完成西北大学作家班的学业后,就怀着一种从未有过的苍凉和悲愤的心情离开了古城西安,回到了生我养我的故土大东北,当时,我才23岁。

那年正月初七,东北人所谓的“人七”,是一个吉祥安乐的好日子。这一天,正好是我女朋友虽然的生日。那一天晚上,平日里忙忙碌碌很难见面的朋友们终于相约着聚到了一起,为虽然庆祝生日。他们在一家酒店里为她订了一桌酒席,当然,我也在被邀之列。席间,朋友们纷纷拿出了自己的礼物,而我却什么也没有送。当时,我空空的衣袋里甚至连一元钱都掏不出来!

这时,一位朋友忽然转过头,打趣地问道:“他他,你送女朋友什么呀?快拿出来让我们看看吧!”我一下子惊呆了。我的泪水一直在眼圈里打转,但是,我还是用力忍了又忍,没有让它落下来。虽然是一个善解人意的女孩儿,她走过来半开玩笑半认真似的对朋友们说:“他送什么还要你们看吗?等到只剩下我们两个人的时候,他自然会送我的!”朋友们一听,哈哈地笑了。总算没有出丑,她替我解了围。然而,我终于还是忍不住了,我感到我的自尊心受了极大伤害,就借口上卫生间,穿过一条小巷,转进街角里,看看前后左右都没有人,才像野狼号叫一样,抱头痛哭。

第二天,我便下决心南下江南,不为别的,只为一个字:钱!火车“呜呜”地吼叫着驶进车站,在站台等车的人群中,站着我和一直默默无语但却满脸泪水的我的女友——虽然。那时候,我的心都快要碎了。就在我要踏上火车车门踏板的时候,良久无语、只顾偷偷流泪的虽然一把拉住了我,哽咽着说:“你,你能不能送我一件礼物,留给我作纪念?我会永远想你的。”

此时,除了答应她,我还能做什么呢?我怀着满腔的爱怜和哀怨,开始在身上和包裹中摸索起来。可是,我翻遍了所有包裹和口袋,却什么也没有发现。就在我胡乱地翻着内衣口袋的同时,衬衫上的一枚纽扣忽然被拉落了下来,我随手接在手里,掂了掂,忽然灵机一动,把那枚纽扣顺手递了过去。对她说道:“就送你这个,行吗?”她真的接了过去,并且紧紧地握在掌心里。但是,我马上又意识到了,这样做有些不妥。我满怀激愤,大吼了一声,一把抓过了她掌心中的那枚纽扣,把它抛出了很远,很远。

三年后,1994 年春天,我在身上所有的口袋里都装满了鼓鼓囊囊的钞票,又回到了我的家乡——绥棱县。我依次地到了那几家我从前连进去看一看都不敢的大商店,买了一堆花花绿绿的,令人目不暇接、眼花缭乱的礼品和衣物。我要把这些礼物送给虽然,把这些年欠她的一并偿还。我摸着满袋的钱,心里充满自豪:是它,还给了我对爱情的信心!

虽然见了我,先是一惊,然后抑制不住内心的惊喜,像一只小鸟一样,扑进了我怀里。我轻轻地推开了她,翻出了一件又一件我送给她的礼物,手舞足蹈地对她说这讲那,一副兴奋的样子。可是,她却只默默地深情地凝望着我的脸,对那些诱人的礼物连看也不看。

我又掏出大把大把的钞票,放在了桌面上,然而,她只是淡淡地对着那一大堆东西瞄了一眼,然后转向我,冷冷地说:“你认为你有钱了就了不起了是不是?其实,钱又算是什么东西!我不需要这些,我不需要有人在我过生日时非要送我一份贵重的生日礼物，我也不需要有人给我买这些衣服，我真的不需要啊！”说着说着，她的泪水便流了下来，沾湿了面颊。紧接着，她又像一个受了委屈的孩子一样，小声地说：“其实，其实，我只需要这个……”说完。她便从脖子里面拉出来一条绒线。天！绒线上面拴着一枚纽扣！那枚纽扣分明就是我临走时在火车站抛掉的那一枚！而她，却费尽辛苦、不辞劳累地又从那乱地堆里捡了回来，制造成了一条天下最为别致、最为珍贵的项链！

那一刻，我忽然觉得，我辛辛苦苦地用金钱建立起来的高大信念一下子全部崩溃了，我看到了自己的卑琐和可笑。我脑子里一片混乱，留下的，只是那枚越来越大、越来越重的纽扣和那个风雪弥漫的冬天。我不禁扑过去，紧紧地拥抱了她……

训练提示

这是一篇纪实性小说，描写了女主人公纯真的爱情观。小说是“第一人称”写法，主要是男主人公的“内心独白”加之“叙述语言”。

1. 表达时既要有男主人公的语言造型，也要有女主人公的语言造型。

2. 这篇小说重在叙述语言和人物的内心活动，因而，情节讲述要非常清楚、有层次。

3. 情感内在，注重身份感。

4. 表达幅度不必太大，有种回忆感。

胜利的故事

年少时学英语单词 Victory，老师讲过这样一个故事，让我永难忘怀。

那是在第二次世界大战的末期，法国沦陷区。德国军官把一位被打得皮开肉绽的美国士兵推出来示众。士兵目光炯炯掠过悲愤而又无奈的人群，慢慢举起凝着血痂的手，用中指和食指比划出一个“V”字，众人轰动。德国军官震怒了，令人砍去了他的手指，士兵昏厥过去。一盆冷水把他浇醒，他又艰难地站起来。突然，他伸出两只已无手指的血臂，组成一个更大的“V”字，向蓝天伸去。全场一瞬间死一般沉寂，旋即海浪般沸腾。

残暴的德国军官战栗了，他没有想到这个象征胜利的英文字母竟是这般无处不在，无可匹敌。他垂下头来，看到台下的民众全都张开了自己的手臂。那个德国军官在一刹那间突然明白了他半生都未懂的一个道理：即使他能砍去所有的手臂，也无法砍去这个字母所代表的含义和信念。

训练提示

这是根据一篇文章改编的小故事，全文篇章不长，读来却使人心灵震撼，印象深刻。

1. 注重叙述语言的层次清楚，情感波动。

2. 讲述忌平淡，要沉稳中有高潮、有激情、有变化。

项链(节选)

〔法〕莫泊桑

她没有像样的服装，没有珠宝首饰，什么都没有。可是她偏偏只欢喜这一套，觉得自己是为了这一套而生的。她早就指望自己能够取悦于人，能够被人羡慕，能够有诱惑力而且被人追求。

……

晚会的日期已经近了，骆塞尔太太好像在发愁，不放心，心里有些焦躁不安。然而她的新裙袍却办好了。她丈夫某一天傍晚问她：

“你怎么了？想想吧，这三天以来，你是很异样的。”

于是她说：“没有一件首饰，没有一粒宝石，插的和戴的，一点儿也没有，这件事真叫我心烦。简直太穷酸了。现在我宁可不去赴这个晚会。”

他接着说道：

“你将来可以插戴几朵鲜花。在现在的时令里，那是很出色的。花十个金法郎，你可以买得到两三朵很好看的玫瑰花。”她一点也听不进去。

“不成……世上最叫人丢脸的，就是在许多有钱的女人堆里露穷相。”

但是她丈夫高声叫唤起来：

“你真糊涂！去找你的朋友伏来士洁太太，问她借点首饰。你和她的交情，是可以开口的。”

她迸出了一道快活的叫唤：

“这是真的。这一层我当初简直没有想过。”

第二天，她到她这位朋友家里去了，向她谈起了自己的烦闷。

伏来士洁太太向着她那座嵌着镜子的大衣柜跟前走过去，取出一个大的盒子，带过来打开向骆塞尔太太说：

“你自己选吧，亲爱的。”

她最初看见许多手镯，随后一个用珍珠镶成的项圈，随后一个威尼斯款式的金十字架，镶着宝石的，做工非常精巧。她在镜子跟前试着这些首饰，迟疑不决，舍不得丢开这些东西，归还这些东西。她老问着：

“你还有没有一点什么别的？”

“有的是，你自己找吧。我不晓得哪件合得上你的意思。”

她忽然在一只黑缎子做的小盒子里，发现了一串用金刚钻镶成的项链，那东西真的压得倒一切，于是她的心房因为一种奢望渐渐跳起来。她双手拿着那东西发抖，她把它压着自己裙袍的领子绕在自己的颈项上面了，对着自己在镜子里的影子出了半天的神。

后来，她带着满腔的顾虑，迟疑地问道：

“你能够借这东西给我吗，我只借这一件？”

“当然可以，当然可以。”

她跳起来抱着她朋友的颈项，热烈地吻了又吻，末后，她带着这件宝贝溜也似的走了。

晚会的日子到了，骆塞尔太太得到极大的成功，她比一般女宾都要漂亮、时髦、迷人，不断地微笑，并且乐得发狂。一般男宾都望着她出神，探听她的姓名，设法使人把自己引到她跟前作介绍。本部机要处的人员都想和她跳舞，部长也注意她。

她用陶醉的姿态舞着，用兴奋的动作舞着，她沉醉在欢乐里。她满意于自己的容貌的胜利，满意于自己的成绩的光荣，满意于那一切阿谀赞叹和那场使得女性认为异常完备而且甜美的凯歌，一种幸福的祥云包围着她。所以她什么都不思虑了。

她是清晨四点钟光景离开的。她丈夫自从半夜十二点钟光景，就同着另外三位男宾在一间无人理会的小客厅里睡着了；这三位男宾的妻子也正舞得很快活。

……

骆塞尔牵住了她：

“等着吧。你到外面会受寒。我去找一辆出租的街车来吧。”

……

车子把他俩送到殉教街的寓所大门外了，他俩惆怅地上了楼。在她，这算是结束了。而他呢，却想起了自己明天早上十点钟应当到部里。

她在镜子跟前脱下了那些围着肩头的大氅之类，想再次端详端详无比荣耀的自己。但是陡然间她发出了一声狂叫。她已经没有那串围着颈项的金刚钻项链了！

她丈夫这时候已经脱了一半衣裳，连忙问：

“你怎么了？”

她发痴似的转过身来向着他：

“我已经……我已经……我现在找不着伏来士洁太太那串项链了。”

他张皇失措地站起来：

“什么！……怎样！……哪儿会有这样的事！”

于是他俩在那件裙袍的衣褶里，大氅的衣褶里、口袋里，都寻了一个遍。到处都找不到它。

他问道：“你能够保证离开舞会的时候还挂着那东西吗？”

“对呀，我在部里的过道里还摸过它。”

“不过，倘若你在路上失掉了它，我们可以听得见它落下去的声响。它应当在车子里。”

“对呀。这是可能的。你可曾记下车子的号码？”

“没有。你呢，你当初也没有注意？”

“没有。”

他俩口呆目瞪地互相瞧着。末了，骆塞尔重新着好了衣裳。

“我去，”他说，“我去把我俩步行经过的路线再走一遍，去看看是不是可以找得着它。”

于是他出街了。她呢，连睡觉的气力都没有，始终没有换下那套参加晚会的衣裳，就靠在一把围椅上面，屋子里没有生火，脑子里什么也不想。

她丈夫在七点钟回家。什么也没有找得着。

……

一星期以后，他们任何希望都消失了。并且骆塞尔像是老了五年，高声说道：

“现在应当设法去赔这件宝贝了。”

……

他们在故宫街一家小店里找到了一串用金刚钻镶成的念珠，他们觉得正像他们寻觅的那一串。它值得四万金法郎。店里可以作三万六千让给他俩。

他们所以央求那小店的老板在三天之内不要卖掉这东西，并且另外说好了条件：倘若原有的那串在二月底以前找回来，店里就用三万四千金法郎收买这串回去。

骆塞尔本存着他父亲从前留给他的一万八千金法郎，剩下的数目就得去借了。

他动手借钱了……终于走到那个珠宝商人的柜台边放下了三万六千金法郎，取了那串新项链。

在骆塞尔太太把首饰还给伏来士洁太太的时候，这一位用一种不高兴的神情向她说：

“你应当早点儿还给我，因为我也许要用它。”

她当时并没有打开那只盒子，这正是她的女朋友担忧的事。倘若看破了这件代替品，她将要怎样想？她难道不会把她当做一个贼？

骆塞尔太太尝到了穷人的困窘生活了。此外，突然一下用英雄气概打定了主意，那笔骇人的债是必须偿还的。她预备偿还它。他们辞退了女佣，搬了家，租了某处屋顶底下的一间阁楼下。

她开始做种种家务上的粗硬工作了，厨房里可厌的日常任务了。她洗濯杯盘碗碟，在罐子锅子的油垢底子上磨坏了那些玫瑰色的手指头。内衣和抹布都由她亲自用肥皂洗濯再晾到绳子上；每天早起，她搬运垃圾下楼，再把水提到楼上，每逢走完一层楼，就得坐在楼梯上喘口气。并且她穿得像是一个平民妇人了，她挽着篮子走到蔬菜店里、杂货店里和肉店里去讲价钱，去挨骂，极力一个铜圆一个铜圆地去防护她那点儿可怜的零钱。

……

十年之末，他俩居然还清了全部债务，连同高利贷者的利钱以及由利上加利滚成的数目。

骆塞尔太太像是老了。现在，她已经变成了贫苦人家的强健粗硬而且耐苦的妇人了，乱挽着头发，歪歪地系着裙子，露着一双发红的手，高声说话，大盆水洗地板。但是有时候她丈夫到办公室里去了，她独自坐在窗前，于是就回想从前的那个晚会，那个跳舞会，在那里，她当时是那样美貌，那样快活。

倘若当时没有失掉那件首饰，她现在会走到什么样的境界？谁知道？谁知道？人生真是古怪，真是变化无常啊。无论是害您或者救您，只消一点点小事。

然而，某一个星期日，她正走到香榭丽舍大街兜个圈子去调剂一周之中的日常劳作，这时候忽然看见了一个带着孩子散步的妇人。那就是伏来士洁太太，她始终是年轻的，始终是美貌的，始终是有诱惑力的。

骆塞尔太太非常激动。要不要去和她攀谈？对的，当然。并且自己现在已经还清了债务，可以彻底告诉她。为什么不？她走近前去了。

“早安，约翰妮。”

那一位竟一点儿也不认识她了，以为自己被这个平民妇人这样亲热地叫唤是件怪事，她支支吾吾地说：

“不过……这位太太！……我不知道……大概应当是您弄错了。”

“没有错。我是玛蒂尔德·骆塞尔呀。”

她那个女朋友狂叫了一声：

“噢！……可怜的玛蒂尔德，你真变了样子！……”

“对呀，我过了许多很艰苦的日子，自从我上一次见过你以后；并且种种苦楚都是为了你！……”

“为了我……这是怎样一回事？”

“从前，你不是借了一串金刚钻项链给我到部里参加晚会，现在，你可还记得？”

“记得，怎样呢？”

“怎样，我丢了那串东西。”

“哪儿的话，你早已还给我了。”

“我从前还给你的是另外一串完全相同的。到现在，我们花了十年工夫才付清它的代价。像我们什么也没有的人，你明白这件事是不容易的……现在算是还清了账，我是结结实实满意的了。”

伏来士洁太太停住了脚步：

“你可是说从前买了一串金刚钻项链来赔偿我的那一串？”

“对呀，你从前简直没有看出来，是吗？那两串东西原是完全相同的。”

说完，她用一阵自负而又天真的快乐神气微笑了。

伏来士洁太太很受感动了，抓住了她两只手：

“唉！可怜的玛蒂尔德，不过我那一串本是假的，顶多值得五百金法郎！……”

训练提示

外国小说《项链》是法国批判现实主义作家莫泊桑的著名作品。它描写了这样一个故事：醉心奢华的小职员的妻子玛蒂尔德为了与丈夫出席部长家的晚会而向女友借了一串项链，于是她在当天的晚会上出尽了风头，但她不小心丢失了这串项链。为了赔偿失物，她历尽十年辛酸不惜当洗衣妇，最后变成一个粗声说话、双手粗糙的下层人。可谁知那让她受尽磨难的首饰却是假的。作品讽刺了小资产阶级的虚荣心并让人回味无穷。

这篇作品除叙述语言外，主要出现三个人物：女主人公玛蒂尔德、她的丈夫骆塞尔先生、她的女友伏来士洁太太。表达时要注意：

1. 人物造型：

女主人公玛蒂尔德的语言基调主要是虚荣、甜美的，结尾处要有变化；

丈夫骆塞尔先生的语言基调是老实、积极的；

女友伏来士洁太太的语言基调应是矫情、飘浮的。

2. 人物语言之间要有所区别，人物语言与叙述语言的转换要有机、自然。

3. 表达时，要注意外国作品的语言风格。

4. 叙述语言应处理得层次清晰，节奏有变化。

5. 可将小说的译文做些润色，如改某些译词、改变倒装语序、移位提示性语言、修改人称代词等，使听者听得更清楚。

卓娅和舒拉的故事(节选)

〔前苏联〕柳·科斯莫杰米扬斯卡娅

(一)丹娘

我写这本书也愉快，也痛苦。我回忆起往事来，就觉得好像重新又摇着幼小的卓娅的摇篮，重新怀抱着三岁的舒拉，重新看见我的孩子们，看见他俩在一起，活活泼泼，充满了希望。

剩余下的需要叙述的事情越少，我就越痛苦，接近了的不可避免的结局越显然，我就越难找到需要的话……

卓娅去后的每一天，连最琐碎的事，我都记得很清楚。

她走后我和舒拉两人的生活就完全变为期待了。在过去，舒拉回到家里看不见姐姐的时候，他向来问："卓娅在哪里?"现在他的第一句话是："没有信吗?"以后他就不把这句问话说出来了，但是我在他的眼神里永远可以看见这句问话。

有一次他很兴奋，很高兴地跑进屋来，并且紧紧地搂抱了我，这是从来没有过的。

"有信吗?"我马上猜中了。

"岂止有，看看是什么样的信呀!"舒拉喊着说，"你听：'亲爱的妈妈! 你现在好么，精神好么，没害病吗? 妈妈，如有可能，就是给我写几行字也好哇。我在完成任务的时候，一定来家里看看。你的卓娅。'"

"哪一天写的呀。"我问。

"11 月 17 日。这就是说，我们等着卓娅回来吧!"

我们又开始等待了，不过现在不像之前那样担心了，而是抱着愉快的希望等待着。我们时刻地等待着，昼夜地等待着，始终在准备一听见推开门的声音就跑去迎接她，我们时时刻刻地准备成为幸福的人。

可是 11 月过去了，12 月过去了，已经要到 1 月底了……再也没有过信或是别的消息。

我和舒拉都有工作，一切家务事都由他担当起来了。我看出来了：他想在所有的事上都代替卓娅。如果他先回到家来，他就为我温上汤菜。我看见过他在夜间起来给我加被，因为那时候木柴得来已经困难，我们尽可能地节省燃料。

有一次——这是在1月底——我很晚才往家走。通常都是这样，我每逢很疲倦了，就仅仅无意地听到一些路人谈话的片段。那一夕在街上处处听人们说：

“今天您读《真理报》了吗？”

“您读了里多夫的那篇文章吗？”

在电车上有一位脸色憔悴、眼睛很大的青年女子对自己的同伴说：“多么动人的一篇通讯啊！多么好的姑娘啊！……”

我了解了今天的报上一定登着什么不平常的东西。

“舒拉，”我回到家里说，“今天你读了《真理报》吗？据说在那上边有一篇很使人注意的通讯。”

“读了，”舒拉眼不看我，简单地回答道。

“关于什么事呀？”

“关于一个青年女游击队员丹娘。德国人把她绞死了。”

屋里很凉，我们已经习惯这样了。但是这会儿我觉着我的内脏全凉了，全紧缩了。我想：“这不知是谁家的女孩子，家里也一定等待着她，一定也替她担心呢……”

过了一会儿，我听到了无线电广播，先是一些关于战争的报告和劳动战线上的消息。忽然广播员说：

“现在我报告登在今天(1月27日)的《真理报》上的里多夫的一篇通讯。”

于是悲伤愤慨的声音就开始述说，在12月上旬在彼得里斜沃村德国人怎样杀害了女游击队员、青年团员丹娘。

舒拉忽然说：“妈妈，我把它关了，行不行？明天我需要早起。”

我觉着奇怪：舒拉向来睡得很酣，大声说话和无线电声音全不妨碍他睡觉。我本来很想听到完，但是我终于把扩音器关了，对他说：“好吧，你睡吧……”

第二天我到青年团区委去了：可能那里知道关于卓娅的什么消息。

“任务是秘密的，可能很长时间没有信。”区委书记对我说。

又过了几天难熬的日子，在2月7日(这个日子我永远忘不了)，我回到家来看见桌上放着一张字条：妈妈，青年团区委请你到那里去一趟。

我想：可等到啦！一定是卓娅托谁带来了消息，也可能是信。

我像飞似的跑往区委去了。那一夕很黑，刮着风，电车没开驶，我差不多跑着，常常滑跌，起来仍继续跑，在我的脑子里没有一点儿关于惨事的思想。我没预料到有什么坏消息，只是想知道：几时我能看见卓娅？她能快回来吗？

到区委以后，他们对我说：“你们走岔啦。您回家去吧，莫斯科团市委的人到您家里去了。”

“快，快知道卓娅在什么时候回来！”我不是走，而是跑回家去了。

我推开门就愣在门槛上了。有两个人离开桌子起身迎我来了：齐米列捷夫区文教局局长和另一个不相识的、脸上表情严肃并且微微紧张的青年人。由他嘴里冒着蒸气——屋里冷，谁也没脱大衣。

舒拉靠窗站着。我看了看他的脸，我们的视线遇着了，我就忽然了解了……他扑向我来了，并且还碰倒了什么东西，可是我好像腿被钉在地板上，丝毫不能动了。

这时我就听见有人说：“柳鲍娃·齐莫菲耶夫娜，您读了《真理报》上关于丹娘的那篇通讯了吗？那是您的卓娅……日内我们到彼得里斜沃去。”

我颓然倒在有人送过来的椅子上了。我没有泪，也没有呼吸。我只希望快快地剩下我一个人，在脑子里总是这一句话：“她牺牲了……她牺牲了……”

……

舒拉把我安置在床上，并在床边坐了一整夜。他没有哭。他的眼睛没有泪，只是向前凝视着，双手紧握着我的手。

“舒拉……现在我们怎么办呢？”好容易我才说出来。

一向能控制自己感情的舒拉，这时候就倒在床上号啕大哭起来。

“我早已知道……我全知道，”他呜咽地重复说，“那时候《真理报》上有照片啊！脖子上带着绳子……虽然是另外的名字……可是我了解是她……我知道这是她……我不愿意对你说。我想，我可能错认了……我就想是我错认了。我不愿意相信。可是我知道……我知道……我知道……”

“你给我看看。”我说。

“不！”他呜咽地回答说。

“舒拉，”我说，“还有很多事摆在我前边哪。我还要看见她哪。我要求你……”

舒拉由上衣的里袋里掏出了自己的日记本子：在洁白的一页上黏着由报纸上剪下的四方的一块。这时候我看见了她的骨肉相连的、亲爱的、受尽折磨的、不动的脸。

舒拉还对我说了些什么话，可是我没听见，忽然我耳朵里听见了他的一句话：

“你知道她为什么说她叫丹娘么？你还记得丹娘·索罗玛哈吗？”

那时候我就回想起来了，并且马上了解了一切。是，毫无疑义，这是她回忆着很久以前牺牲了的姑娘，才报了自己的名字是丹娘……

（二）在彼得里斜沃

几天以后我往彼得里斜沃去了。现在我记不清楚是怎样去的。我只记得柏油公路达不到彼得里斜沃，汽车走了差不多五公里土道，都是拖过去的。我们来到彼得里斜沃几乎全冻僵了。人们把我带进一所农舍里，可是我究竟没能暖和过来！内心里冷。尔后我们到卓娅的墓地去了。孩子已经被掘出来了,我马上就看见了她……

她在地下躺着,两手直垂着,头向后扬着,颈上带着绳子。她脸上的表情是完全镇静的,脸完全被打伤了,在一边面颊上有打伤的黑痕。全身被刺刀刺烂了,胸脯上有凝结了的血。

我在她身边跪下看着她……我掀开了她的光滑的额上的一绺头发,这被伤毁了的脸上的镇静又一次地使我惊讶。我不能放掉她,我不能使我的眼睛不看她。

忽然一位穿着红军战士大衣的姑娘走到我身边。她温柔地,但是坚决地搀着我胳膊把我扶起来了。

"咱们到屋里去吧。"她说。

"不去。"

"去吧。我曾和卓娅在一个游击队里。我告诉您……"

她领我进入一所农舍,挨着我坐下,就开始述说。我勉强地,像穿过云雾似的模糊地听着她。有些事我已经由报纸上知道了。她对我述说:有一组青年团员(游击队员)怎样越过了战线。他们在德国人占领地区的林子里住了两个星期。他们在夜里出来执行队长交给的任务,白天他们在雪里睡觉,烤火。他们携带了五天的口粮,可是分用了两星期。卓娅曾和同志们分食最后的一块干粮,最后的一口水……

这位姑娘的名字是克拉娃。她一边说,一边哭。

……以后到了他们返回根据地的时候了,可是卓娅总是说做得太少。她请求队长许可她潜入彼得里斜沃村里去。

她放火烧了德国人占据着的农舍和部队的马厩。过了一天,她接近了在村子的边缘的另一马厩,在那里有二百多匹马。她由背囊里取出了盛着汽油的瓶子,把汽油洒在目的物上,弯下腰去正要划火柴,这会儿一个卫兵由后边抓着她了。她把他推开,掏出了手枪,但是没来得及放响,德国人打落了她手里的武器并发出了警号……

克拉娃沉默了。那会儿农舍的女主人,看着炉中的火,忽然说:

"我能告诉你们以后的事……如果你们愿意的话……"

我也听了她的述说。但在这里还是让我们读彼得·里多夫的通讯好啦。他第一个写了关于卓娅的记事,他首先来到彼得里斜沃村,他追寻着新鲜的踪迹,了解了和问明了德寇曾怎样用酷刑摧残她以及她是怎样牺牲的……

(三)经过情形

……他们把卓娅带进来了,对她指示了板铺。她坐下了。在她对面,在桌子上放着电话机、打字机、收音机和摊着司令部的文书。

军官们渐渐地聚拢来,他们命令房主人(沃罗宁)退出室外。老太太踟蹰不去,一个军官就对她叱责:“老婆子,滚!”并且捣了她的背。

德寇军一九七师三三二步兵团团长留得列尔中校曾亲自审讯卓娅。

沃罗宁坐在厨房里究竟还能听见屋里的事。一个军官发问,卓娅(她就是在这会儿报的丹娘的名字)不迟疑地、大声地、不谦逊地回答。

“你是谁?”中校问。

“我不告诉你。”

“是你放火烧了马厩吗?”

“是我。”

“你的目的?”

“消灭你们。”

沉默。

“你在什么时候通过了战线?”

“在星期五。”

“你来得很快呀。”

“那么还愣着是怎么着?”

又曾问谁派卓娅来,她的同伴是谁。他们曾要求她交出自己的同伴来。隔着门传来的回答是:“没有”,“我不知道”,“我不告诉你”,“不说”。以后在空中有皮带的哨音和鞭打在身上的声音。几分钟以后,一个青年小军官由屋里跑到厨房,两手抱着头,闭着眼,堵着耳朵,直坐到刑讯终了。连法西斯的神经都受不住了……

四个体壮的男子解下皮带打卓娅。据房主人计算,他们打了二百下,可是卓娅始终没发出任何呼疼的声音。以后她仍是回答“不”、“不说”,只是她的声音比以前低了……

留得列尔刑讯卓娅的时候,一个叫卡尔·鲍尔连的士官(以后被俘了)曾在场。他在自己的口供里曾写道:

“你们人民的小女英雄始终是坚毅的。她不懂什么是背叛……她冻得发青了,伤口流着血,可是她什么也没说。”

卓娅在沃罗宁家里过了两小时。审讯后他们把她带到了瓦西里·库里克的农舍里。卫兵押解着她,她仍然是被剥去了衣裳,赤足在雪地上走。

她被带进库里克的农舍的时候,在她的额上有大块紫黑色伤痕,在她的臂上和腿上全是伤痕。她气喘不息,头发蓬乱,在汗珠遮盖着的高额上黏着一绺一绺的黑发。姑娘的双手在背后绑着,咬破了的嘴唇肿了。一定是她在受刑的时候自己把嘴唇咬破了。

她坐在凳子上。德国卫兵守门站着。她安静不动地坐着，以后她要求喝水。瓦西里·库里克走近了水桶，但是卫兵抢到前头去，他拿起桌上的煤油灯送到卓娅嘴边。他想用这个说明应该用煤油灌她，而不是用水。

库里克开始为姑娘求情。卫兵最初一点也不通融，后来才让步了，许可给卓娅水喝。她贪婪地喝了两大杯水。

一群驻守在这屋里的德国兵包围了姑娘，肆意地取笑她。有的用拳头触她，有的用燃着的火柴烧她的下颚，还有一个兵用锯刺她的背。

兵士们取笑够，就睡觉去了。那时候卫兵端着步枪对准卓娅，命令她站起来走到室外去。卫兵在卓娅身后跟随着，他的刺刀差不多就触着了卓娅的背。后来他喊了一声“向后转！”他又往回去的方向带着卓娅走，仅仅穿着衬衣的卓娅，赤着脚在雪地里来回地走着，直到那个刽子手自己冻得再也挺不下去，需要回到温暖的屋里的时候，才让卓娅回屋里去了。

这个卫兵由下午十点钟看着卓娅直到下半夜两点钟，每隔一小时他就带卓娅到外边冻15到20分钟……

新卫兵接岗了，他许可了不幸者躺在凳子上。

库里克的妻子偷了个空和卓娅谈话。

“你是谁家的呀？”她问。

“您问这个干什么呀？”

“你是什么地方人呀？”

“我是莫斯科人。”

“有父母吗？”

姑娘没回答。她一动也不动地躺到早晨，她再也没说什么话，并且虽然脚已经冻坏了，一定很疼，可是她并没呻吟。

清晨，德国兵们开始装置绞架。

库里克的妻子又开始和卓娅谈话：

“前天是你吗？”

“是我。德寇烧死了吗？”

“没有。”

“可惜。焚烧了什么呀！”

“他们的马烧死了。听说，兵器也烧毁了……”

上午十点钟军官们来了。其中的一个又问卓娅：

“你告诉我，你是谁？”

卓娅没回答。

"你告诉我,斯大林在什么地方?"

"斯大林在自己的岗位上。"卓娅回答说。

以下的审讯,房主人没听见——他们被由屋里推出来了,在审讯完了的时候才放他们回去。

德国兵们把卓娅的物件拿来了:一件短袄,裤子,袜子。她的背囊也在这里,里边放着火柴和盐。帽子、皮上衣、毛绒上衣和皮靴全没有了。士官们已经把这些东西分赃了,手套落在军官厨房里的红发厨子手里了。

他们给卓娅穿上了衣裳,房主人帮助卓娅往发黑了的腿上套上袜子。他们把没收来的她的汽油瓶子和一块写着"纵火犯"的木牌挂在她的胸前,就把她带到立着绞架的广场去了。

刑场上由十几名亮着刀的骑兵、一百多步兵和几个军官包围着。

地方居民奉命在这里集合看行刑,但是到场的人很少,也有的到场站一会儿就溜回家去了,以免亲眼看这惨不忍睹的事件。

在由绞架上放下来的绳套下边,叠着两只木箱。他们把姑娘抱起放在木箱上,把绳套套在她的颈上。一个军官拿着他的"柯达"照相机开始朝着绞架对光。警卫司令向刽子手打了一个等待一会儿的手势。

卓娅利用这个机会向着集体农场男女农民大声清脆地喊道:

"哎,同志们!你们为什么愁苦地看着哇?你们壮起胆子来,奋斗吧,打法西斯,放火烧他们,用毒药毒他们吧!"

旁边站着的德国人挥动了手,不知是要打她,还是要堵她的嘴,可是她挡开他的手继续说:

"我不怕死,同志们!为自己的人民而死,这是幸福啊!"

摄影师由远处和近处都对绞架拍照,现在他又在对光,打算由侧面拍照。刽子手们急躁地望着警卫司令,警卫司令就对摄影师喊了一声:

"快,快!"

那时卓娅就转身对着警卫司令和德国兵士们大声喊道:

"你们现在绞死我,可是我不是一个人。我们是两万万人,你们不能把我们全绞死。有人替我报仇。兵士们!趁着还不晚,快投降吧:胜利迟早是我们的!"

刽子手扯紧了绳子,绳套勒紧卓娅的咽喉。卓娅双手挣松了绳套,用足尖挺身站着,用全力喊道:

"永别了,同志们!奋斗吧,不要怕。斯大林和我们在一起!斯大林一定来到!……"

刽子手用他的钉着马掌的皮鞋踹着木箱，木箱在踏实了的、滑溜的雪上“嘎嘎”响着。上边的木箱“咚”的一声落在地下了。人群闪开了。有人惊绝地吼叫一声，马上又沉寂了，由林边立刻传出一个回声来……

（四）舒拉

我和舒拉两人的苦难日子开始了。我们不再等待了，我们知道没有什么可等待的了。在过去，我们的生活是充满了希望和信念的——我们希望团圆，相信我们能再看见和搂抱我们的卓娅。每次走近邮箱的时候，我都抱着希望看看它：它可能给我们传来关于卓娅的消息。现在我们由它前边走过去连看也不看它了，我们知道，在那里没有寄给我们的什么东西，没有什么可能给我们带来欢喜的东西。

我父亲由杨树林寄来了一封非常悲伤的信。卓娅的死严重地打击了他，他在信里写道：“我不了解。怎能这样？我，老头子，倒活着，可是她没有了……”这几行字里含着多少无法解除的痛楚和悲伤啊！全篇信上都是泪痕，有几个字我始终没有能认出是什么来。

“可怜的老人们……”舒拉读完信小声地说。

舒拉现在是我的依靠，我仗着他活着。他尽可能多抽出时间陪伴我。他在过去像怕火一样怕表示温情，可是现在却对我很温柔了。现在他总是用他从五岁以后再也没用过的“好妈妈”三个字来称呼我。现在他已经注意过去他所忽略的事了。我开始吸烟，他就注意到了：如果我吸烟，那就是距离落泪近了。看见我找纸烟，他就注视着我的脸，走近我说：

“你怎么啦？不要这样。我请求你，我请你不要这样……”

如果夜里我不睡觉，他总能感觉出来。他走近我，坐在床边，默默地抚摸我的手。他走后，我就觉得我是被抛弃了，无依靠了。舒拉成为家长了。

……

舒拉要走。他要上前线，并且无论什么也拦不住他。他对我什么也没说，一句话也没告诉我，并且他还未满十七周岁，但是我知道：他一定要走。

我并没想错。有一天下午我回家来，我还在走廊里就听见了喧吵的谈话，打开门后我看见五个人在一起坐着：舒拉、瓦洛嘉·尤里耶夫、沃洛嘉·奇托夫、聂杰里柯和尤拉·布娄多，每人嘴里衔着一支纸烟，屋里烟雾腾腾。在这以前我向来没有见过舒拉吸烟。

“你这是干什么呀？”我只问了一句。

“将军还亲自请我们吸烟哪！”舒拉很快地，好像拿定主意了似的回答我，“我们……你知道吗？我们就要到乌里扬诺夫斯克坦克学校去了。我们已经被录取了。”

我默默地坐在椅子上了……

舒拉在夜里坐在我的床边说："好妈妈，你想想，请你想想吧！没有关系的人都给你写信说：'我们一定替卓娅报仇。'可是我，卓娅的亲弟弟，能留在家里吗？我有什么脸见人哪？"

我没说话。既然那会儿我没找到可以拦住卓娅的话，现在我又怎能找到什么话拦住舒拉呢！

……

1942年5月1日，舒拉走了。

他指着自己的朋友这样说："人们都不送他们，你也不要送我，好不好？不然的话，他们是要觉得委屈的。你就祝我一路平安吧。"

我恐怕我的声音不服从我，所以我仅仅默然地点了头。儿子又搂抱了我一次，热吻了我一次，就由屋里走出去了。"砰"一声房门关上了。这一次就完全剩下我孤身一人了。

几天以后由杨树林寄来了信，父亲在信里写道："母亲逝世了。她没能经得住卓娅死耗的打击。"

(五)来自乌里扬诺夫斯克的消息

舒拉差不多每天给我写信。他和他的朋友们被编在一个班了，他玩笑地称呼这个班为"莫斯科第二〇一校第十年级乌里扬诺夫斯克分班"。

他在最初的一封信里这样写着："唉，妈妈，什么我也不会！连按规矩在行列里走步子都不会。比如，今天就踩了人家的脚后跟了。也不会给队长敬礼，为了这个人们不能夸奖我呀。"

光阴在过着。在另一封信里他写道："我疲倦，睡不足，但是像野兽一样工作着。我已经很好地熟悉了步枪、手榴弹、七星手枪。日前我们到射击场演习由坦克里射击去了。我的初步成绩还算正常：由坦克里的炮和机枪射击四百和五百米距离的目标，我的成绩是'好'。现在你认不出我来了：现在我会很好地给队长们敬礼了，走步子也走得漂亮了。"

在接近考试时期的时候，舒拉在每一封信里都恳求我："妈妈，如果可能的话，你给我找来一条宽皮带；如果更可能，找一副武装带。"几天以后仍是："妈妈，你好好找找！你想，如果我的皮带一点儿也不像样，我还像一个什么军官呢？"舒拉小的时候的固执的眼睛通过这些字行注视着我。他在童年时候，如果他极希望得到什么，他就这样，差不多也用这些话要求我。

现在我眼前放着一百封舒拉的信。我由第一封到最后一封地重读它们的时候，我就看见了我的孩子怎样成长，怎样壮大。

(六)“我很愿意活下去”

1943年11月24日给我送来了新的辛酸。在报纸上登出了五张照片，是在斯摩棱斯克附近波塔波夫村外一个被苏军击毙的希特勒的军官身上找到的。德国人把残害卓娅的景况和她的最后几分钟全拍了照片。我看见了雪中的绞架，看见了我的卓娅，看见了我的女孩子在德寇包围之中，看见了挂在她胸前写着“纵火犯”的那块木牌……也看见了那些残害她的人。

……可是舒拉一直没有信。又过几天，我打开《真理报》，忽然在第三版上看见了这样的消息：

“前方军报，10月27日(电讯)。某部正在激烈战争中，扫荡着德寇第一九七步兵师的最后残匪。1941年11月在彼得里斜沃村残杀了英勇的女游击队员卓娅的，就是这一个师的官兵。在《真理报》上刊登的五张德国人残害卓娅的照片，掀起了我们的战士和军官的新的愤怒的热潮。在这里，卓娅的胞弟、青年团员、坦克手、近卫军少尉舒拉正在英勇奋战，为姐姐复仇。在最后一次战斗中，‘卡威’坦克在舒拉同志的指挥下首先闯入敌人阵地，击毙和用齿轮轧毙很多希特勒匪徒。少校维尔什宁。”

舒拉活着哪!

为姐姐报仇哪!

从此我又常接到舒拉的信了，但不是由和平的乌里扬诺夫斯克，而是由最火热的战场上寄来的。

1944年元旦，很响的门铃声把我惊醒了。

“这是谁呀?”我纳闷地说，开门之后，意外的事就使我愣住了！舒拉站在我眼前了。

我觉得他已经是一个真正的巨人了，英俊、宽肩，穿着带有严寒气味的军大衣。他的脸由于风吹和疾行发红了，冰霜在他的浓眉和睫毛上融化着，他的两眼欢喜地闪烁着。

“为什么这样看呀，不认识我了吗?”他笑着问。

“我看这是伊利亚·木罗米茨俄国民间传说中的大勇士来了!”我回答说。

这是最出乎意料的、最宝贵的新年礼物。

舒拉也无限地欢喜。他一步也不离我，如果他需要到街上去买香烟或散步，他一定像小孩那样请求：

“咱们一块儿出去吧!”

他每一天重复几次同样的话：

“你告诉我,你生活得怎样?”

“我都给你写去了……”

“写算什么呀!你讲给我听吧。人们还照旧给你写信吗?你把信给我看看……来,我帮助你写回信……”

这样的帮助正是需要的,无数的信件依然像河水一样地流来。人们直接给我写,往卓娅的母校写,往报馆写,往青年团区委写。

(七)壮烈地牺牲了

4月20日我在信箱里接到一封信。信封上是舒拉的战地邮政号码,但是地址并不是他的笔迹写的。我怕拆开这封信,拿着它愣了很久。以后终于拆开它读了最前的几行。眼前发黑了。我换了一口气之后重新又读,仍是读不下去。以后用尽所有的力量,咬紧牙,勉强读完了。

1945年4月14日。

亲爱的柳鲍娃·齐莫菲耶夫娜!

很痛心地给您写这封信。我求您:集中勇敢和坚毅。

您的儿子、近卫军中尉亚历山大·阿那托利维奇在反德国侵略者斗争中壮烈地牺牲了。他把自己的青春的生命献给我们祖国的自由和独立了。

我告诉您:您的儿子是英雄,您可以因他而骄傲。他曾忠实地保卫祖国,他堪称为他的姐姐的好弟弟。

您把您的仅有的最宝贵的东西——儿女,都献给祖国了。

在哥尼斯堡郊外的战役中,舒拉的战车在4月6日首先强渡了30米宽的水渠,猛轰敌人,消灭了敌人的炮兵队,炸毁了军需仓库,并击毙希特勒匪军官兵60人。

4月8日他的战车首先闯入克尼根·路易金堡垒,俘敌350人、完整坦克9辆、汽车200辆,并获得燃料仓库一处。在战斗中,舒拉由战车指挥员升为中队指挥员。他虽年轻,但是指挥中队很胜任,并且在执行一切战斗任务上都可称为模范。

昨天他在争夺哥尼斯堡西方的非布鲁定克鲁格村落的战斗中牺牲了。那一村落已经落在我们手里。您的儿子在最前头的队伍中间闯入了那个村落,击毙希特勒匪徒40余人,并轧毁反坦克炮四门。爆炸的炮弹永远地夺去了您的亲爱的,也是我们的亲爱的舒拉的生命。

战争与死亡是不可分离的,但是死于我们的胜利的前夕,就令人特别惋惜。

紧握您的手。希望您勇敢。

（衷心尊敬您和同情您的近卫军中校列盖札）

……

4月30日我飞到了维尔纽斯，由那里乘汽车到达哥尼斯堡。空虚，周围的一切都被破坏了。片瓦无存。哪里也不见人影。以后来了一串一串的德国人：他们徒步走着，推着独轮或四轮小车，载着家产，他们不敢抬头，不敢正视……

以后涌现了我们的人的洪流，他们是返回故乡的。他们有乘马车的，有乘汽车的，有步行的，他们脸上的表情都是欢喜的，幸福的。由这一切都可以看出：胜利并非道远路遥，它很近了。它就挨着我们了。

舒拉问过我若干次："妈妈，你怎么想象胜利那一天呀？你以为那是在什么时候？真是在春天吧？一定在春天！倘若在冬天，那么，雪是一样要融化的，花一样要开的！"

现在胜利临近了。这已经是胜利的前夕，幸福的前夕。可是我坐在我的孩子的棺材旁边，他像活人一样躺着：容貌是安静的，明朗的。我没预料到我们会这样见面。这实在是超过一般人所能忍受的事……

后来，我的眼睛不知不觉地离开了舒拉的脸，往上看了看，我看见了另一个青年的面孔。我仔细地看他，可是想不起来过去在什么地方见过他：那时很不容易思索什么，回忆什么了。

"我是沃洛嘉·奇托夫。"青年小声地说了。

马上我就想起了那年4月，当我回到家来遇到舒拉和他的朋友们在高兴地谈话的那个晚上。"将军还亲自请我们吸烟哪……我们到乌里扬诺夫斯克坦克学校去……"我仿佛又听到儿子的声音了。

"其余的人们呢？"我勉强地问。

沃洛嘉告诉我说，尤拉·布娄多和瓦洛嘉·尤里耶夫牺牲了。他们也像舒拉一样，没等到胜利就牺牲了……多少青年，多少好人都没等到这一天就牺牲了！

……

……恐怕我不能有系统地、详细地把在哥尼斯堡的两天的事述说出来了。但是我记得人们曾怀着什么样的敬爱谈论舒拉。

我听见人们的一些话："他勇敢……是一个谦虚的人，是多好的同志呀！年轻，可是一个真正的指挥员！我永远忘不了他！"

以后我就回来了。舒拉的坦克的射击手萨沙·斐基柯护送着我。他一路上像照顾病人那样照顾我，像儿子那样关切我；不问我他就猜到了需要做什么。

……

5月5日在诺伏捷维奇公墓安葬了舒拉。卓娅的坟的对面又添了一座新坟。他们死后和生前一样，仍在一起。

这是胜利之前四天。

5月9日我曾站在自己的窗前看着人像长河一样流过去：走过的有儿童也有成年人，大家像一个整个家庭，全是狂欢的、幸福的。这天天气晴朗，阳光灿烂！

……

我的孩子们永远不能再看见蓝天了，不能再看见鲜花了，他们永远不能再迎接春天了。他们为了别的孩子，为了在渴望已久的这一刻在我眼前经过着的孩子们，献出了自己的生命。

训练提示

《卓娅和舒拉的故事》是20世纪五六十年代中国家喻户晓的前苏联作品。它从一位母亲的角度记述了第二次世界大战期间，自己的两个儿女为了祖国，为了和平，离开课堂，走上战场，牺牲在敌人的绞架上和战火纷飞的胜利前夜。他们以自己年轻的生命书写了什么是英雄，什么是生命的永恒。书中有母亲对儿女的亲情、惦念、痛苦与欣慰的真诚袒露，情感细腻、自然，生活细节丰富，是一部难得的动人的自述体作品。我们仿佛从中看到了充满朝气和坚毅的卓娅，在漫天风雪的夜里，光着脚，身着单衣，带着满身的伤痕，在敌人的刺刀威逼下行走在野外；我们看到卓娅脖子上套着绞索，却仍大声怒斥敌人，呼唤人民起来斗争；我们看到年轻的舒拉闪动着温柔的目光劝慰母亲；我们看到身着军装的舒拉指挥着坦克屡屡冲毁敌人的堡垒，冲向敌群；我们看到母亲望着女儿被处决时拍摄的照片心痛无比；我们看到母亲坐在儿子的棺材旁注视着已经离去的年轻指挥官——为了祖国和自由，母亲在短短的时间里失去了至亲至爱的一双儿女。她虽有普通人的心痛与悲哀，更有英雄母亲的坚忍与胸怀。当时全苏联有千千万万的年轻人给她写信要做她的儿女。20世纪50年代，英雄的母亲还来过中国，受到我国人民的尊敬。当时，也有不少中国青年纷纷给她写信表示要向她的儿女学习！

这部作品之所以打动人，应当还有两点：一是它记录了真实的时代、人生历程、人物心理；二是它不仅让我们看到了英雄人物，也使我们体验了战争给人民带来的痛苦，激起我们反对战争的强烈心声和坚定信念。

值得关注的是，书中不仅写出了卓娅和舒拉这两位青年英雄，同时也表现了战地记者彼得·里多夫及舒拉的同学们等等同样在战争中献身的英雄们(因为篇幅所限，我们没能选取这些内容)。正是彼得·里多夫这位《真理报》的战地记者冒着生命危险前去采访，首先报道了卓娅的英雄事迹，起到了在残酷斗争中鼓舞人心的作用。然而，他却牺牲在胜利前夜，是在波尔塔瓦郊外的飞机场，他要看看战士们如何抗击来袭的敌机就由掩蔽部下边跑出来了，他打算写一篇记事，一切都想亲眼看一看。这是一位真正的战地记者！遗憾的是，他没能兑现给卓娅母亲的承诺：战后一定写一部关于卓娅的书。

我想，我们之所以要选择这部自述体的作品，不只是为了训练学生们对这类作品的表达技巧，更是为了让我们的下一代了解历史，知道今天，感悟责任。

1. 应当阅读全书，了解时代、地域与人物。对卓娅和舒拉有一种全方位的了解，才能热爱人物，抓住人物，表现人物。

2. 把握自述体的语言表达特点。

3. 把握母亲的心理、心境的变化，应注意分寸，不能基调一沉到底。

4. 叙述中的基调、风格应统一，但也要随不同内容、情绪有微调。

5. 表达语速不宜快，因是回忆性质、哀痛心境。

6. 注意区别叙述语言与书信内容的表达。书信语言表达也要有人物感。

7. 注意作品中人物语言与叙述语言的转换和有机结合。

8. 可将作品语言做适当修改，进行润色、“移位”等处理。

9. 书中的不同人物，都要有相应的语言声音造型，但重在神似。

母亲：用女中音来表现，声音温厚，音色不宜亮，语言内在、多感、稳实。

卓娅：声音明亮、有力度，语言坚定、热烈、内涵深。

舒拉：声音年轻、热情，语言活泼，富于感情。

高山下的花环（节选）

李存葆

（一）雷军长甩帽

眼前，这“雷神爷”为何又甩帽？人们目瞪口呆！

只见他在台上来回踱了两步又站定，双手扦腰，怒气难抑。

终于，炸雷般的喊声从麦克风里传出：“骂娘！我雷某今晚要骂娘！！”

谁也不晓得军长为啥这般狂怒，谁也不知道军长要骂谁的娘！

他狂吼起来：“奶奶娘！知道吗？我的大炮就要万炮轰鸣，我的装甲车就要隆隆开进！我的千军万马就要去杀敌！就要去拼命！就要去流血！！可刚才，有那么个神通广大的贵妇人，她竟有本事从几千里之外，把电话要到我这前沿指挥所！此刻，我指挥所的电话，分分秒秒，千金难买！可那贵妇人来电话干啥！她来电话是让我给她儿子开后门，让我关照关照她儿子！奶奶娘，什么贵妇人，一个贱骨头！她真是狗胆包天！她儿子何许人也？此人原是我们军机关宣传处的干事，眼下就在你们师某连当指导员！……”

顿时，我脑袋“嗡”地像炸开一样！军长开口骂的是我妈妈，没点名痛斥的就是我啊！

骂声不绝于耳：“……奶奶娘！走后门，她竟敢走到我这流血牺牲的战场上！我在电话上把她臭骂了一顿！我雷某不管她是天老爷的夫人，还是地老爷的太太，走后门，谁敢把后门走到我这流血牺牲的战场上，没二话，我雷某要让她儿子第一个扛上炸药包，去炸碉堡！去炸碉堡！！……”

排山倒海的掌声湮没了“雷神爷”的痛骂，撼天动地的掌声长达数分钟不息……

军长又讲了些啥，我一句也听不清了。

那一阵更比一阵狂热的掌声，送给我的是嘲笑！是耻辱！！是鞭笞！！！

……

我差点儿晕了过去。我不知是梁三喜还是谁把我扶上了卡车，我也不知下车后是怎样躺进连部的帐篷的。

当我从痴呆中渐渐缓过来，我放声大哭。

“哭啥，哭顶个屁用！”梁三喜愤慨地说，“不像话，你母亲实在太不像话！她走后门的胆子太大了！”

我仍不停地哭。梁三喜劝慰我说：“谁都会犯错误，只要你能认识到不对，就好。仗还没打，战场上有改正错误的机会。”

眼泪哭干了，我又处于痴呆的状态中。

天将破晓了，一片议论声又传进帐篷：

“军长骂得好，那娘儿们死不要脸！”

“战场上谁敢后退，就一枪先崩了他！”

是谁们在这样说啊，声音嘈杂我听不真。

“奶奶的！说一千道一万，打起仗来还得靠咱这些庄户孙！”是靳开来在大声咋呼，“小伙子们，到时候我这乡下佬给你们头前开路，你们尽管跟在我屁股后头冲！死怕啥，咱死也死个痛快！”

“哼，连里出了个王连举，咱都跟着丢人！”啊，那又尖又嫩的童音告诉我，说这话的是不满 17 岁的司号员金小柱！我下连后，小金敬我这指导员曾像敬神一般！可自打我拿到调令那天起，他常撇着小嘴儿朝我翻白眼……

“别看咱段雨国不咋的，报效祖国也愿流点儿血！咱决不当可耻的逃兵！”啊，连

"艺术细胞"段雨国也神气起来了……

我麻木的神经在清醒，我滚滚的热血在沸腾！奇耻大辱，大辱奇耻，如毒蛇之齿，撕咬着我的心！

我乃七尺汉子，我乃堂堂男儿！我乃父母所生，我乃血肉之躯！我出生在炮火连天的沂蒙战场上，我赵蒙生身上不乏勇士的基因！我晓得脸皮非地皮，我知道人间有廉耻！我，我要捍卫人的起码尊严！我要捍卫将军后代的起码尊严！！

我取出一张洁白的纸，一骨碌爬起来冲出帐篷。

我面对司号员小金："给我吹紧急集合号！"

小金惊呆了，不知所措。

"给我紧急集合！"

梁三喜跟过来轻声对小金说："吹号。"

面对全连百余之众，我狂呼："从现在起，谁敢再说我赵蒙生贪生怕死，我和他刺刀见红！是英雄还是狗熊，战场上见！"

说罢，我猛一口咬破中指，在洁白的纸上，噌！噌！噌！用鲜血写下了三个惊叹号——"！！！"

说到这儿，赵蒙生两手捂着脸，把头伏在腿上，双肩在颤动。我知道，他已陷进万分自责的痛苦中。

"咔"的一声响，又一盘磁带转完了。过了会儿，我才轻轻取出录好的磁带，又装进一盘。

良久，赵蒙生才抬起头来，放缓了声调，继续对我讲下去——

（二）战场牺牲

主峰上下全是一人多深的芭茅草，一接近它，便躲过了敌人的射界。我火速爬着赶上了梁三喜他们。梁三喜见我来了，也没责怪我。

三排仍不时向敌人射击，敌人也不断还击。我们在草丛中攀缘而上，去接近敌堡……

爬了一大阵子，猫起腰便看见敌堡了。

战士"北京"对梁三喜说："连长，距离最多有五十米。放心，绝对不用打第二炮，干吧！"

梁三喜点头同意。

战士"北京"当即把炮弹装进炮膛。少许，他肩起"八二无"炮身，"噌"地站起来，勾动了扳机！然而，没见炮口喷火！

战士"北京"一下卧倒在地。敌人的子弹"嗖嗖"从我们头顶上飞过……

“怎么？是臭弹？”梁三喜问。

“嗯。是发臭弹。”“北京”说着，忙把臭弹退出炮膛。弹药手赶忙又递给他一发炮弹，他又将炮弹装进了炮膛。

稍停，他又掮起炮，猛地站起身，又一次勾响了扳机，却又一次没见炮口喷火！

“哒哒哒哒……”敌人一串子弹射来，战士“北京”一头栽倒在地上！

“‘北京’！‘北京’同志……”我和梁三喜同声呼唤着。

一切都发生在瞬息之间！

战士“北京”倒在血泊中，身上七处中弹。中的是平射过来的高射机枪子弹，处处伤口大如酒盅，喷出股股热血……

啊，倒下了，一个多么优秀的士兵又倒下了！他连“哼”一声也没来得及，眨眼间便告别了人生！他二十出头正年轻，芬芳的生活正向他招手！他是那样机敏果敢，他是多么富有才华！昨天晚上，他还以将军般的运筹帷幄，为我们攻打无名高地献出了令人折服的战斗方案！可此刻，他竟这样倒下了！他从北京部队奔赴前线补到我们连，到眼下才刚刚两天，我们还不知道他叫啥名字啊！五十米的距离上，他不瞄准也绝对有把握一炮一个敌碉堡！可臭弹，该死的两发臭弹！！

梁三喜怒对爬到眼前的弹药手：“他的死，你要负责任！”

弹药手沉下头不吱声。我知道，梁三喜这是由极度悲恸产生的激怒，而激怒又变为这无谓的埋怨！在同生共死的战场上，有哪位弹药手愿意出现臭弹啊！

梁三喜从战士“北京”身下双手摸过血染的炮身，把那发还在炮膛中的臭弹猛一下退出来，愤然甩出老远！他接过弹药手递过来的炮弹，一下装进了炮膛。

梁三喜掮起炮身。说时迟，那时快，他猛地站起来，眨眼间便见炮口喷火！炮弹“轰”地炸开，敌碉堡被炸得粉碎……

碎石泥尘还在刷刷下落，我们便跃起身，迎着硝烟气浪向前扑去！

上来了！上来了！从左右两侧出击的突击队员，还有从主峰正面待机冲锋的步兵一排，一齐呐喊着，冲上了山顶！

我们，终于站在了364高地主峰上！

“注意搜索残敌！”梁三喜命令说。

我放眼望去，山顶上敌堑壕里一片狼藉，空无一人。位于山顶右侧的炮阵地上，有十几门横倒竖歪的120迫击炮，遍地是待发的炮弹，还有那一箱箱未开封的炮弹箱摆在周围……这时，我才更觉出梁三喜判断的准确，决策的正确！如果不攻占这炮阵地，我们坚守在无名高地上是会全连覆没的！

山顶上到处是巉岩怪石，我们沿着堑壕南边向西搜索。

段雨国兴冲冲地来到我和梁三喜身边:"连长,指导员,胜利啦,我们终于胜利啦!这次战斗,能写个很好的电影剧本!"

我望着段雨国那副乐样儿,真没想到他也攻上了主峰!

"隐——蔽!"只听身后的梁三喜大喊一声,接着我便被他猛踹了一脚,我一头跌进堑壕里!跟着传来"哒哒哒"一阵枪响……

当我从堑壕里抬头看时,啊!梁三喜——我们的连长倒下了!

我不顾一切地扑过去。

"连长!连长!"我一腚坐在地下,把他扶在我怀中……

他微微睁开眼,右手紧紧攥着左胸上的口袋,有气无力地对我说:"这里……有我……一张欠账单……"

一句话没说完,他的头便歪倒在我的胳臂弯上,身子慢慢地沉了下去,他攥在左胸上的手也松开了……

我一看,子弹打在他左胸上,打在了人体最要害的部位,打在了他的心脏旁!他的脸转眼间就变得蜡黄蜡黄……

"连长!连长!"战士们围过来,哭喊着。

"连——长!"段雨国扑到梁三喜身上号啕起来,"连长!怪我……都怪我呀……"

梦,这该是场梦吧?战斗就要结束了,梁三喜怎么会这样离开我们!当理智告诉我,这一切已在瞬息间千真万确地发生了时,我紧紧抱着梁三喜,疯了似的哭喊着……

讲到这儿,赵蒙生两手攥成拳捶打着头,泪涌如注。他已完全置身于当时的场景中了。

(三)军长扫墓

这天下午,高干事骑着自行车来到连里。

一见面,他车子还没放稳,就很激动地对我说:"大有文章可做,大有文章可做呀!"

丈二和尚摸不着头脑,我不知他为何如此兴奋。

"战士'北京'的亲属找到了!"

"在哪里?"我急问,"薛凯华的亲属来队了?"

"你先猜猜,你们的英雄战士'北京',也就是薛凯华烈……"高干事非常神秘地望着我,"你猜他的爸爸是谁?"

我摇头不知。

"雷军长!薛凯华是雷军长的儿子!"

……

一纸遗书,令我荡气回肠!

“赵指导员，你……”高干事见我热泪滴滴，有些不解。

我并非感情脆弱，我在战场上目睹了凯华的大智大勇，此时捧读他的遗书所产生的激动，是局外人压根不能体味的呀！

屋外传来吉普车响。我和高干事出屋一看，正是军长坐的吉普车，却不见军长在车中。司机告诉我们，军长从团里又到了营里看了看，他现在已到烈士陵园去了，一会儿就到连里来。

我和高干事沿着新修起的路，直奔山腰间新建的烈士陵园。

只见军长站在写有“薛凯华烈士之墓”的石碑前，默默为薛凯华致哀。许是遵照儿子的遗言，他没有脱帽。过了会儿，他后退一步，庄重地抬起右手，为长眠的儿子致军礼。良久，他才把右手缓缓垂下……

我和高干事轻轻走过去，只见军长老泪横流，大滴大滴的泪珠洒落在他的胸前……

“遵照凯华的遗愿，你们给团政治处写份报告，把凯华的姓……改过来吧。”军长声音嘶哑地对我说，“另外，我拜托你们，给凯华换一块墓碑，把‘薛’字改为‘雷’字……”

我擦了擦泪眼，连连点头应着。

这时，高干事打开照相机，要为军长在烈士墓前拍照，被军长挥手制止了。

“你，是团里的报道干事？”

“是。”高干事立正回答。

“宣传凯华一定要实事求是。”

“是。”

“不要在凯华改随父姓这事上做文章，报道中还是称他为薛凯华。”

“是。”

“凯华就是凯华，文章中不要出现我的名字，半点儿都不要借凯华来吹捧我。”

“是。”

“关于九连副连长靳开来没有立功的问题，请你给我搞份调查报告。”

“是。”

“十天之内寄给我。”

“是。”

“战场上，靳开来打得不错嘛！”

“是！”

“你俩先回去吧。”军长对我和高干事说，“我在这里再停一会儿……”

我和高干事离开了烈士陵园。当我俩走出十几步回头望时，只见军长低头蹲在凯华的墓前，一手按着石碑，周身瑟瑟颤抖。当我们转身朝山下走时，隐隐约约听见军长在抽泣……

（四）我们的上帝

战士们已陆陆续续来到连部，要为大娘一家送行。昨晚，我已给大家讲过，在大娘离开连队时，让大家一定把眼泪忍住……

这时，段雨国竟第一个忍不住抹起泪来。他一抹泪，好多战士也忍不住掉泪了。

梁大娘站起来："莫哭，都莫哭……庄稼人种地，也得流几碗汗擦破点儿皮，打江山保江山，哪有不流血的呀！三喜他为国家死的，他死得值得……"

大娘这一说，段雨国更是哭出声来，战士们也都跟着哽咽起来。有人捅了段雨国一下，他止住了哭。大家也意识到不该在这种时候，当着大娘和玉秀的面流泪。

屋内静了下来。

"秀啊，时辰不早了。别麻烦同志们了，咱该走了。"停了停，大娘对玉秀说，"秀，你把那把剪子拿过来。"

玉秀从蓝底上印着白点点的布包袱里拿出做衣服用的一把剪子，递给了梁大娘。

大娘撩起衣襟。这时，我们发现，大娘衣襟的左下角里面缝进了东西，鼓鼓囊囊的。大娘拿起剪子，几下便铰开了衣襟的缝……

我们不知大娘要干啥，都静静地望着。

只见大娘用瘦骨嶙峋的手，从衣襟缝里掏出一叠崭新的人民币，放在了桌上！

我们一看，那全是十元一张的厚厚一叠人民币，中间系着一绺火红的绸布条儿。

接着，又见大娘从衣襟缝隙里摸出一叠发旧的人民币，也全是十元一张的……

大娘这是要干啥？我惊愕了！大娘身上有这么多钱，可她们祖孙三代下了火车竟舍不得买汽车票，一步步挪了160多华里……

大娘看看我，指着桌上的两叠钱说："那是550块，这是70块。"

这时，玉秀递给我一张纸条："指导员，这纸条留给您，托您给俺办办吧。"

我接过纸条一看，是梁三喜留给她们的欠账单！这纸条和那血染的纸条是一样的纸，原是一张纸撕开的各一半……

顿时，我的头皮"嗖嗖"发麻！

梁大娘心平气和地说："三喜欠下620块的账，留下话让俺和玉秀来还上。秀啊，你把三喜留下的那封信，也交给蒙生他们吧。"

玉秀把一封信递给了我。

啊，我们在此时，终于见到了梁三喜烈士的遗书！遗书如下：

玉秀：

你好！娘的身子骨也很壮实吧？

昨天收到你的来信，内情尽知。因你的信是从部队留守处转到这里的，所以从你写信那天到眼下，已过去一个月的时间了。

……

头一次给你写这么长的信，但仍觉话还没有说尽。营里通知我去开会，回来抽空再接上给你写。

玉秀，如果我在战场上牺牲，下面的话便是我的遗嘱：

当我死后，你和娘作为老革命根据地的人民，深信你们是不会给组织和同志们添麻烦的。娘只有我这么一个儿子了，她本人也曾为革命做出过贡献，一旦我牺牲，政府是会妥善安排和照顾她的，她的晚年生活是会有保障的。望你们按政府的条文规定，享受烈士遗属的待遇即可，但切切不能向组织提出半点儿额外的要求！人穷志不能短。再说我们的国家也不富，我们应多想想国家的难处！尽管十年动乱中，有不少人利用职权浑水摸鱼已捞满了腰包(现在也还有人那么干)，但我们绝不能学那种人。那种人的良心是叫狗吃了！做人如果连起码的爱国心都没有，那就不配为人！

秀，你去年来连队时知道，我当时还欠着近800元的账，现在还欠着620元(欠账单写在另一张纸条上，随信寄给你)。我原想三四年内紧紧手，就能把账全还上，往后咱们的日子就好过多了。可一旦我牺牲，原来的打算就落空了。不过，不要紧。按照规定，战士、干部牺牲后，政府会发给一笔抚恤金，战士是500元，连、排职干部是550元。这样，当你从民政部门拿到550元的抚恤金后，还差70元就好说了。你和娘把家中喂的那头猪提前卖掉吧。总之，你和娘在来部队时，一定要把我欠的账一次还清。借给我钱的同志们大都是我知心的领导和战友，他们的家境也都不是很宽裕。如果欠账单的名单中有哪位同志也牺牲了，望你务必托连里的同志将钱转交给他的亲属。人死账不能死。切记！切记！

秀，还有一桩比还账更至关紧要的事，更望你一定遵照我的话办。这些天，我反复想过，我们上战场拼命流血为的啥？是为了祖国人民生活得更美好！在人民之中，天经地义也应该包括你——我心爱的妻子！秀，你年方24岁，正值芳龄。我死后，不但希望你坚强地活下去，更盼望你美美满满地去生活！咱那一带文化也是比较落后的，但你是个初中生，望你敢于蔑视那什么“忠臣不事二主，烈女不嫁二夫”的封建遗训，盼你毅然冲破旧的世俗观念，一旦遇上合适的同志，即从速改嫁！咱娘是个明白人，我想她绝不会、也不应该在这种事上阻拦你！切记！切记！不然，我在九泉之下是不会瞑目的!!

秀，我除了给你留下一纸欠账单外，没有任何遗产留给你。几身军装，摸爬滚打全破旧了。唯有一件新大衣，发下两年来我还一次没穿过，我放在一个塑料袋里装着。我牺牲后，连里的同志是会将那件军大衣交给你的。那么，那件崭新的军大衣，就作为我送给你未来丈夫的礼物吧！

秀，我们连是全训连队，听说将担负最艰巨的战斗任务。别了，完全有可能是要永别了！

你来信让我给孩子起名儿，我想，不论你生的是男是女，就管他（她）叫盼盼吧！是的，“四人帮”被粉碎了，党的三中全会也开过了，我们已经看到了未来美好的曙光，我们有盼头了，庄户人的日子也有盼头了！

秀，算着你现在已出了月子，我才敢将这封信发走。望你替我多亲亲他（她）吧，我那未见面的小盼盼！

顺致

军礼

三喜

1979年1月28日

捧读遗书，我泪涌如注，我怎么也忍不住，我号啕起来……

我用瑟瑟发颤的手拿起那550元的抚恤金，对梁大娘哭喊着：“……大娘，我的好大娘！您……这抚恤金，不能……不能啊……”

屋内一片呜咽声。在场的人们都已完全明白，是一桩啥样的事发生了！

战士段雨国大声哭着跑出去将他的袖珍收音机拿来，又一下撸下他手腕上的电子表，“砰”一下按在桌子上：“连长欠的钱，我们还！”

“我们还！”

“我们还!!”

“我们还!!!”

……泪眼中，我早已分不清这是谁，那是谁，只见一块块手表，一把又一把人民币，全堆在了我面前的桌子上……

当一片撕心裂肺的哭声渐渐沉下，我嗓音发哽地哀求梁大娘：“大娘，我是……吃着您的奶长大的……三喜哥欠的钱，您就……让我还吧……”

梁大娘用手背抹了抹眼睛，苍老的声音嘶哑了：“……孩子们，你们的好意，俺和玉秀……领了，全都领了！可三喜留下的话，俺这当娘的不能违……不然，三喜他在九泉之下,也闭不上眼……"

不管大家怎样哭劝,大娘说死者的话是绝对不能违的!她和玉秀把那620元钱放下,上了车……

我妈妈已哭得昏厥过去,不能陪梁大娘一家上火车站了。战士们把东倒西歪的我扶进了吉普车内……

走了!从沂蒙山来的祖孙三代人,就这样走了!

啊,这就是我们的人民,我们的上帝!

训练提示

中篇小说《高山下的花环》是出自一位军人之手。在他的创作体会中,我们了解到:这篇小说创作于1979年中越自卫反击战期间,小说是他在前线采访中听到、看到、思考的结晶(在前线四个月的采访中,他写出了十万余字的报告文学、散文等作品)。在潮湿的猫耳洞里、在丛林的帐篷里、在跳动的烛火下,前线作战中涌现出的英雄人物激励着作者,他含泪疾书。一次,为了使自己的作品早日见报,作者连夜赶路,途中险些遭到对方特工的伏击。这些告诉我们,这篇小说不是虚构的,它在真实的土壤中诞生:真实的背景,真实的人物,真实的情感,作品中的人物、事件甚至细节都是存在的。

作者告诉我们,他在云南前线就得知有些连、排干部在牺牲后留下了欠账单(有的写在纸条上,有的仅口头交代过),在广西方面参战的部队里,作者到过的几个单位中,几乎也都发现烈士死后欠账的事。作者采访到这样一件事:一位从农村入伍的连队干部,由于家庭贫困,他生前欠下一笔数目不少的账。他和他的妻子感情很好,在写给他妻子的遗书中百般叮嘱妻子,盼她能在他死后坚强地活下去,尽早改嫁,建立新的美满家庭。同时,他还一再告诉家人,要多想想国家的难处,不要向组织伸手,他欠的账可以用抚恤金来还。如不够,望家中想法把他欠的账一次还清……后来,烈士的妻子拿着抚恤金,卖掉她结婚时娘家陪送的嫁妆,和婆婆一起,来到部队……

作者在前线接触过一些干部子弟,他们不怕苦、不怕死,表现得极为英勇顽强,有的立功,有的被评为战斗英雄。在云南红河对岸,有一个对方号称固若金汤的230高地。在攻打该阵地的战斗中,一位年仅20岁的炮手,他是高干子弟,在距离敌碉堡40至50米的距离上掮炮射击,连发四炮,炸毁了四个敌碉堡!他一人歼敌21名。然而,当他在40米的距离上再肩炮摧毁敌堡时,却因接连出现两发臭弹而令人痛心地牺牲了。但也有个别干部,竟在战前把子女调离了参战部队,当受到参战部队指战员的抵制时还闹情绪,伤害了参战部队指战员的感情,激起他们的极大义愤。有人给作者介绍过这样一位军长,参战前,当他得知有人竟把子女从部队调走时,他火冒三丈,通令说：谁再敢办这种事，他就让他的儿子第一个去炸碉堡。而当这位军长指挥千军万马杀敌时，他的儿子、女儿都浴血奋战在战场上。

太熟悉了，太熟悉了！这一个个真实的事件和人物，不就是小说中的连长梁三喜、他的妻子玉秀、母亲梁大娘、雷军长、小北京……

作者在这部小说中，写出了中越自卫反击战那段历史时期，人物参战前、参战中和参战后的情景，刻画出栩栩如生的人物形象。它揭示了我们生活中尖锐的矛盾和冲突，是客观实际和真实生活的写照，对生活、对人有着深刻的认识，而不是那种简单歌颂生活中美好事物的作品。小说向我们展开了广阔的社会背景，令人读之心灵震撼，使人不得不沉浸在特定的环境与氛围之中。

让我们记住那朴实、敦厚的烈士连长梁三喜，作品中着墨不多却光彩照人的英雄战士“小北京”和他的父亲“雷军长”，朴实无华却深入人心的烈士的母亲“梁大娘”和妻子“玉秀”，以及那些没能回来、倒在战场上的小金等众多烈士们。

注意塑造作品中几个性格迥然不同的人物：

1. 梁三喜：农家子弟，为人坚强、朴实、勤劳克己而又宽厚善良。可用较厚实的男中音表现，语言坚实有力。

2. 赵蒙生：潇洒、聪慧，曾经受到过某些社会思潮的污染，但他对祖国和人民有一种本能的深情。可用较明亮的男高音表现，语言内涵深，叙述语言较平缓但也要随内容有不同节奏的变化。

3. 雷军长：为人正直、坦荡，生性豪爽。在“军长甩帽”中，可用坚实的男中音表现，语言情感浓烈，声高气足，节奏多变；在“军长扫墓”中，可用喑哑的音色表现，语言充满深情。

4. 梁大娘：农村老人，质朴、善良。可用苍老的女中音表现，语言缓慢、温厚。

5. 靳开来：农村兵，为人正直、粗犷，爱发牢骚。可用高音大嗓表现，语言咋呼、说话较冲。

6. 段雨国：战士，有些文化与艺术细胞。可用文弱的小号男高音表现，语言透出嘲讽的味道和强烈的情感色彩。

7. 小金：年纪轻，有正义感。可用较单薄的声音表现，但语言坚毅。

具体演播提示：

片段一的演播基调是高亢、激越地。

片段二的表达应注意节奏多变。

片段三的表达基调应凝重，语言内在。

片段四的表达基调是深情、赞颂地。

家(节选)

巴金

梅之泣

梅回到淑华的房里(这几天她就在淑华的房里睡),房里正好没有人,她便躺在床上把前前后后的事情仔细地想了一番。她愈想愈伤心,终于忍不住摸出手帕蒙住眼睛低声哭起来。她哭了许久,似乎心上轻松了许多。但是过去和现在的一切沉重地压在她的心上。她觉得身子软绵绵的,四肢没有力气。后来她渐渐地睡着了。

“梅表妹,”一个温和的声音在唤她。她睁开眼睛,看见瑞珏立在床前。

“大表嫂,你不去打牌?”她带着疲倦的微笑问道,打算坐起来,瑞珏连忙按住她的身子不要她动。瑞珏坐在床沿上,用怜爱的眼光看她的脸,一面说:“五婶来了,我让给她去打。”她忽然换了惊诧的语调说:“你哭过！什么事情?”

“我并没有哭。”梅装出笑容回答。

“你不要瞒我,你的眼睛已经哭肿了。告诉我什么事情?”她把梅的一只手紧紧地捏住。

“我刚才做了一个噩梦,我在梦中哭过,”梅勉强笑一下,淡淡地说,她那只被瑞珏捏住的手却微微地颤抖起来。

“梅表妹,你一定有心事,为什么不对我说真话?你难道不相信我是真心跟你好?我是真心想给你帮忙?……”瑞珏的声音里充满了同情。

梅不答话,只是把她的忧郁的眼光望着瑞珏的温和的面容。她的额上的皱纹加深了,眉头也皱起来,她慢慢地摇着头。忽然她的眼睛一亮。她迸出了一句:“大表嫂,你不能给我帮忙,”于是掉开头又伏在枕上低声抽泣起来。

瑞珏的心也有点酸痛,她抚着梅的微微起伏着的肩头,悲声说:“梅表妹,我明白你的心事。”她觉得自己也要哭了。“我知道你们两个当初感情很好。……他当初真不该娶我。……现在我才明白他为什么那样爱梅花。……梅表妹,你当初为什么不嫁给他?……我们两个人,还有他,我们三个人都错了,都陷在这种不能自拔的境地里面。……我真想我走开,让你们幸福地过日子。我……”

梅早就不哭了,她已经忍住了眼泪。她抬起头来,因为她听见瑞珏的哭声。她一手抚着胸膛注意地听瑞珏讲话,她又马上掉开了头,不敢看瑞珏的满是泪痕的脸。然而她听见瑞珏的最后几句话,便坐起来,用手蒙住瑞珏的嘴。瑞珏便不往下说了,只是把头俯在梅的肩上,细声啜泣。

“大表嫂，你误会了，”梅说着又马上更正道：“其实我何必瞒你。……是我们的母亲把我们分开的。这大概是命中注定的罢，我跟他的缘分竟是这样浅。……你走开，又有什么用？我同他今生是不能在一起的了。……你还年轻，而我在心情上已经衰老了。……你不看见我额上的皱纹？它会告诉你我经历了多少人世的酸辛。……我已经走上了飘落的路，你还是在开花结果的时节。……大表嫂，我真羡慕你。……我在人世多活一天，只是多挨一天的光阴。我活着只是拖累别人……”她苦笑了。“人说：哀莫大于心死。我的心已经死了。我不该再到你们公馆里来，打扰你们……”她的声音改变了，她说话时浑身都在发抖，这抖动是很细微的，不过瑞珏却能够觉察到。“你想我这颗心怎么好安放呢？……”她停了片刻仍旧带着凄凉的微笑说：“如果真有所谓‘薄命女儿’的话，我便是一个。在我家里没有一个人了解我，我母亲只顾想她自己的事，弟弟又小。我的苦楚谁知道？……有时我心里实在难受，便一个人躲在房里哭，或者倒在床上用铺盖蒙住头哭，害怕人听见哭声。……大表嫂，你不要笑我爱哭。只有这几年我才爱哭的。自从我母亲跟他继母闹翻以后，我就常常哭。后来我们离开省城的时候，我也哭过好几次。这都是我命中注定了的。我现在想，倘若他母亲不死，也许不会有这种事情，因为他母亲很喜欢我，而且她们究竟是同胞姊妹，比堂姊妹亲些，感情也好些。……大表嫂，你想，我的痛苦，又向哪个倾诉？没有一个愿意听我诉苦的人。我的眼泪只有往肚里吞……”她停了片刻，用手帕掩住嘴咳了两声嗽。“后来我出嫁了。我自己并不愿意，然而我也不能够做主。在赵家一年的生活真是痛苦极了，我至今还不明白当时是怎样过去的。那时候我真是有眼泪不敢哭。我若是在赵家多住一两年，恐怕现在也见不到你了。……哭，倒是痛快的事。别的事情人家不许我做，只有哭是我自己的事。……然而近来，我的眼泪却少得多了，也许我的眼睛快要枯了。杜诗说：‘眼枯即见骨，天地终无情。’然而要不使我的眼枯，我的心又怎么能安放呢？……近来虽然泪少了，可是心却常常酸痛，好像眼泪都流在心里似的。大表嫂，你不要为我悲伤，我是值不得你怜惜的。……我本来决定不再见他一面，然而好像有什么东西把我牵引到他的身边，同时又有什么东西把我从他的身边推开。我明知道我今生没有希望了，然而这几天我又好像在期待着什么似的。你不要责备我。……现在我决定走了。请你把这一切当做一个噩梦，不要把我当做没有心肝的人……”她说这些话时并没有流泪，只是带着凄凉的微笑。她不再哭了，可是在心里她却流着血的泪。

这番话里荡漾着一个不幸的生存的悲哀，诉说着一段凄哀的故事，它们一字一字、沉重地压着瑞珏的温柔敏感的女性的心。瑞珏注意地听进了这些话，她连一个字、一个音也不肯遗漏。她也不哭了。她抬起头来，静静地望着梅的一张带着凄凉的微笑的脸。她自己的脸上并没有笑容，上面的薄粉被眼泪弄花了一点，但是并不妨碍她的美丽。她等到梅住了口，便默默地对着梅把头摇了几摇，活像一个女孩子的顽皮，她的脸颊上渐渐现出了笑窝，她微笑了。这是凄凉的微笑，感动的微笑。她完全忘记了自己的悲哀。她把两只手压在梅的肩上，用亲切的、清脆的声音说："梅表妹，我不知道你这样苦。我不该引你讲起这些话，我太自私了。你的处境比我的苦得太多。你以后一定要常常到这儿来。梅表妹，我真是喜欢你，我恨不得把心也交给你。这是实在的话。我只有一个姐姐，可怜她已经死了。你比我大一岁，你如果不嫌弃，就认我做你的妹妹罢。你说没有人安慰你，让我来安慰你。只要你过得好，我心里也高兴。你以后要常常到我们家里来。……你答应我你要常常来，这才是你不讨厌我，而且原谅了我……"

梅的眼光变得非常温和了，一对水汪汪的眼睛充满感激地望着瑞珏。她把瑞珏的手从自己的肩上拿下来，紧紧地握着它们，她的身子紧偎着瑞珏的身子。过了片刻她才吐出下面的一句话："大表嫂，我真不知道要怎样谢你才好。"过后她便埋下头，只顾摩抚瑞珏的一双丰满的手。

梅接连地咳嗽了几声。瑞珏看见梅微微地喘气，关心地望着她，还带着焦虑的表情问道："你常常咳嗽吗？"

"有时咳，有时又不咳，不过晚上咳的时候多。近来好了一点，只是胸口常常痛。"

"你在吃药吗？我看这种病应该早些医治，要医断根才好，"瑞珏十分关心地说。

"从前吃过一些药，病好了一点，但是也不大见效。现在每天吞点儿丸药。我母亲说这不是什么大病，不要紧，吃一点儿补药，一面在家里好好将息就可以了，"梅解释道，她的声音显得特别动人怜爱。

瑞珏激动得厉害，一种强烈的爱怜的感情抓住了她，她贪婪地望着梅的脸，同时紧紧地捏住梅的手。两个人心里的感觉，自己都不能够明白地形容出来。她们埋着头低声谈了一阵话。

最后瑞珏站起来说："我们应该出去了。"便走到桌子前面，打开镜匣，对镜理了发鬓，扑了一点儿粉，又把梅拉到桌子面前，把她的头发梳理了一下，也给她淡淡扑了一点儿白粉。然后两个人手牵手地走出去了。

训练提示

《家》是作家巴金的名作，在此所选的一个片段，根据具体内容定名为"梅之泣"。

1. 由于《家》这部小说是中国现代作品，所以演播风格要与当代作品有区别，表达应内在、深情，语速较慢，音色圆柔。

2. 注意把握梅和瑞珏这两个女性的语言造型：梅表姐哀怜，瑞珏温柔。人物语言应与当代女青年有所区别。

3. 把握梅和瑞珏的具体情状和表现层次。

4. 注意边抽泣边说话的控制感。

5. 掌握叙述语言与人物语言的有机转换。叙述语言应充满与内容相应的情感。

6. 表达片段中的两个女性，也要抓住其特点进行语言造型加以区分，可以结合人物背景，把握其内心的具体感受与情绪，运用哭泣、叹息等装饰性手段，使表达更为生动感人。

市井人物(节选)

冯骥才

好嘴杨巴

津门胜地，能人如林。此间出了两位卖茶汤的高手，把这种稀松平常的街头小吃，干得远近闻名。这二位，一位胖黑敦厚，名叫杨七；一位细白精明，人称杨八。杨七杨八，好赛哥俩，其实却无亲无故，不过他俩的爹都姓杨罢了。杨八本名杨巴，由于“巴”与“八”音同，杨巴的年岁、长相又比杨七小，人们便错把他当成杨七的兄弟。不过要说他俩的配合，好比左右手，又非亲兄弟可比。杨七手艺高，只管闷头制作；杨巴口才好，专管外场照应，虽然里里外外只这两人，既是老板又是伙计，闹得却比大买卖还红火。

杨七的手艺好，关键靠两手绝活。

一般茶汤是把秫米面沏好后，捏一撮芝麻洒在浮头，这样做香味只在表面，越喝越没味儿。杨七自有高招，他先盛半碗秫米面，便洒上一次芝麻，再盛半碗秫米面，沏好后又洒一次芝麻。这样一直喝到见了碗底都有香味。

他另一手绝活是，芝麻不用整粒的，而是先使铁锅炒过，再拿擀面杖压碎。压碎了，里面的香味才能出来。芝麻必得炒得焦黄不糊，不黄不香，太糊便苦；压碎的芝麻粒还得粗细正好，太粗费嚼，太细也就没嚼头了。这手活儿别人明知道也学不来。手艺人的能耐全在手上，此中道理跟写字、画画差不多。

可是，手艺再高，东西再好，拿到生意场上必得靠人吹。三分活，七分说，死人说活了，破货变好货，买卖人的功夫大半在嘴上。到了需要逢场作戏、八面玲珑、看风使舵、左右逢源的时候，就更指着杨巴那张好嘴了。

那次，李鸿章来天津，地方的府县道台费尽心思，究竟拿吗样的吃喝才能把中堂大人哄得高兴？京城豪门，山珍海味不新鲜，新鲜的反倒是地方风味小吃，可天津卫的小吃太粗太土：熬小鱼刺多，容易卡嗓子；炸麻花梆硬，弄不好硌牙。琢磨三天，难下决断，幸亏知府大人原是地面上走街串巷的人物，吗都吃过，便举荐出“杨家茶汤”；茶汤粘软香甜，好吃无险，众官员一齐称好，这便是杨巴发迹的缘由了。

这日下晌，李中堂听过本地小曲莲花落子，饶有兴味，满心欢喜，撒泡热尿，身爽腹空，要吃点心。知府大人忙叫“杨七杨八”献上茶汤。今儿，两人自打到这世上来，头次里外全新，青裤青褂，白巾白袜，一双手拿碱面洗得赛脱层皮那样干净。他俩双双将茶汤捧到李中堂面前的桌上，然后一并退后五步，垂手而立，说是听候吩咐，实是请好请赏。

李中堂正要尝尝这津门名品，手指尖将碰碗边，目光一落碗中，眉头忽地一皱，面上顿起阴云，猛然甩手“啪”地将一碗茶汤打落在地，碎瓷乱飞，茶汤泼了一地，还冒着热气儿。在场众官员吓蒙了，杨七和杨巴慌忙跪下，谁也不知中堂大人为吗犯怒？

当官的一个比一个糊涂，这就透出杨巴的明白。他眨眨眼，立时猜到中堂大人以前没喝过茶汤，不知道洒在浮头的碎芝麻是嘛东西，一准当成不小心掉上去的脏土，要不哪会有这大的火气？可这样，难题就来了——

倘若说这是芝麻，不是脏东西，不等于骂中堂大人孤陋寡闻，没有见识吗？倘若不加解释，不又等于承认给中堂大人吃脏东西？说不说，都是要挨一顿臭揍，然后砸饭碗子。而眼下顶要紧的，是不能叫李中堂开口说那是脏东西。大人说话，不能改口。必须赶紧想辙，抢在前头说。

杨巴的脑筋飞快地一转两转三转，主意来了！只见他脑袋撞地，“咚咚咚”叩得山响，一边叫道：“中堂大人息怒！小人不知道中堂大人不爱吃压碎的芝麻粒，惹恼了大人。大人不记小人过，饶了小人这次，今后一定痛改前非！”说完又是一阵响头。

李中堂这才明白，刚才茶汤上那些黄渣子不是脏东西，是碎芝麻。明白过后便想，天津卫九河下梢，人性练达，生意场上，心灵嘴巧。这卖茶汤的小子更是机敏过人，居然一眼看出自己错把芝麻当做脏土，而三两句话，既叫自己明白，又给自己面子。这聪明在眼前的府县道台中间是绝没有的，于是对杨巴心生喜欢，便说：

“不知者当无罪！虽然我不喜欢吃碎芝麻（他也顺坡下了），但你的茶汤名满津门，也该嘉奖！来人呀，赏银一百两！”

这一来，叫在场所有人摸不着头脑。茶汤不爱吃，反倒奖巨银，为吗？傻啦？杨巴趴在地上，一个劲儿地叩头谢恩，心里头却一清二楚全明白。

自此，杨巴在天津城威名大震。那“杨家茶汤”也被人们改称作“杨巴茶汤”了。杨七反倒渐渐埋没，无人知晓。杨巴对此毫不内疚，因为自己成名靠的是自己一张好嘴，李中堂并没有喝茶汤呀！

张大力

张大力，原名叫张金璧，津门一员赳赳武夫，身强力蛮，力大没边，故称大力。津门的老少爷们喜欢他，佩服他，夸他。但天津人有自己夸人的方法。张大力就有这么一件事，当时无人不晓，现在没人知道，因此写在下边——

侯家后一家卖石材的店铺，叫聚合成。大门口放一把死沉死沉的青石大锁，锁把也是石头的。锁上刻着一行字：凡举起此锁者赏银百两。

聚合成设这石锁，无非为了证明它的石料都是坚实耐用的好料。

可是，打石锁撂在这儿，没人举起过，甚至没人能叫它稍稍动一动，您说它有多重？好赛它跟地壳连着，除非把地面也举到头上去！

一天，张大力来到侯家后，看见这把石锁，也看见上边的字，便俯下身子，使手问一问，轻轻一撼，竟然摇动起来，而且赛摇一个竹篮子，这就招了许多人围上来看。只见他手握锁把，腰一挺劲，大石锁被他轻易地举到空中。胳膊笔直不弯，脸上笑容满面，好赛举着一大把花儿！

众人叫好呼好喊好，张大力举着石锁，也不撂下来，直等着聚合成的伙计老板全出来，看清楚了，才将石锁放回原地。老板上来笑嘻嘻说：

"原来张老师来了，快请到里头坐坐，喝杯茶！"

张大力听了，正色说："老板，您别跟我弄这套！您的石锁上写着嘛，谁举起它，赏银百两，您就快把钱拿来，我还忙着哪！"

谁料聚合成的老板并不理会张大力的话。待张大力说完，他不紧不慢地说道："张老师，您只瞧见石锁上边的字了，可石锁底下还有一行字，您瞧见了吗？"

张大力怔了，刚才只顾高兴，根本没瞧见锁下边还有字。不单他没瞧见，旁人也都没瞧见。张大力脑筋一转，心想别是老板唬他，不想给钱，以为他使过一次劲，二次再举不起来了，于是上去一把又将石锁高高举到头顶上。可抬眼一看，石锁下边还真有一行字，竟然写着：唯张大力举起来不算。

把这石锁上边和下边的字连起来，就是：凡举起此锁者赏银百两，唯张大力举起来不算！

众人见了，都笑起来。原来人家早知道唯有他能举起这家伙。而这行字也是人家佩服自己，夸赞自己——张大力当然明白。

他扔了石锁，哈哈大笑，扬长而去。

训练提示

冯骥才一向以写知识分子生活和天津近代历史故事见长。他的作品视角新颖独特，善于用多变的艺术手法和细致深入的描写，开掘生活的底蕴，咀嚼人生的况味。

小说《市井人物》以清末民初天津卫市井生活为背景，取话本文学旨趣，每篇专讲一个传奇人物的故事，素材均收集于长期流传津门的民间传说，作品风格也接近古典传奇色彩，文字精短，半文半白，很带有"三言两拍"的笔意，让人读起来津津有味，兴趣盎然。

小说中不同人物的塑造栩栩如生，在播读时要注意人物的刻画，要把握好人物的性格特征，如杨巴的机灵善变、张大力的威武豪放等等。

亮剑(节选)

都梁

李家坡战斗开始之前，李云龙正在水腰子兵工厂和后勤部长张万和软磨硬泡。李云龙中等个子，长得很均匀，就是脑袋略显大了些，用他自己的话解释，是小时候练武，师傅老让他练头功练得狠了些，净拿脑袋往石碑上撞，一来二去就把脑袋撞大了。李云龙已和张部长纠缠了两个多小时了，不为别的，就是想多弄点儿边区造手榴弹。这是八路军太行兵工厂的土产。平心而论，李云龙一点儿也不认为这种土造手榴弹有什么好，比起日军的那种柠檬式手榴弹差得太远啦。边区造的铸铁弹体质量太差，爆炸后有时只炸成两半，弹片的杀伤效果极糟糕，这种玩意儿在战斗中常耽误事。可话又说回来了，就这种边区造也不可能敞开了供应部队，用李云龙的话说：能拔脓就是好膏药，有总比没有强。

后勤部长张万和是李云龙的大别山老乡，在红军时期就是老熟人了，所以说话也随便惯了，似乎彼此不骂几句就太见外啦。张部长说："你狗日的就不像个当兵的，是他娘的商人，心算是黑到家了，我已经多给了你们独立团十箱了，还他娘的贪心不足。""我早听别人说后勤部长张万和其实不是大别山人，早先是从山西这边逃荒过去的，我还不信，这回可真信啦，是他娘的抠。这又不是金元宝，你存着想下崽咋的？操，你要不给，老子今天就不走了，你小子还得管饭。""这狗日的哪像个团长？无赖嘛，都像你们团这么软磨硬泡，我这后勤部长就别干啦。行吧，我再给你十箱，得了，你还先别道谢，老子不白给，你得拿东西来换。"李云龙眉开眼笑地说："咱穷光蛋一个，连老婆都没有，真要有老婆，就拿老婆跟你换五十箱手榴弹。"张部长"哼"了一声挖苦道："啧，啧，你那老婆还不知道在哪个丈母娘肚子里呢，你狗日的还提前预支啦。再说了，什么金枝玉叶能值十箱手榴弹？美得你吧，老子别的不要，再打仗时，你得给老子弄把日本指挥刀来。"李云龙一听便放了心，大包大揽地说："我当是什么宝贝，小菜一碟嘛！刀好办，冈村宁次的刀咱弄不来，弄把佐官的还不难。这样吧，你再给十箱，我顺手再给你弄个日本娘儿们来……""去你娘的吧……"

李云龙哪里知道，他正和张部长纠缠时，日军山崎大队正稀里糊涂地朝八路军太行根据地门户——一线天走来。

日军山崎大队长像那个年代的大多数日本男人一样，个子矮矮的，罗圈腿，身材壮实，脖子和脑袋差不多粗细，猛一看像一颗大号的猎枪子弹。他的脸上带着日本军官惯有的神态：冷酷和坚毅。他是个随时准备为天皇陛下献身的武士，从来没拿自己的生命当回事。一个连自己的生命都不当回事的人，自然就更不会拿别人的生命当回事。所以，这次扫荡，山崎大队没有找到八路军的主力，可漳水、沁河两岸的老百姓可倒了霉，山崎大队一路烧杀，如入无人之境。

那天下午，山崎带着队伍走了四十多里山路，人困马乏，正躺在林子边上休息。山崎大队长背靠一棵大树，盘着腿，正在擦他心爱的祖传之物——一把明治天皇御赐的菊花军刀。这把刀的柄上镶着黄金做的象征日本皇室的菊花图案，在秋日的阳光下闪烁着耀眼的光芒。山崎此时也不会想到，他的生命和这把刀一样，快不属于他自己了。

几个打水的士兵匆匆跑来报告，说那边密林深处有条很细狭的山缝，草地上还发现有队伍走过的痕迹。

山崎大喜，立即命令队伍集合，疾步向那个士兵指出的方向扑去。穿过一片浓密的原始森林，古林尽头，出现两座高耸的大山，两山之间只有一条一人可行的狭窄通道。山崎站在山缝里仰望天空，只见细细的一线蓝天。不管它，进去再说。想吃掉我山崎大队，只怕中国军队还没这副好牙口。

大队人马排成一字形，整整走了半个小时，才走出一线天。眼前豁然开朗，竟是别有洞天。山泉淙淙，野花铺地。山崎懂一些中国文化，他记得有位叫陶渊明的古代诗人曾写过一篇叫《桃花源记》的散文，莫非这又是一处桃花源？军用地图上没有标明这个地方。山崎命令发报给旅团长：大队一路未遇抵抗，占领天险一线天，继续搜索前进。

山崎大队长做梦也没想到，他无意中闯进了八路军太行根据地的腹地。

这一线天是八路军水腰子兵工厂的门户，易守难攻。平时这里有一个连兵力驻守，谁知这个连的连长见敌人冲进一线天，一枪没放，就带着部队逃跑了。

根据地门户洞开，日军一个大队竟长驱直入。消息传来，八路军总部里掀起巨大风波。

八路军副总司令彭德怀怒气冲天地对副参谋长左权大吼道："把那个临阵脱逃的连长给我抓起来枪毙！狗娘养的，给八路军把脸给丢绝了。""从敌人的动向判断，他们并不知道这里有我们的兵工厂。"彭德怀一拳砸在桌子上，震得桌上的水杯都跳了起来："把这个狗娘养的山崎大队给我干掉。"总部的一道道命令发出去，八路军 129 师各部、决死一纵队各部从四面八方聚拢过来，组成左右两路攻击集团，将日军山崎大队包围在李家坡高地，战幕就此拉开。

李云龙的独立团被 386 旅旅长陈赓当做了预备队。他极为不满，骂骂咧咧地在团指挥所里来回转磨，像条饥饿的龇着牙的老狼。

独立团政委赵刚正伏在桌子上看地图。他个子不高，身材有些单薄，脸色白皙，带着书卷气。那年赵刚还不到25岁，虽然年轻，可资历不浅。在进入八路军正规部队之前，他已是"一二·九运动"的负责人之一了，北平燕京大学的学生。如此高的学历，在当时的八路军部队中当属凤毛麟角了。

"娘的，咱独立团是后娘养的？人家吃肉咱不眼馋，可好歹也得给口汤喝呀！每次都是咱们团当预备队，这不是他娘的欺负人吗？"赵刚连头都没抬，他太了解李云龙了。他心里有火就得找碴儿放出来，要不然就很容易憋出毛病来。他知道李云龙正在向他寻衅，企图跟他吵一架。赵刚心想，怎么世界上还有这种人？自己心里不痛快，就千方百计向别人找碴儿，什么毛病呀？指挥所里的参谋们都知道团长这个毛病，早都借故溜开了，人家才不触这个霉头呢。

李云龙见赵刚不吭声，心里越发恼火，他不大看得起知识分子，哼，小白脸，能打仗吗？也就是搞搞政工，练练嘴皮子，这个团没有政委，老子照样带兵。他心里一烦，嘴上越发骂骂咧咧起来。

赵刚见他越发不像话，便劝道："老李，你这么发牢骚？给战士们听见多不好！上级让咱们当预备队肯定有上级的考虑，好钢用在刀刃上嘛……"李云龙一听就翻了："少给老子卖狗皮膏药，他娘的新一团就是亲娘养的？凭什么有好事全是他们的？要我说，兵熊熊一个，将熊熊一窝，咱独立团老捞不着肉吃，就是他娘的政委在上级面前太熊。你怕什么？咋就不敢跟旅长干一架？"李云龙面红耳赤，青筋毕露地吼道。

"老李，你骂谁？……"赵刚忍不住要发作，旋即又克制住自己，苦笑着摇摇头，他知道李云龙是个炮筒子脾气，不高兴了谁都敢骂，过后就完。今天他火气这么大，主要是惦记上山崎那把指挥刀了，既然向张部长夸下海口，就得说话算话，屙出来的屎能坐回去吗？弄不来这把刀还有什么脸再见张万和？赵刚心说这个人也太认死理了，这么多兄弟部队参加攻击，他怎么就认定那把刀应该被他缴获？旅长陈赓打来电话："李云龙，你小子肯定又在骂街，是不是？"李云龙发作道："哪个狗娘养的打我的小报告……""你少冤枉别人，是我猜的。你给我老老实实待着，仗有你打的。前面攻击不顺利，你们早晚要上。你听着，轮到你上时，要打不下来……""你把我脑袋拧下来当夜壶用！谢谢旅长，谢谢旅长，我给您跪下来磕头啦。""哼，你自己留着用吧，我用不着那么大的夜壶。"陈赓挂上电话。

李家坡阵地上硝烟弥漫，几架日军的飞机轮番俯冲轰炸，八路军攻击部队伤亡惨重。毕业于帝国陆军大学的山崎是个出色的战术家，他指挥构筑的野战工事很是别出心裁。李家坡高地顶端是平面圆台。按常规，守备一方的工事位置应构筑在山坡平台的棱线部，这样可以对进攻一方的动态一览无余，也便于居高临下发挥火力。可山崎偏偏把环形工事构筑在高地的平面圆台中心位置，攻击部队在坡下看不见守军，直射火力便失去作用，而迫击炮之类的曲射火力又极少。攻击部队刚刚冲上陡坡，只要一露头，马上就被日军的狙击手打倒。战斗打了整整一天，山坡下躺满了八路军士兵的尸体，最先参加攻击的几个主力团都伤亡过半，失去攻击能力。

李云龙在望远镜里看得清清楚楚。他拉住一个刚撤下阵地兄弟部队的营长问："山坡边缘离那个环形工事有多远?"那个挂了彩的营长马上明白什么意思："有80多米，手榴弹够不着。"李云龙皱着眉头说了句："硬冲不是办法，这是赔本生意。"

李家坡战端一开，整个华北地区都热闹起来。日军参谋长板垣征四郎、日本驻中国派遣军司令官西尾寿造大将、日军驻山西第一军司令官莜冢义男、日军华北派遣军司令官多田骏都在各处的司令部注视着地图。各级司令部的作战参谋们在紧张地进行着图上作业，地图上，李家坡周围已被不同颜色的巨大箭头所包围。日军驻潞安的36师团、驻汾阳的16旅团、驻太原的第9旅团、驻阳泉的第4旅团各部，都在日夜兼程向李家坡地区分进合击。

与此同时，整个华北地区的八路军各部的救援部队也已经和日军增援部队纷纷接上火。八路军总部的命令是死的：不惜一切代价，阻敌增援。于是，围绕着李家坡这个名不见经传的小地方双方摆开了架势，而交战双方的最高指挥官的目光还是都注视着山西境内的这个往日默默无闻的小山包。李家坡之战注定要载入史册了。

386旅旅长陈赓在望远镜里看到自己的攻击部队像潮水般一浪高过一浪地向主阵地冲击，而顷刻又像退潮般地退下，山坡上躺满了穿着灰色军装的尸体。陈赓一咬牙，抓起电话下了命令："集中全部炮火轰击山顶，炮弹要全部打光，不过啦，预备队全部出动，踩也要把李家坡给我踩平。"李云龙在电话里说："旅长，我有个要求。"陈赓没好气地说："你哪儿这么多事？快说。""师属炮兵营暂时由我指挥，就这点儿要求。拿不下李家坡我也用不着提着头来见你，因为那时我肯定已经躺在山坡上啦。我只能向你保证，我们独立团全团一千多号人决不会有人活着退出战斗。"

陈赓的眼睛湿润了，握住话筒的手有些颤抖："同意你的要求，炮兵营由你指挥。同志哥，我要你拿下李家坡，还要你活着回来，这是命令！你必须执行。"

在独立团的指挥所里，李云龙对一营营长关大山说："你算一下，从山坡倾斜处边缘到那个环形工事有80多米，也就是说，咱们的冲击距离有这么长，在这片开阔地上咱们全团会成了小鬼子的活靶子。再说，从地形上看，全团一千多号人根本不可能全部展开，要这么干就麻烦了，一个连一个连分别上，就成了'添油战术'，这叫逐次增加兵力，是兵家大忌，老子才不干这傻事，我要缩短这段冲击距离。"一营长关大山眼睛一亮说："团长，你是说用土工作业的方式向前掘进?"李云龙捶了关大山一拳笑道："脑子挺快嘛，你们营有360人，我把全团的手榴弹都调给你，每人带上10颗手榴弹，应该是多少？唔，3600 颗。部队全部运动到坡下，谁也不准露头，他奶奶的，小鬼子的枪法不赖，老子才不触这个霉头。用土工作业方式向前平行推进，只要掘进 50 米就行了，剩下的 30 米，就算是个娘儿们也能把手榴弹扔进环形工事。我这里信号弹一上天，你们全营一起扔手榴弹，每人两分钟之内要把 10 颗手榴弹扔光，嘿嘿，3600 颗手榴弹可够山崎那小子喝一壶的。”关大山乐了：“团长，这招绝了，我们把弦拉了等两三秒再扔，保管个个都凌空爆炸，让他狗日的找不着安全死角，躲都没处躲。”李云龙对二营长沈泉说：“全团的 20 挺轻机枪全部都归你们二营使用，机枪手全部编入第一突击队。机枪挂在胸前，当冲锋枪用，手榴弹爆炸声一停，立刻冲上去，20 挺机枪同时开火，火力绝对不能间断，有人中弹后面就得有人补上，30 米冲击距离，用不了一分钟就冲上去了。”李云龙环视了所有人员，下了死命令：“全团从我以下，一个不留，上刺刀，全都给我上，准备白刃战。记住，见了山崎那小子谁也不许开枪，给我留着，老子要活劈了他。”团部炊事员老王拦住李云龙说：“团长，你那鬼头刀借俺使使，行不？俺还没有件趁手的家伙呢。”李云龙眼一瞪：“想得美，刀给你用，老子使什么？去去去，菜刀、饭勺，实在不行就抄扁担，自己想办法去。”全团都投入战前准备工作，一切有条不紊地进行着，只有马夫班的两个马夫吵了起来，他们两人在争抢一把铡刀，还闹着要找团长评理，被李云龙骂了一顿。

李云龙拎着一口磨得飞快的鬼头刀，皮带上插着张着机头的驳壳枪，他一边检查弹夹一边对政委赵刚说：“我带突击队先上，你负责殿后，我们打光了你再补上。”赵刚正往弹夹里压子弹，一听李云龙说这话就不爱听了，他厉声道：“你敢？你这叫擅离职守，你应该在指挥位置上，而不是突击队。我马上给旅长打电话，要不取消你的参战资格我就不姓赵。”“别……别呀，这太不够意思啦。”李云龙顿时软了下来。

在李家坡环形工事里的山崎觉得不大对劲，怎么四周一片寂静？静得日军士兵们心里一阵阵发冷。军人们是最不喜欢寂静的，因为战场上的寂静往往包含着更大的危险，预示着更激烈的战斗。山崎凭直觉意识到，八路军正酝酿着一次更猛烈的攻击。激战一天下来，山崎大队已经伤亡过半。他不大在乎伤亡，他知道各路援军正在向他合拢，凭借有利的地形、充足的弹药、近距离的空中支援，再坚持两天没问题。他希望凭借自己一个大队的兵力把八路军的主力牢牢地吸引住，待援军的反包围圈合拢，再来个中间开花。他渴望着在李家坡之战中建功立业，一战成名。

山崎发现山坡下伸出一个白铁皮做的拐脖喇叭，那边传来日语的喊话声：“日军山崎大队长听着，八路军独立团团长李云龙得知阁下武士世家出身，精通剑道。李团长认为，贵国之剑道，不过是得中国剑术之皮毛而已，师徒之名分，早在唐朝便已有定论。如阁下很珍惜武士的荣誉，就停止射击，走出工事，李团长愿意和阁下用刀剑进行正式决斗。李团长用军人的荣誉担保，如败在阁下的剑下，八路军独立团立即停止攻击，给贵部放行。”说着对面打了一梭子，喇叭上打了几个窟窿。129 师敌工部的日语翻译被震得虎口发麻。

山崎那边回话了：“八路军李团长阁下，鄙人对贵军作战之英勇深感钦佩，对阁下的挑战深感荣幸。鄙人十分珍惜‘武士’之称号，愿与阁下切磋剑术，无奈军务在身，不能只身与阁下决斗，非常抱歉。如阁下能率部队攻入鄙人的环形工事，鄙人则愿意在肉搏战中与阁下一决雌雄。”在独立团指挥所里，赵刚感到好笑：“什么乱七八糟的，还都以为自己是中世纪的骑士呢，动不动就要决斗。”李云龙不屑地说：“山崎这小子真没劲，算不上条汉子。”一营的土工作业进展很快，日军也很快发现了八路军的企图，迫击炮、掷弹筒纷纷打来。一营的几十个战士在爆炸声中血肉横飞……129 师的迫击炮营在李云龙的指挥下开火了，几十发炮弹像黑乌鸦似的从天而降，落进日军工事，火光闪闪、硝烟弥漫，日军炮兵一时顾不上土工作业的一营，急忙对八路军炮兵做压制性轰击，一营的掘进速度更快了。

山崎用无线电台呼唤空中支援，几架零式战斗机呼啸而来。李云龙用重机枪火力组成密实的火网，迫使日军飞机不敢进入俯冲位置……山崎发现自己的冷汗正顺着脑门往下流，他眼睁睁地看着眼前这片开阔地被一点点地蚕食，离他的工事只有 30 米了，日军的迫击炮和掷弹筒几乎是垂直发射了，距离太近了，出膛的炮弹极有可能会落到自己头上。

叭！随着一颗红色信号弹腾空而起，山崎明白八路军最后的攻击即将开始，日军士兵们各种武器的准星都无声地对准前方。

没有人露头。

山崎心里正在狐疑，突然间，30 米外的堑壕里，密密麻麻的手榴弹呼啸而起，天空像飞过一群麻雀。霎时间，手榴弹在日军工事上面凌空爆炸，短促连续的爆炸声震耳欲聋，横飞的弹片带着死亡的气息呼啸而下，惊慌失措的日军士兵无法找到安全死角，很多士兵同时被几颗手榴弹直接命中，被炸得身首异处。3000 多颗手榴弹在一场战斗中也许算不了什么，但在两分钟之内，在如此狭小的面积上，3000 多颗手榴弹所产生的杀伤力，无疑是可怕的。

此时，率领第二梯队的赵刚已进入冲锋位置，他手握驳壳枪，目睹着李云龙独特的实施火力打击的战术，心中不由被战争所创造的伟力所震撼。他想起拿破仑关于战争的一句经典之言：进行战争的原则也和实施围攻的原则一样，火力必须集中在一个点上，而且必须打开一个缺口，一旦敌人的稳定性被破坏，尔后的任务就是把它彻底击溃。赵刚想，这个不知道拿破仑为何许人的李云龙团长倒是个天生的战术家，看来在战争领域内，理论是苍白的，丰富的战争实践才是重要的。

此时，率领第一梯队的李云龙可没想这么多，他只在念叨着：山崎这狗日的可别被炸死，老子还要和他决斗呢。没有冲锋号声，没有冲锋的呐喊声，随着最后一批手榴弹的脱手，伏在坡下的突击队一跃而起，疾跑中 20 挺轻机枪同时开火，组成密集的火网，日军工事在密集的弹雨下被打得烟尘四起，在爆炸后残存的日军士兵又恢复了强悍的本色，他们号叫着还击，竟面无惧色。

八路军突击队员们不断倒下，后面的候补射手又迅速补上，双方杀红了眼，有些日军士兵杀得性起，竟毫无遮拦地端着刺刀从工事中跳出来迎着弹雨进行反冲锋，但顷刻间被打成蜂窝状，短短 30 米冲击距离，李云龙的第一突击队的机枪手们竟全部阵亡，无一生还，战斗异常惨烈。突击队冲进环形工事，冲锋号吹响了，独立团一千多号人，在挥舞着鬼头刀的李云龙带领下发出排山倒海的杀声，一千多把刺刀在阳光下闪着耀眼的光芒。部队潮水般涌上阵地，最后一批冲上高地的竟是举着菜刀、铡刀的伙夫和马夫。

独立团坚决执行了李云龙的命令，一个不留，全部参加了攻击。

山崎大队全军覆没，山崎本人被机枪打成了筛子，已经面目全非了。

独立团的战士们站在山顶欢呼雀跃，唯有李云龙拎着山崎的指挥刀在破口大骂："是哪个狗娘养的把山崎打死啦？给老子站出来……"

没能和山崎用刀剑决斗，他感到无限遗憾。

训练提示

小说《亮剑》是一部优秀的军事题材小说，是一部英雄传奇，是一个英雄的成长史。它的背景是战火纷飞的动乱年代。小说主要描述了革命军人李云龙在抗日战争、解放战争、抗美援朝、炮轰金门、"文化大革命"等历史时期革命军人革命本色始终不改的故事。

小说所表现出来的英雄主义，豪迈粗犷、血脉贲张，正是当今社会所缺少、人们所期盼的东西，也是最能打动观众的地方。

《亮剑》的另一成功之处是塑造了李云龙这个人物形象，把他好战、善战、直率、蛮横的性格表现得淋漓尽致。这是一个有血有肉、性格多面、打仗勇猛、鬼点子特多、不按照战争游戏常规作战、敢于抗命、尊重战场实际、有点歪邪的主角，也是一个注重生活、注重情感的人物，更是一个精忠报国、视死如归、赤胆忠心的真实的中国军人形象的再现。他身为八路军将领，却草莽之气未除，说话做事略有出格，打仗从不按常理出牌。他勇猛、有血性、疾恶如仇，他满足了人们对英雄的想象和盼望。李云龙又不仅仅是一介武夫。他表面上粗鲁，实际上不乏理智，他是明理的、富于正义感的。他虽然没有多少文化，可他身上有一种质朴的、农民式的智慧。他用这种智慧在战场上声东击西、以少胜多；在军营中鼓舞士气、统率千军万马；有时还用这种智慧在上司面前装傻充愣。

在演播时，首先要注意的就是把握好这个角色的多面性，在大的基调统一之下，把握好人物不同的性格特点和情感层次，落实到语言上要有相应的声音设计。

所选的第一章开篇即给读者展示出一幅精彩的战斗画面，使毫无军事常识的人也能够清楚地了解战场地势、敌我双方的部署及指挥员们的战术意图等，紧张、刺激而又引人入胜，使人甚至从惨烈中也能体味到军事艺术的魅力。演播时要注意心理环境的转换，表现在外部语言上就是要区分出叙述性语言和不同人物语言的差别，把握好节奏的起伏变化和人物不同的说话语气，让人听得既紧张刺激而又津津有味。

哈利·波特(节选)

〔英〕J. K. 罗琳

哈利·波特在霍格沃茨魔法学校度过了不平凡的两年。这几天，霍格沃茨正在进行非常重要的巫师资格考试。城堡里不寻常的静寂。

星期一考变形课，就是让同学变成一种动物，然后再变回来。对哈利和同学们来说，这绝对是一场灾难！考完的同学灰头土脸地出来了。有一个女生还在抱怨："嗯……当我变成一只乌龟的时候，教授还说我乌龟的背上没有花纹！哼，吹毛求疵！"

最后一天考的是同学们最不愿意上也最不愿意考的占卜课，也可以说是算卦。哈利和同学们等在教室的外面七嘴八舌，他特别为小胖墩儿纳维担心。

"嗨，纳维！你准备好了吗？"

纳维是一个爱丢三落四的胆小的男生，他奶奶经常派猫头鹰从千里之外把他落在家里的东西送到学校——奶奶就欠陪读了！听到哈利这么一问，纳维的眼泪一下就涌了上来："哈利，我没准备好……我害怕！"

哈利的好朋友罗恩就见不得纳维哭，"嗨！你哭有什么用啊！你要哭，还不如跟我学一绝招！"

"什么绝招啊？你快告诉我，罗恩，快点儿！"

罗恩把纳维拽到了跟前："我跟你说——你要是不会啊，你就……"

"就怎么样？你快说呀！"

"你就——瞎编！"

"？你……你……"

这时候，远处传来了大家非常熟悉的脚步声，是邓布黎多校长！

"啊，孩子们，哈哈……在考试之前我来看看大家。怎么样？都准备好了吗？"

“不,邓布黎多教授,我没准备好! 我害怕……刚才罗恩告诉我了……要是害怕,我就瞎编!”

“嗯?”

“哦,不,邓布黎多校长,我是说……我其实就是想让罗恩放松……”

“嗯,对! 完全正确!‘放松’,哈哈……读书是你们一生中的一段旅途,你们要珍惜! 要好好把握这段时光。考试的全部意义就在于让同学们重温所学过的知识,然后把那些有价值的东西深深地刻进你们的小脑袋瓜里! 哈哈哈……至于考试结果嘛,可在乎也可不在乎。懂吗? 哈哈……好了,孩子们,我祝你们好运!”

“谢谢邓布黎多校长!”

“谢谢邓布黎多先生!”

邓布黎多先生走了,这时候传来特丽劳尼教授的长裙“呼呼啦啦”的响声。特丽劳尼教授一摆一扭地走了过来:

“哦,孩子们,都准备好了吗? 我的考试题目是——哦,在哪儿呢……哦,是拨开迷雾见未来! 不过,我今天的考试要单独考! 我要让你们透过水晶球看见点儿什么! 你们看见的东西啊,就是你们将来能够遇到的危险! 好,考试开始! 纳维——”

“为什么,为什么是我呀? 为什么是我呀?”

不一会儿的工夫纳维就出来了。

“嗨,纳维,考得怎么样啊?”

“是啊,你看见什么啦? 你在水晶球里看见什么了?”

“我,我……”

“纳维——”

“啊? 不会是又叫我吧?”

“啊,我叫错了,哈利——”

“教授好!”

“哈利,你好。你来看水晶球,给你计时,然后把你看见的东西告诉我!”

哈利俯下身去,他尽量地、使劲地看,可是他真的什么也没有看见!

“哈利,你看见了什么?”

“啊? 我? 我看见了什么? 是吗? 我看见了什么?”

“我在问你啊! 你不会是告诉我你什么都看不见吧?!”

其实,哈利的思绪早已飞到了魔法法院。这些天,哈利、罗恩和赫敏一直在上诉法院,要求保护一种动物——鹰头马身友谊兽。他们极力想阻止法院判决他死刑,可是到现在也没有结果。哈利非常非常地伤心。

“哈利——”

“啊？”

“你看见了什么？”

“我……我看见……是的，我看见了——鹰头马身友谊兽！”

“啊？你竟然看见了那个将要被处死的怪兽?!”

“不，不，他不是怪兽，对我们魔法世界没有伤害！前几天他还救了我们的命哪！”

“不，我知道！你是不是看见他在挣扎？你是不是看见他在流血？你是不是看见有人在他的身后拿着斧头?!”

“不，没有！他没有挣扎，他也没有流血！他……我看见他……我看见他飞走了！”

这时候，等在门外的同学们都着急了。

“哈利怎么了？那么长时间还没出来？这是怎么了？”

大家正在着急，就听见教室里面传来了一阵巨响：嘭——整个教室都在颤抖！

“啊，哈利怎么了？”

“哈利，你怎么了？你快出来！”

“是啊，哈利，你怎么了，你快出来啊！”

这时候，大家的目光直盯着那个教室的门。这时，门开了——

训练提示

英国女作家罗琳的童话小说《哈利·波特》一经出版就令全球的孩子们为之痴迷。小说现在已被译成了27种语言，风行130多个国家，全球500万本的销售量也揭示了该书的非凡魅力。

小说写的是生活在20世纪末的现实世界的13岁英国孤儿哈利·波特，父母双亡，在姨母一家的欺侮中度日；但同时他也拥有穿行于魔法世界的能力，通过九又四分之三站台，他进入了自己一无所知的魔法学校。终于他发现，自己具有一般巫师比不上的能力，是神秘世界居民们的最大希望……

书中遵循着英国儿童故事的古怪传统，主人公哈利·波特会飞，他周围充满着离奇的事物，如送信的私人猫头鹰、最新型的飞天扫帚、可以看到内心中最渴望事物的魔镜、让你隐身到处游荡的披风，在学校里学生们学习药剂和变形术，而不是数学和语文……哈利·波特的生命中充满了神奇与惊险，让读者百读不厌。

小说的这一片段描述的是在魔法学校里面进行的考试。在演播时注意把握小说神奇又俏皮的基调，处理好旁白和人物语言等不同语言样式的转换，同时要针对不同人物的不同性格做出不同的声音设计。

广播剧等演播训练材料与提示

（所选话剧、电影、小品等都可用作广播剧形式训练）

广播剧《毕业歌》（片段）

编剧：祖国红　导演：林长风

这是一部表现大学毕业生情感生活的广播剧，剧中背景是某大学中文系学生毕业前夕。

【剧中角色】

王之辉：男，22岁，班长，出身一般，为人正派，形象俊朗，在班里较有威信，以前是刘燕燕的男朋友。但他通过几年的接触逐渐对副班长白羽产生朦胧的好感。在此剧片段中，他已经与刘燕燕分手，而对方仍想与他恢复以往的恋情，但遭到他的拒绝。

刘燕燕：女，22岁，副市长的女儿，王之辉以前的女友，自视清高，形象较好，为人浅薄。在此剧片段中，她极力想挽回与王之辉的关系，但未能如愿。

于　涉：男，22岁，学生，出身、学习成绩都一般，性格活泼，是王之辉的同学和室友。

陆田地：男，22岁，农家子弟，性格内向，学习刻苦，成绩很好，是王之辉的同学和室友。

（这时门外有人敲门，于涉前去开门。）

于　涉：噢，原来是尊贵的刘燕燕小姐，光临寒舍，不胜荣幸，里边请。

刘燕燕：你少要贫嘴，臭于涉，帮我叫一下王之辉，我不进去了。

王之辉：（懒洋洋地）告诉她我不能去，我裤子洗了，没换的。

（一阵哄笑）

刘燕燕：（大声地）王之辉，是白羽让我叫你！你快点儿出来，我在楼下等你。

陆田地：快去吧，之辉，你和刘燕燕最近好像不大对劲儿，出什么事了？

王之辉:我们真的吹了。

于　涉:糊弄谁呀,留城当记者可不是……

王之辉:(低喝)住嘴！再提这个,小心我揍你！

(“咣”的一声用力的关门声)

王之辉:白羽她,找我?

刘燕燕:(尖酸地)哼,你的女神?她对你就那么重要,连拿我顶替一会儿都不肯?

王之辉:(赌气地)重要！太重要了！

(一阵沉默过后,刘燕燕委屈的啜泣声)

刘燕燕:之辉,你一点不理解人家的心。

王之辉:别哭了,燕燕,我们是该好好谈谈了。(燕:谈什么?)我的确喜欢过你,可也不能否认,我们还不够成熟,我——

刘燕燕:你别说了,我很难过,都是我不好,我不该当那么多人的面骂你粗野,伤了你的自尊心,更不该和你分手。可我当时只知道你跟体育系的一名男生打架,受了处分还赔了人家的医药费,可我并不知道你打他是因为他晚上用望远镜偷看我们女生楼呀！你为什么不跟我讲明白呀！

王之辉:这么肮脏的事谁能讲出口。算了,过去的事就别再提了。

刘燕燕:那么,你是原谅我了?

王之辉:哦,燕燕,你误会我的意思了,其实我们早就该谈分手了。

刘燕燕:(极伤心地抽泣着)什么?!之辉,你不可以这样狠心,我知道你一直嫌我浅薄,可是,你知道我是多么爱你吗?别再恨我了,好吗?我们还会像以前那样好的,之辉。

王之辉:听我说,燕燕。就算没发生过什么,(故意安慰燕燕)我打了架受过处分肯定留不到本市。所以,起码我们是不实际的。

刘燕燕:(猛然惊喜地)噢,原来你是为了这个！这事用不着你操心,我爸爸已经答应我让你留省报社,你不早就说过要改行当记者吗?报社那边没问题,现在就看系里了,不过你放心,我自有办法。

王之辉:(带着受辱后的愤然)原来真有这事！你怎么可以不经过我的同意就随便决定我的前途。(燕:我,是为了……)(挖苦地)别以为你有个副市长爸爸就可以想怎样就怎样。我的事,我说了算！

刘燕燕:(委屈地)你怎么这么不通情达理,我还不都是为了咱们俩能在一起。

王之辉:我不是说了过去的事就让它过去吗?

刘燕燕:(语气带有绝望的冰冷)唉,你还是不肯原谅我,哼,我知道,你心里有了白羽。不过我可以告诉你,你别想得太美了,白羽她被分去支边了。

王之辉:(震惊地)这不可能,你在撒谎!

刘燕燕:信不信由你,明天上午康主任就要找她谈话了。

王之辉:这太不公平了!凭什么?我不相信!

(音乐渐隐。)

训练提示

在这一段剧的演播中,应注意抓人物关系与剧中矛盾。根据剧情与台词可以想象刘燕燕在这之前已经找过王之辉几次想恢复二人关系,但王之辉始终避而不见。今天,她又一次找上门来,用白羽做诱饵想调出对方最后摊牌。因此,在演播中,应抓住刘燕燕对王之辉"先求后刺"的心理。王之辉的心理线不是单一的,而是"既想安慰对方,又坚持己见"。

1. 王之辉的台词要有细致的情感层次转换、语言色彩和节奏变化,如冷淡、解释与愤怒几个小层次。

2. 刘燕燕的哭要与台词有机结合,根据自己和对方台词的重要程度当大则大、当小则小,既不能一直哭,也不能戛然而止,可让台词与抽泣声合理融合。

广播剧《家庭教师》(片段)

编剧:郭正卿　导演:罗莉

【剧中角色】

于　杯:男,26岁,大学生(家庭教师),性格开朗、幽默,比较成熟,思想开放,意识较新,他是文辉的家庭教师。

文　辉:男,17岁,高三学生,内向,较柔弱,学习一般,后来在于杯的帮助下,自信心增强,学习成绩也有较大进步。

文　钰:女,21岁,大学生,文辉的姐姐,性格开朗,但进大学后失去学习目标与动力,吃喝玩乐较多,还交了一个开饭馆的小老板为男朋友但却并不爱对方,从弟弟的口中她了解到于杯并对其产生兴趣。

姚云鹏:男,17岁,高三学生,文辉的同学,学习好于文辉,但有霸气,时常欺负对方。

(一)夜谈

(夜晚的街道,汽车和行人都很少。于杯和文钰在漫步。)

于　杯:我想,你要跟我聊天,是突然产生的念头吧?

文　钰:可以这么说。我弟弟对你好像不反感?

于　杯:大概是吧。他现在是最喜欢强调自己的独立性的时候,他要是不认同你,你一句话他都听不进去,哪还说得上什么教他?

文　钰:这就是你的诀窍吗?

于　杯:是的。说实话,他并不怎么用得着我教他,他很聪明。我的任务就是让他开始认真学习。

文　钰:你怎么做到这一点呢?

于　杯:用你的话说,就是不要摆教师的臭架子,让他明白你跟他一样,也是一个有很多毛病的家伙,你和他是平等的朋友。这样,再对他说些大道理就听得进去一些了,因为他觉得你说的是真话,你确实是为他好。

文　钰:可你还打过他,这像一个朋友做的吗?

于　杯:当然,朋友才会这样。教师才不会这样打他呢!老师是完美的,只会讲道理不会打人。可我要打他,所以我能和他交朋友。

(沉默一会儿,只有脚步声。)

文　钰:我觉得……你有点儿可怕……你太厉害了……不过,我有点儿喜欢你了……

于　杯:是吗?什么……厉害呢?

文　钰:我说我有点儿喜欢你了……

于　杯:你说厉害,我有点儿不安……

文　钰:那我说你太成熟了,脑子太好使了,行吗?

于　杯:我想想。

文　钰:以后有时间再想吧。你喜欢我吗?

于　杯:你指的是什么?是外表吗?

文　钰:指外表也行。

于　杯:嗯……你挺漂亮……你们家人都挺漂亮,除了你爸爸……

文　钰:我觉得你心里有点慌。

于　杯:女孩子的直觉才是真厉害,总是让我发慌……

文　钰:你敢吻我吗?

于　杯:嗯……这是非常值得考虑的问题……来,让我们面对面,让我们来试一下……

(他们停下来接吻。)

文　钰:感觉怎么样?

于　杯:太突然,太仓促……

文　钰:坏蛋。

(于杯笑了几声。)

于　杯:听说你有一个男朋友。是饭馆的老板?

文　钰:是的。是文辉告诉你的吧?

于　杯:别担心,他只对我一个人说过。干吗要瞒着你家里呢?

文　钰:我并没把这当回事,干吗要给我那可怜的操劳了大半辈子的父母再添件事呢?

于　杯:原来这样……他对你还不错吧?

文　钰:他是个傻瓜。不谈这个吧。

于　杯:好……你今年到底多大了?

文　钰:这是我早就想问你的问题。你到底多大?

于　杯:二十六。我高中毕业后混了几年才考上大学。你呢?

文　钰:我二十一。

于　杯:多可怕的年纪呀!

文　钰:什么?

于　杯:我说这是一个可怕的年纪,什么事都想干,什么事都干得出来。

文　钰:有点儿道理……

于　杯:其实文辉也属于这个年纪……

文　钰:可你用不着害怕,我们的成熟你大概更想不到……

于　杯:不,我见识了很多了。

文　钰:我们刚才只是玩了一个游戏,你同意吗?

于　杯:我同意。

文　钰:我们做个好朋友吧。来,击掌。

(两人击掌,然后笑起来。他们继续往前走。渐隐。)

(二)路遇

(稍远处姚云鹏在叫。)

姚云鹏:范文辉……

(于杯停下。)

于　杯:有人叫你。

文　辉:别理他。

姚云鹏:范文辉!

于　杯:过去吧,我在前边等你。

文　辉:不……

于　杯:怎么了?

文　辉:没什么。

于　杯:那就这样,我在前边等你。

(于杯走开。姚云鹏走过来。)

姚云鹏:干吗不理我?

文　辉:我忙着呢。

姚云鹏:嗬,真是个人物了!跟你一起的那个家伙是谁?他就是你请的那个家庭教师吧?他挺有一套呀,一下子就让你成绩提高了……

文　辉:你要是没别的事,我就走了。

姚云鹏:别……帮我问问那家伙吧,看他愿不愿意教我……

文　辉:教你?别开玩笑了!

姚云鹏:我没心思跟你开玩笑。都他妈怨你,老师把你的事到处乱吹,我爸爸也知道你请家庭教师的事了,非让我也请一个……

文　辉:这不可能……

姚云鹏:别人把你当人你就不知道姓什么了!喏,这两本书送给你吧,算是对你的报酬。

文　辉:我说不行就不行……

(姚云鹏已走开。)

姚云鹏:(在稍远处)明天告诉我结果。

文　辉:真他妈好笑!

(他往前走到于杯跟前。)

于　杯:他是你同学吗?

文　辉:嗯。

于　杯:他对你好像不太客气?

文　辉:我跟他是老对头了。

于　杯:几次架是不是都跟他打的?

文　辉:差不多。

于　杯:好吧,今天晚上我就教你几招,到时候他再惹你,你就把他揍个鼻青脸肿。

文　辉:那就看你这个教师灵不灵了。

于　杯:没问题!我可不是随随便便当人教师的。走吧。

（他们往前走。）

文　辉：哎，这两本书给你吧。刚才那小子给我的。

于　杯：嗬，这书真够得上黄色书籍了！他哪来的？！

文　辉：不知道……给我看看……

于　杯：不行，你现在最好别看这种书，还是送给我消遣吧。

文　辉：妈的，他这么做什么意思……

于　杯：是呀，他干吗送你这种书！你们不是对头吗？

文　辉：他说是……他也想请你当家庭教师，让我跟你说，这书算是谢我……

于　杯：他也知道我？

文　辉：我的成绩提高了，很多人都知道是你的功劳。

于　杯：是你自己的功劳。不过，还是谢谢你，你给我作了宣传，我的知名度提高了，以后找我的人就多了。

文　辉：那你给他当家庭教师吗？

于　杯：你那个对头吗？他送你这种书真是混蛋。你先揍他一顿吧，他挨揍以后要是有点儿好转，我就去给他当家庭教师。

（两人笑。渐隐。）

（三）学拳

（文辉和于杯的脚步声，有某户人家的电视伴音，他们停下。）

文　辉：这儿行吗？这儿有一棵树。

于　杯：喂……不太好，在人家窗户底下，他们又把电视开得这么响，很讨厌。

文　辉：那咱们干脆再走远一点儿，前边有个街心花园。

于　杯：行。

（他们的脚步声和电视伴音俱隐。他们来到街心花园。）

文　辉：这儿怎么样？

于　杯：不错。来，就把沙袋挂这儿。

（他们把沙袋挂到树上。）

文　辉：行了吧？

于　杯：好，现在我就来教你。先教你钩拳，瞧，这样（打了一拳），这就是钩拳。一般来说，对手离你比较近的时候就用钩拳打他。这拳很厉害。当然，还要你有劲。你要是有劲，这一拳打在他下巴上，他马上会仰面朝天。我再做一遍（又是一拳）。现在你照着我的样子做一遍。

文　辉：是这样吗？

于　杯:差不多。你这么机灵,很快就会练得不错的。现在你用钩拳打这个沙袋,反复地打,不要怕疼,不要怕累。

文　辉:是。

(文辉开始“嘿嘿”地击打沙袋。推远。)

(于杯和文钰在街心花园里离文辉较远。偶尔有汽车开过。)

文　钰:你在玩什么把戏?

于　杯:什么什么把戏?

文　钰:教文辉拳击。

于　杯:不就是教他怎么打架吗?

文　钰:你倒挺坦率。可我怎么跟我妈说呢?她让我来看看你们搞什么名堂。

于　杯:她老人家对我还不放心吗?

文　钰:你别以为你让文辉提高了一点儿成绩别人就毫无保留地信任你了,你这种怪人,永远会让人心里犯嘀咕。

于　杯:真让人灰心。我还以为自己是天底下最正常的人呢!

文　钰:你对自己的评价也不算太高。

于　杯:你是说你并不觉得我怪?

文　钰:是的。

于　杯:啊。有一红颜知己,此生足矣。

文　钰:得了吧!我跟我妈怎么说?

于　杯:实话实说呀!你妈愿意让她儿子老受人欺负吗?

文　钰:你真是这么想的?

于　杯:真是这么想的。当然,还有一点儿别的目的,就是提高文辉的自信心。

文　钰:你也看出他不自信了?

于　杯:模模糊糊地有点儿这么觉着。比如,他老强调自己不笨,这好像是很自信,可过分了,实际上就是不自信的反应了。

文　钰:你这倒是抓到要害上去了。文辉是个很敏感的男孩,这一点跟女孩一样。所以,有几件事对他影响很大,打击了他的自信心。

于　杯:都是些什么事呢?

文　钰:我跟你说了,你别告诉文辉。

于　杯:嗯。

文　钰:那……就说这一件吧……那还是文辉上小学的时候,他在教室里拉了裤子……

于　杯：（笑）啊？在教室里拉裤子？

文　钰：是的，这小子在上课的时候把屎拉到裤子里……

于　杯：等等，是真的拉屎吗？

文　钰：当然是真的。那几天他是有点儿闹肚子，没想到上课时，忽然觉得憋不住了，他又不好意思跟老师说。后来他跟我们说，他又是绷紧屁股，又是放松腹部，拼命想其他的事，还把书放在嘴里咬——这是真的，书都咬破了——可还是不行，还是拉了。这一下教室里全乱了，有人喊臭，有人说这儿不是厕所，都是些小孩嘛，没有顾虑，乱喊一通。这事要搁在我身上，兴许还没那么严重，我是一个马大哈。文辉就不行了，为这事他好长时间抬不起头来，而且，只要有一点儿要拉屎的感觉，就头上冒汗，飞快地往厕所跑……（于杯大笑）还有几件事，意思跟这差不多。我就不说了。

（于杯还在笑，渐隐。）

训练提示

这部广播剧表现了新时代大学生的思想风貌、行为特点以及存在的问题，创作有正剧兼轻喜剧的特点，语言、情节很有味道，较具吸引力。

1. 片段一《夜谈》中，要兼顾于杯和文钰是在晚上的街上边走边聊天的环境感，以及二人走走停停的情景。

2. 把握片段一《夜谈》中于杯台词里的多处"潜在语"和文钰的台词感觉、层次的细微处理。

3. 在片段二《路遇》的处理中，要抓住文辉对姚云鹏的"反感心理"和姚云鹏霸气但又有求于人的"恩威并施"的心理与行为。

4. 在片段三《学拳》的处理中，应注意人物语言与抬沙袋、放沙袋、打沙袋的气息、动作节律，以及文钰台词中边笑边说的真实感。

广播剧《法尼娜·法尼尼》（片段）

原作：〔法〕司汤达　导演：胡培奋

【剧中角色】

米西芮里：男，二十几岁，意大利烧炭党人（"烧炭党"是当时意大利著名的革命党）。他形象俊美，革命意志坚定。在一次活动中遭到围捕，他被法尼娜的父亲救助藏到后花园的小阁楼里，后被法尼娜发现。当时，米西芮里男扮女装非常美丽，深深地吸引了法尼娜，两人开始交流。后来，当法尼娜得知对方是男性后很生气，但最终没能抵御住诱惑，还是放下了贵族女性的骄傲投进米西芮里的怀抱。然而，为了祖国的解放事业，在爱情与事业的争斗中，最终，米西芮里在狱中拒绝了法尼娜的营救并痛斥了法尼娜出卖他的组织的行为，与之分道扬镳。

法尼娜·法尼尼：女，19岁，贵族小姐，出身上流社会，是个漂亮、骄傲的罗马郡主。她自私、任性、专情，为了能完全得到米西芮里竟向教皇告发了米西芮里的组织，但最终还是没能得到米西芮里，在向对方发泄之后，失败地离开了自己心爱的人。

（印象派的音乐）

〔解说〕 由于法尼娜的奔走，她的情人可能得到特赦，不过，是否会有人要毒死他可就难说了。于是，法尼娜又买通了看守给米西芮里送去了食品，并吩咐他千万不要动监狱里的食物。她还贿赂了狱吏，让米西芮里半夜到监狱的小教堂听弥撒，好找机会让她和米西芮里相会。决定命运的时刻终于来到了。法尼娜从早晨起就把自己关在监狱的小教堂里，整整一天她思潮起伏。

法尼娜：我的上帝，这是多么不寻常的经历啊！我爱米西芮里，可又把他们的组织告发了，要不是为了这个，他也不会自投监狱。他能饶恕我吗？可也是我救下了他的性命呀！他要能和我一起离开意大利有多好！我对米西芮里确实犯下了不可饶恕的罪孽，可是这一切，也是由于过分爱他的缘故呀！

（音乐止，囚车声接）

（远处石道上传来两辆囚车的车轮滚动声）

法尼娜：囚车来了，是的，是囚车，我的米西芮里来了。（紧张而激动。门声、手铐脚镣的声音）是米西芮里，感谢上帝，他还活着。

（脚步声）

法尼娜：（小声地）米西芮里！米西芮里！

米西芮里：是你，法尼娜?!（意外）

法尼娜：是我，亲爱的，我在这里整整等了你一天，总算见到了你。你，你吃尽了苦啦！

（哭泣）

米西芮里：法尼娜，原谅我——

法尼娜：不，亲爱的，是我要请求你的宽恕——

米西芮里：法尼娜，我珍惜你对我的感情。我有什么好处能够使你爱我，听我的话，让我们回到更符合基督精神的感情吧！我不能归你所有。

法尼娜：不，米西芮里，我所唯一需要的就是你的爱情。（热烈）

米西芮里:法尼娜,我是个有罪的人,我们的起义遭到了不幸,都因为我缺乏谨慎。哦,我恨自己,为什么在那不幸的夜晚,我不和我的朋友一道被捕呢?为什么我一不在就产生了这样残忍的后果?原因就是在追求意大利自由之外,我另有了一种激情。

法尼娜:不,亲爱的米西芮里,你是让监狱的酷刑把你折磨成这样了。你放心吧,狱吏再三答应他们会好好地待你的,你要有信心,你的特赦很快就会实现。

米西芮里:不,我不奢求这些,法尼娜。我要是在人间爱什么东西的话,那就是你,法尼娜。不过,感谢上帝,如今我只有一个目的,我不是死在监狱,就是想法子把自由给予意大利。(信仰坚定)

法尼娜:(停止哭泣,沮丧地)这么说,在祖国和爱情的选择之间,你还是选择了——

米西芮里:选择了祖国和自由。法尼娜,听我的劝告吧,你父亲要你嫁给有地位的人,你就听话出嫁吧!你的不愉快的事不必告诉他。另外,永远不要去想法子再看我了,让我们从今天以后彼此成为陌生人吧。

法尼娜:不,不……

米西芮里:你给祖国捐献了一笔款子,有一天祖国要是得到解放的话,一定会用国家的财产偿还你的……

法尼娜:你?!别说了,米西芮里。为了我们的爱情,你把这些金刚钻和小锉刀留下,万一你得不到特赦,这对你是不可缺少的。

米西芮里:好!我接受。为了神圣的任务,我一定想法子逃走。

法尼娜:太好啦!

米西芮里:不过,当着你刚送的东西的面,我发誓,永远不再见你了。永别了,法尼娜!答应我永远不给我写信,永远不想法子见我,把我完全留给祖国吧!我对你就算死了吧!

法尼娜:什么?米西芮里,难道我四处奔波就为了听你这样的回答吗?难道我在这小教堂里整整躲了一天就为了和你永别吗?看来,我的一切努力都是白费,我,我真后悔……那好吧!我要你在没有断气之前清醒地听到,我法尼娜在爱你的心情之下,都干了些什么?——

米西芮里:你冷静些,法尼娜!

法尼娜:我不能冷静,你也不会冷静的。为了爱你,我无所不为,你那不幸的夜晚是谁告的密?

米西芮里:谁?

法尼娜:是我,法尼娜·法尼尼!

米西芮里:什么,你疯了? 法尼娜!

法尼娜:我没有疯,是我让我的女仆向教皇告的密。

米西芮里:是你?! ——

法尼娜:这还不算,为了你,我不惜和苍蝇去谈情说爱;为了你,我宁可在色鬼面前卖弄风情。(苦笑)现在,一切都过去了,你还是你。我法尼娜·法尼尼,还是法尼娜·法尼尼。

米西芮里:你,真没想到,你比蝎子还毒,你比豺狼还狠! 你是意大利的耻辱,你是祖国和自由的死敌。还给你,你的金刚钻和锉刀,(效果)我米西芮里什么也不欠你的,你给我滚!!

(锁链扔过去)

法尼娜:再见吧。(教堂的钟声响起)

米西芮里:(混响)可诅咒的法尼娜·法尼尼!!!(教堂钟声引出音乐)

训练提示

这是一部根据法国著名小说家司汤达的同名小说改编的广播剧。故事发生于19世纪上半叶,当时欧洲各国正为争取民族独立和解放而斗争,意大利也不例外。

这里所选片段是全剧的结尾,矛盾也在前面的铺垫中爆发了,在男女主人公的企盼、冲突、碰撞与绝望中,人的情感完全释放了。

1. 表达语言既要注意外国剧的特点,又不能故意拿腔作调地演播。

2. 把握好男女主人公语言的情感态度、层次与反差。

3. 注意演播的语境是在监狱中,但结尾也要根据剧情需要放开宣泄情感。

广播剧《谋杀》

编剧:〔美〕卢西尔·弗莱彻　导演:刘思学

【剧中角色】

史蒂文斯太太

第一个接线员

乔治

警长达菲

第二个接线员

第三个接线员

第一个男人

总接线员

西区电报局(男)

问讯台(女)

医院女人

(拨电话号码的声音;忙音)

史蒂文斯太太:(怨愤地,带有以自我为中心的神经质)噢——天哪!(摔下听筒,拨接线员。)

接线员:你要哪儿?

史蒂文斯太太:接线员吗?我拨"莫雷山4—0098"足有45分钟了,可总是占线。我实在不明白怎么会这么长时间都占线。请你试着帮我接一下好吗?

接线员:"莫雷山4—0098"吗?请稍等一会儿。

史蒂文斯太太:我实在不明白怎么这么长时间老是占线。那是我丈夫的办公室。他今晚要工作得很晚,家里只剩下我一个人。我的身体很不舒服——我一整天都精神不安,以至于——

接线员:"莫雷山4—0098"接通。

("嗡嗡"的电话声响。响过三次。对方的听筒被拿起来了。)

第一个男人:喂?

史蒂文斯太太:喂?(有一点儿迷惑)喂。是史蒂文斯先生吗?

第一个男人:(对话筒,好像他没有听见)喂,(声音更大)喂。

乔　治:(语调缓慢低沉,有点儿外国口音)喂。

第一个男人:喂,是乔治吗?

乔　治:是我,先生。

史蒂文斯太太:(大声而又紧迫地对着话筒)喂,你是谁?请问你的电话号码是多少?

第一个男人:我们已经得到了东家回话,他说今晚情况一切正常。

乔　治:是,先生。

第一个男人:你现在在哪里?

乔　治:在公用电话间。

第一个男人:那好。你知道地址,十一点钟私人巡查要到第二大街的酒吧间喝杯啤酒。一定要确定楼下的灯都熄灭了,从街上只能看见一盏灯的光。十一点一刻有一班地铁过桥。万一她的窗开着她要是叫出声来，地铁的声音会盖过它。

史蒂文斯太太：（震惊地）哦——喂！你的号码多少？

乔　治：好吧。我明白。

第一个男人：动作要快，尽可能少流血，我们东家希望别让她受太长时间的罪。

乔　治：一把刀可以吗，先生？

第一个男人：可以。刀也行。记住——拿走戒指和手镯，还有衣柜抽屉里的珠宝。我们的东家希望像是一次抢劫。

乔　治：好嘞，我拿——

（较弱的“嗡”之声）

史蒂文斯太太：（“咔嗒咔嗒”地按电话机。较弱的“嗡”之声继续。她挂断电话）太可怕了！真是无法形容——

（拨电话号；接通的信号）

接线员：你要哪儿？

史蒂文斯太太：（烦躁不安地，屏住气地对话筒说）接线员，我……我刚才被接断了。

接线员：对不起，太太你要的电话号码是多少？

史蒂文斯太太：哎呀……应该接的是“莫雷山 4—0098”，可接的不对。一定是串线了。我接了一个错的号码……而且……我刚才听到一件最可怕的事……一次谋杀……还有……（紧迫地）接线员，你必须立刻再追查那个电话。

接线员：我请你再说一遍，太太——我不太——

史蒂文斯太太：哦……我知道那个号码错了，我也并不是有意要听的……可是这两个男人……他们都是残忍的恶魔……他们想谋杀一个人……一个可怜而且无辜的女人……她只是孤单一个人……住在桥附近的什么房子里。我们必须制止他们……我们必须……

接线员：（耐心地）你要的电话号码是多少，太太？

史蒂文斯太太：那没关系，那个号码错了，是你拨的。我们必须查明那个电话——立刻！

接线员：可是——太太——

史蒂文斯太太：哎呀，你怎么这么笨？喏，显然是不小心接错了。我要你接一下“莫雷山 4—0098”号……你拨了那个号码……但是你肯定手指打滑了……我被接上了另一个号码……而且我能听见他们说话，他们却听不到我。好啦。我只是不明白你为什么不能再接错一下……有意地……为什么你不能同样毫不在意地给我接一下“莫雷山 4—0098”号?

接线员:“莫雷山 4—0098”? 我再给你试试看,太太。

史蒂文斯太太:(挖苦地)谢谢你啦。

(电话铃声;忙音)

接线员:对不起,“莫雷山 4—0098”占线。

史蒂文斯太太:(发疯似的敲打话筒)接线员,接线员!

接线员:是,太太。

史蒂文斯太太:(生气地)你根本没有试一试那个接错了的电话号码。我说得很清楚,而你做的是拨那个正确的号码。

接线员:对不起,你要的电话号码是多少?

史蒂文斯太太:别管我要的电话号码是多少,难道你就不能再来一次,做些特别的事情吗? 现在我想追查一下那个电话。这是我的公民义务……也是你的公民义务……追查那个电话……去捉拿那些危险的杀人犯……如果你不想……

接线员:我给你接总接线员吧。

史蒂文斯太太:好吧!

(电话铃声)

总接线员:(冰冷的职业性口吻)这里是总接线员。

史蒂文斯太太:总接线员吗? 我要你追查一个电话,一个电话,立刻! 我不知道它是从哪儿打来的,也不知道打电话的是谁。但是完全有必要追查一下,因为那是有关一次谋杀,是的,一次可怕的、残忍的谋杀,杀一个可怜的无辜的女人——就在今天晚上十一点一刻!

总接线员:我明白了。

史蒂文斯太太:(高度兴奋,带着命令的口气)你能给我查一下吗? 你能追查到这些人吗?

总接线员:要看情况,太太。

史蒂文斯太太:看什么情况?

总接线员:看这个电话是否还在继续打。如果它还在说话,我们可以在仪器上追查到它;如果它已经挂了,我们就没办法了。

史蒂文斯太太:挂断?

总接线员:如果这伙人停止通话了的话。

史蒂文斯太太:哦——可是——当然他们现在已经停止通话了,至少已经五分钟过去了,而且他们也不像是那种说个没完的人。

总接线员：好吧。我可以试试看。那么——你贵姓，太太？

史蒂文斯太太：史蒂文斯，艾尔伯特·史密兹·史蒂文斯。不过，听我说——

总接线员：（写下她的名字）还有你的电话号码？

史蒂文斯太太：（更加恼火地）普拉萨4—2295。不过你要是继续浪费时间——

总接线员：你要追查这个电话的理由是什么？

史蒂文斯太太：我的理由？咳，老天爷，这不是明摆着的吗？我是偶然听到他们两个——他们是些杀人犯——两个人正在计划谋杀那个女人，这是警察局的事。

总接线员：你报告警察局了吗？

史蒂文斯太太：没有，我怎么报告呢？

总接线员：你是纯粹作为私人追查一个私人电话是吗？

史蒂文斯太太：是的。不过同时——

总接线员：那么，史蒂文斯太太，我非常怀疑我们这一次是否能根据你作为私人所说的这些情况来追查这个电话，我们不得不更正式一些。

史蒂文斯太太：哦，老天爷！你是说，我如果和这件血案没关系，就不能报告这次谋杀是吗？为什么？太荒唐了。好吧。那么，我要给警察局打电话。（她摔下话筒）滑稽可笑！

（拨电话号码的声音）

第二个接线员：请问您要哪儿？

史蒂文斯太太：（非常恼火地）警察局——请接警察局。

第二个接线员：接警察局。

（电话铃响过两次。有人拿起话筒。）

警长达菲：警察局43分局，我是达菲。

史蒂文斯太太：是警察局吗？我是史蒂文斯太太——苏顿北区53号的艾尔伯特·史密兹·史蒂文斯太太。我打电话报告一件谋杀案。

警长达菲：哦？

史蒂文斯太太：我是说一件还没作案的谋杀。我是刚才从电话里偶然偷听到的——是接线员给我接错了电话号码，我自己在追查这个电话，可是人人都愚蠢得……最后我想只有你能出一把力了。

警长达菲：（并未感到吃惊）是的，太太。

史蒂文斯太太：（企图给他留下印象）这是确凿无疑的一次谋杀。我清楚地听到了他们的计划。两个男人在说话，今晚十一点一刻，他们要去谋杀某个女人——她是住在一座桥附近的房子里。

警长达菲：是，太太。

史蒂文斯太太：街上还有一个私人巡查。他要到第二大街的一个酒吧间去喝杯啤酒，那儿，还有一个第三者——一个东家——是他雇人来谋杀那个可怜的女人的……他们要拿走那个女人的戒指和手镯……凶器是把刀子……咳，让人心惊肉跳的……我很不舒服……

警长达菲：我明白。这都是什么时候的事，太太？

史蒂文斯太太：大约八分钟之前。哦——（松了口气）那么你可以想想办法了吧？你明白——

警长达菲：那么您贵姓，太太？

史蒂文斯太太：（不耐烦地）史蒂文斯太太，艾尔伯特·史蒂文斯太太。

警长达菲：您的地址呢？

史蒂文斯太太：苏顿北区 53 号，是在一座桥附近，皇后区大桥。你知道这座桥——在我们的街上也有私人巡查，也有第二大街。

警长达菲：你打的电话号码是多少？

史蒂文斯太太："莫雷山 4—0098"号，不过，那不是我偷听到的那个电话。我的意思是说，"莫雷山 4—0098"号是我丈夫的办公室。他今晚要工作得很晚，我想打电话让他回家。你明白吗，我病了，今晚又是女佣人离家的日子，我不愿意一个人留在家里——尽管他说只要我的床头有电话我就绝对安全。

警长达菲：（木然地）好吧，我们会把它弄明白的，史蒂文斯太太，看看是否能和电话公司一起追查一下那个电话。

史蒂文斯太太：（急躁起来）可是电话公司说如果这伙人停止通话的话，他们就不能追查这个电话。我早已经关照过他们了。

警长达菲：哦，是吗？

史蒂文斯太太：（专横地）我个人认为你应该采取更迅速严厉的措施而不是追查电话。追查电话又有什么好处呢，如果他们都停止通话了的话？等你查到的时候，他们把人都已经杀了。

警长达菲：好的，我们会在意的，夫人，不要担心。

史蒂文斯太太：我看，所有情况说明，需要来一次搜查——一次彻底全面的搜查，搜查全市。我家住得离桥很近，离第二大街也不远。如果你立刻派一辆发报车到这一带来，我想我会觉得好得多。

警长达菲：到底为什么你会认为这次谋杀会发生在你们那儿呢，太太？

史蒂文斯太太：我也不知道，相似之处是太可怕了，第二大街——私人巡查——桥——

警长达菲：太太，第二大桥长得很呢。你难道不知道光是纽约城就有多少座桥吗？更别说还有布鲁克林岛、S岛、皇后区和布隆克斯？你怎么知道S岛外就没有什么小别墅呢——在你从未听说过的什么第二大街上？你又怎么知道他们说到的完全是纽约呢？

史蒂文斯太太：但是我是在纽约电话线路上听到这个电话的。

警长达菲：您又怎么知道您听到的不是一个长途电话呢？电话机是些怪玩意儿。您看，太太，您这样设想一下好不好？假定您并没有偷听到那个电话呢？假定您像通常那样打通了您丈夫的电话呢？这次谋杀对您会有什么不同？

史蒂文斯太太：也许没什么两样。不过这太没人性了，太残忍了！

警长达菲：每天这个城里都有许多谋杀案发生，太太。如果我们能够制止他们，我们早就干了。但像你这样模糊的一点儿线索，对于我们就等于毫无线索。

史蒂文斯太太：但毫无疑问——

警长达菲：当然，除非你有理由认为这个电话是故意打的——而且有什么人打算谋杀你？

史蒂文斯太太：杀我？哦，不，我不这么想。我，我是说……为什么会有人……我白天黑夜都是一个人……除了女佣人爱洛依丝，我什么人都不见——她是个二百斤重的大个子，懒得不肯把我的早饭盘子端上来……其他还有唯一的一个人，就是我丈夫艾尔伯特，他对我着迷似的爱，手脚不停地伺候我……十二年前我生病以来几乎寸步不离开我——

警长达菲：那好吧。你更没有什么可担心的了，对吗？如果你把其余的事交给我们来做，现在你也可以放心了——

史蒂文斯太太：可你们能干些什么？已经太晚了——都快十一点钟啦。

警长达菲：（坚定地）我们会注意此事的，太太。

史蒂文斯太太：你能在全市广播一下这个消息吗？你能派出几队警察来吗？并且通知你的发报车处于戒备状态——特别是像我家附近这样的可疑地区？

警长达菲：（更坚定地）夫人，我已经说过我们会注意此事的。刚才我的办公桌上送到了两件案子的报告，需要我立刻——

史蒂文斯太太：哦，（猛地摔下电话筒）白痴。（神经紧张地看着电话）咳，我为什么要给他打电话呢？他会认为我是个傻瓜。哦，艾尔伯特为什么不回家来？为什么不回来？

（拨接线员的号码）

接线员:您要哪儿?

史蒂文斯太太:接线员,看在上帝的分上,你能给我再接一下"莫雷山 4—0098"吗? 我不明白他这么长时间都在干什么?

接线员:接"莫雷山 4—0098"号。(铃声;忙音)占线。我可以——

史蒂文斯太太:(发作地)我能听见忙音,用不着你告诉我。我知道占线了。(摔下话筒)如果我自己能下床走一会儿该多好。如果我能呼吸点儿新鲜空气……就靠着这扇窗子……能看到大街……(电话铃响,她立刻抓起话筒)喂,是艾尔伯特吗? 喂,喂,喂。这个电话机怎么回事? 喂? 喂? (摔下话筒。电话铃声再次响起,她抓起话筒)喂? 喂——老天爷,这是谁? 喂,喂,喂。(摔下话筒,拨接线员)

第三个接线员:请问您要哪儿?

史蒂文斯太太:(非常恼火和专横地)喂,接线员。我不知道今天晚上电话机出什么鬼了,可我想它肯定是想让我发疯。我从来没看到这样无能可怕的服务。喏,你看,我是个病人,我非常紧张不安,我受不了这样令人气恼的事。可是如果这种情况再继续下去——

第三个接线员:(一种年轻人甜美的嗓音)出什么麻烦了,太太?

史蒂文斯太太:咳,一切都不正常。全世界的人都要被谋杀了,你要当心所有的人。现在,我的电话铃响个不停——

第三个接线员:是吗,太太?

史蒂文斯太太:丁零零,丁零零,每五秒钟左右就响一次;等我拿起话筒,没有人说话。

第三个接线员:真对不起,太太。您把电话挂断,我给您测试一下。

史蒂文斯太太:我不需要你为我测试。我要你为我接通那个电话——不论它是什么,立刻!

第三个接线员:(彬彬有礼地)我想这是不太可能的,太太。

史蒂文斯太太:(大发雷霆)不可能? 为什么,我问你?

第三个接线员:电话系统都是自动化的。如果有人拨您的电话号码,没有办法检查这个电话是不是通过这个系统——除非给您打电话的那个人也找他的接线员排除故障——

史蒂文斯太太:算啦,全都是愚不可及,乱七八糟的! 而同时我又不得不坐在床上,每次铃响都是受罪,想象每一件事——

接线员:我再试试给您检查一下,太太。

史蒂文斯太太:检查! 检查! 谁都会这么说。全是些愚不可及的,白痴! (挂断电话)哦,有什么用呢……(史蒂文斯太太的电话立刻又响起铃声。她抓起话筒,狂怒地)喂,喂——别打了,你听见了吗?回答我?你想干吗?你不知道你要让我疯了吗?僵尸吗,僵——

男人:(阴沉单调地)喂,是"普拉萨4—2295"号吗?

史蒂文斯太太:(屏住气)是。是的,这是"普拉萨4—2295"号。

男人:我是西区电报局。我这儿有一份给艾尔伯特·史蒂文斯太太的电报,那儿有这么一个收电人吗?

史蒂文斯太太:(想使自己平静下来)我就是史蒂文斯太太。

西区电报局:(语气单调)电文如下:艾尔伯特·史蒂文斯太太。纽约市纽约区苏顿北区53号。亲爱的,非常抱歉打电话给你,但一小时都占线。因紧急公务今晚十一点离此赴波士顿,明午返回。祝快乐,爱你的,签名,艾尔伯特。

史蒂文斯太太:(气喘吁吁地,吓呆了地对自己说)哦——不——

西区电报局:全文如此,太太,您需要我们把电文送到吗?

史蒂文斯太太:不——不用——谢谢你。

西区电报局:谢谢,太太。晚安。(他挂断电话)

史蒂文斯太太:(机械地对着电话说)晚安。(她慢慢地挂上电话,突然放声大哭)不——不——这不会是真的!他怎么能这样做?他明知道家里只剩我一个人,怎么能这样做?一定是恶作剧,是残忍……(她又拨接线员)

接线员:(冷淡地)请问您要哪儿?

史蒂文斯太太:接线员,再帮我接一次"莫雷山4—0098"号,请你再接一次。

接线员:接"莫雷山4—0098"。(电话接通;对方电话铃响的声音,铃声不断)

史蒂文斯太太:他走了。哦,艾尔伯特,你怎么能走呢?(挂断电话,伤心地抽泣起来,变得不安)今晚我可不能一个人待着,我可不能。如果我要是一个人再待一秒钟……我不在乎他说些什么,也不在乎会花多少钱……我是个病人,我有权利……(她拨了问讯台)

问讯台:这里是问讯台。

史蒂文斯太太:我要亨彻利医院的电话号码。

问讯台:亨彻利医院?您有地址吗,太太?

史蒂文斯太太:没有。不过,是在七十号大街附近。那是一家非常小的私人专科医院,两年前我在那儿切除了阑尾。亨彻利。H—E—N—O—

问讯台:稍等片刻。

史蒂文斯太太:请快一点。另外请告诉我——几点了?

问讯台:我不知道,太太。你可以打“麦利迪安7—1212”号就知道时间了。

史蒂文斯太太:(恼怒地)哦,天哪!你就不能——?

问讯台:太太,亨彻利医院的电话号码是“巴特菲尔德7—01005”。

史蒂文斯太太:“巴特菲尔德7—01005”。(还没说完就挂断了电话,立刻一边复述一边拨那个号码)

(电话铃响)

女人:(中年,语气坚定有力、实事求是地)亨彻利医院,晚上好。

史蒂文斯太太:我要“护士登记处”。

女人:请问,您要找谁说话?

史蒂文斯太太:(命令式地)我要马上找“护士登记处”,我需要一个训练有素的护士,我此时此刻就要雇佣她,陪我过夜。

女人:我明白。您的病是什么性质的,太太?

史蒂文斯太太:神经性的,我神经非常紧张,我需要镇定,需要有人陪伴。我的丈夫不在家,而且我是个……

女人:您是哪位大夫特意推荐给我们的吗,太太?

史蒂文斯太太:不是。可我实在不明白为什么一定要问个没完。我要个有经验的护士,两年前我曾经是你们医院的病人。归根结底,我会付钱给这个人的……

女人:我们非常理解这一点,太太。但现在预约上门的护士很少——我们主任已经告诉我们,只有在主治医师认为非常必要的情况下才派出护士。

史蒂文斯太太:(变得歇斯底里)那么,现在就是完全必要的。我是个女病人,我,我心烦意乱,非常心烦意乱,我一个人待在这幢房子里……而且我是有残疾的人……今天晚上我偶然听到一个电话里的谈话,把我吓坏了,说的是一次谋杀……一个可怜的女人要被谋杀了,晚上十一点一刻……事实上如果没有人立刻到我这儿来,我就要完全神经错乱……(几乎已控制不住自己)

女人:(平静地)我明白了。好吧,等菲利普斯小姐一来我就告诉她。您贵姓,太太?

史蒂文斯太太:菲利普斯小姐,你估计她什么时候来?

女人:我确实不知道,太太。她十一点钟出去吃晚饭了。

史蒂文斯太太:十一点。可现在还不到十一点呢。(她叫了起来)哦,我的表停了,我还以为它在走呢,几点了?

女人:十一点十四分整。

(史蒂文斯太太电话的同一线路上有电话筒被抓起来的声音,“咯嗒”一声)

史蒂文斯太太：（叫喊起来）那是什么？

女人：什么是什么，太太？

史蒂文斯太太：那……刚才"咯嗒"一声响……我的电话筒里的？好像有人把楼下电话分机上的话筒拿起来了……

女人：我没听见，太太。那么，关于这次——

史蒂文斯太太：（恐慌地）可我听见了，有人在我的房子里，有人在楼下的厨房里。他们现在在听我讲话。他们正在——（挂断电话。用喘不过气似的声音）我不要把话筒拿起来。我不能让他们听见我。我要镇静……他们会以为……（越来越恐惧地）可是如果我现在不打电话……这时他们又留在那儿……那就没有时间了。

（她抓起话筒，"嗡嗡"的拨号声音；她拨了接线员，铃响两次）

接线员：（昏昏欲睡地）请问您要哪儿？

史蒂文斯太太：（用绝望的低语声）接线员，我，我陷入了绝境……我……

接线员：我听不见，请您大声一点。

史蒂文斯太太：（仍是低语）我不敢。我……有人在偷听。现在你听得见吗？

接线员：您要哪儿？您要的电话号码是多少，太太？

史蒂文斯太太：（绝望地）你必须听我说，哦，请求你，你必须救救我。有人到我这幢房子里来了，有人要来谋杀我，你必须联系……（史蒂文斯太太电话线路上有话筒被放下的"咯嗒"一声，她疯狂地叫喊起来）哦……是他们……他放下话筒了……他把楼下的分机放下了……他来了……（她尖叫起来）他上楼来了……（嘶哑地叫着）给我接警察局……（尖叫）警察局！

接线员：接警察局。

（电话铃声响起来。我们听见一列火车的声音逐渐由远而近。第二次铃响时，史蒂文斯太太又一次尖叫起来，但火车驰过的声响湮没了她的叫声。有几秒钟时间我们只听见火车隆隆驶过，然后渐渐消逝，警察指挥中心的电话响起来。）

警长达菲：警察局43分局，我是达菲。（停顿）警察局，我是达菲。

乔　治：对不起，号码错了。（挂断了电话）

训练提示

本剧原名是《对不起，号码错了》，是美国广播剧史上最受欢迎和广播次数最频繁的广播剧之一。《对不起，号码错了》不仅是描写一个无精打采、精神失常的女人令人毛骨悚然的生活片段，它还具有戏剧的力量，展示了人如何过分依赖机械手段来维持与别人的联系。这个剧中的女主人公，以及每一个未曾露面、只闻其声、对人漠不关心的人物，也同样深留在我们的记忆之中。这是一部非常具有广播剧特点的典型剧目，它能尽最大可能发挥听众的想象力。

1. 表现女主角史蒂文斯太太的惊恐情绪要有层次，不应过早进入最高境地。

2. 女主角的演播每句都应表现出具体的视觉、听觉及情绪反应。

3. 表现剧里电话中人物的语言情绪都要与史蒂文斯太太的语言情绪形成不同程度的反差。

广播剧《杜十娘》(片段)

原作：明·冯梦龙　导演：刘保毅

【剧中角色】

杜十娘：女，烟花女子

李　甲：男，富家子弟

孙　富：男，盐商

李　甲：(痛苦地)十娘啊十娘，你可不要怨我呀！这实在是天理人情所逼，决不是我诚心学那负义的王魁呀！

(风声大作)

(音乐——渲染着一种幽怨不安的情绪；风声、水浪击船声)

杜十娘：在天愿作比翼鸟，在地愿为连理枝。天长地久有尽时，此情绵绵无绝期。让天上的明月作证，见证我和公子永不变的真情。都这个时候了，公子怎么还不回来呀？……啊，好像公子的脚步声……是，是他回来了。

(推开船舱门声；狂风吹动窗棂声)

杜十娘：公子，你可回来了。

李　甲：回来了。

杜十娘：天都这么晚了，怎么谈得这么久啊？

李　甲：我们有事商量，谈得投机，不觉时间晚了。

杜十娘：我看公子面色苍白，是不是酒喝多了？公子，上床躺一下吧。

(倒茶声)

杜十娘：来，喝杯浓茶，解解酒。

李　甲：不，不用。我，我心里难过。

杜十娘：怎么，你难过什么？

李　甲:今天,我……

杜十娘:你怎么啦?公子,公子,到底出了什么事啦?

李　甲:没,没什么。

杜十娘:公子今晚回来,神色忧郁、情绪不宁,是不是在外面遇到了什么事情?公子说出来,也好叫我放心哪!

李　甲:十娘,我……

杜十娘:公子,你怎么啦?你有什么难处跟我说,我也好为你分忧啊!咱们好容易离开京都以图百年欢笑,有什么事使你心里排解不开啦?

李　甲:十娘,我,我待你一向总是真心诚意的吧?

杜十娘:你说这个干什么?

李　甲:没什么。

杜十娘:公子,咱们已经相好两年,经过了多少艰难波折才有了今天。夫妻之间,生死相共,有什么话不能直说呢?

李　甲:十娘,你,你不恨我吧?

杜十娘:你说吧。

李　甲:十娘,事到临头,如今也不能不说。你我两载交好,情深义重,本想与你偕老白头……可我们李家,世居官宦,父亲礼法森严。把你带回家去,父亲要是固执不允又如何安顿?万一父亲震怒,把我也驱逐出家门,你我浪荡天涯,那便如何得了啊?

杜十娘:公子,你,你怎么啦?昨天不是说,我可以先寄居苏州吗?

李　甲:那也不是长远之计。

杜十娘:公子,那,那你怎么打算?

李　甲:日间蒙孙仁兄邀请,谈及此事。我思忖再三,难以安排。孙仁兄倒是说……

杜十娘:那位孙相公又怎么说?

李　甲:他说我忙中有错,如今后悔不迟。他看我有些犹豫,劝我与你商量,你若是答应,他愿意舍千金,聘你过去……

杜十娘:(好似晴天霹雳)啊?

(茶杯摔碎声;风卷浪涛声;十娘饮泣声)

李　甲:十娘……

(音乐——无限怨愤)

杜十娘:(颤抖地)公子。你,你答应了吗?

李　甲:我,我实在情不能舍、心中难过啊!

杜十娘:这位孙公子出了这么个好主意……

李　甲:孙富是新安县的盐商,少年风流,家资富有。你若是随他去,也不会太委屈了你呀!

杜十娘:你看,这是个好办法吗?

李　甲:十娘,这天理人情不容,我也没有什么办法。

杜十娘:(战战兢兢地)公子,你,你刚才这些话,是不是怕我三心二意,从良不实,故意拿这套话试探我的心事?

李　甲:十娘,这样的事,岂能儿戏?

(音乐——渲染着悲愤的情绪,突然停顿)

杜十娘:(自语)若是告诉他,我的描金箱内藏有百宝,价值岂止万金?他也许会回心转意的……不,不,这种负义绝情、狠毒心肠的人,将来还是要将我抛弃的……(一阵痛楚的苦笑,变为激愤的冷笑)哈哈……好哇,好个两全之策。公子你可以携千金返回家乡,我又能嫁一个富商人家。这真是发乎情、止乎理,是再好也不过了。这就是你们的天理人情,哈哈哈……

李　甲:十娘,十娘,十娘,我到死也忘不了你呀!你可不要怪我呀!

杜十娘:我怎么能怪你啊?只怪我自己的眼睛。好,你去睡吧,明天叫孙公子一面交银子,你一面交人。

李　甲:十娘,你、你要做什么?

杜十娘:我要梳妆打扮。明天是我迎新送旧的日子。

(风声、水浪声,远处打更声;音乐——如泣如诉)

杜十娘:(音乐声中缓缓的独白)我要梳妆打扮,我要送旧迎新。(凄楚地笑)镜子里的杜十娘,你是那么年轻美丽。你的脸面如春风里的桃花,可你的遭遇比桃花还薄。你这一对眼睛,如秋水一般明澈,可你却看错了人,看错了人。天哪,天哪,我的命多苦呀!我年幼父母早亡,堕落烟花,白天黑夜,供人玩弄。我心里满是苦,脸上却要强作笑。我本想脱离这无边的苦海,选一知己从良,选来选去,却选上了这样一个人。我真没有看透这样多情多才的人,藏着的是一颗绝情寡义的心。天哪,叫我还能相信谁?相信谁呢?如今我这满腔的希望都被狂风吹散,我这心中的火焰都被暴雨熄灭……(哭泣)苍天哪,天地这样广阔,难道就没有我杜十娘咫尺存身之地吗?……是天理人情逼我屈辱地活着,可我不愿意这样地活着。让我迎新送旧?我真的要迎新送旧了!

(打更的梆声、锣声;音乐扬起)

〔**解说**〕　十娘头上戴着耀眼的珠翠,身上穿着绣花衣裙,光彩照人。她走出船舱,站在船头,望着波涛汹涌的江水,迎着金光灿烂的朝阳。

李　甲:十娘,十娘,时间不早了。你的东西已经抬了过去,你……你就过船去吧。

杜十娘:李公子,你我夫妻一场,如今彼此分手,你真的连句话也没有吗?

李　甲:我……

杜十娘:我倒有句话问你,想当初你我海誓山盟,情深义重,何等恩爱,如今一旦分手,便是天上地下相见无日。以后回想起来,你,你不后悔吗?

李　甲:唉,这木已成舟,还说这些做什么呢?

杜十娘:木已成舟?木……已成舟……好,走吧!

(风浪声;脚步声)

孙　富:(高兴地招呼)这位就是杜十娘吧?在下孙富这里有礼。

杜十娘:你就是孙公子?多谢您的大才,给李公子出了这么个好主意。

孙　富:哈哈……见笑啦。请娘子快快过船来吧。

杜十娘:孙公子,银子可曾交过?

孙　富:银子已经抬过来了。

杜十娘:是多少?

孙　富:白银一千两。

杜十娘:李公子,不少吗?

李　甲:噢……

孙　富:噢,足色官银,分毫不少。

杜十娘:李公子,这一千两银子你可要查点清楚啊。

李　甲:十娘,你……

孙　富:娘子,快过船来吧。

杜十娘:等一等。李公子,请把我那描金小箱子取来。

李　甲:取来何用?

杜十娘:里面还有公子的信件、路条,我全给你。

李　甲:好,我去取来。

(风声击船板声;走步声;搁放箱子声)

李　甲:十娘,描金箱取来了。

杜十娘:李公子,你可知道这描金箱内有什么东西?

李　甲:我不知道。

杜十娘:事到如今,不妨对你说明。我流落风尘多年,身边稍有积蓄。出院之时姐妹们也多有馈赠。箱内藏有百宝,价值岂止万金?我本意以此珍宝来润色公子的行装,回家后婉言请求父母将我收留。就是粗茶淡饭,我也死而无憾。谁知你公子相爱不深，中途见弃，把我一片真心付与流水。我现在开箱献宝，表一表我的衷肠。这“百宝箱”做一个凭证，知道我杜十娘不负公子，是你李甲有眼无珠，见利忘义。

（开箱声）

杜十娘：你看，这是什么？

李　甲：啊！

孙　富：哎呀，这么多的宝石。

杜十娘：（厉声）孙富，你见过这古玉、紫金没有？这，可值一千两银子？

孙　富：何止一千。娘子，收好，收好。

（宝石、玉器投水声）

孙　富：哎呀！娘子，你怎么扔下江去？可惜，可惜呀！

杜十娘：（叫住孙富）这东西没有和我一起卖给你。李甲，你看这是什么？

孙　富：好大的夜明珠呀！娘子，娘子，你可千万不要再扔，不要再扔了！今天风急浪大，没有办法打捞，这是无价之宝呀！哎，哎，哎……

（珠宝投水声）

孙　富：哎——呀！娘子，娘子，不要再扔了，不要再扔了。你不要理会，不要理会李甲那个小人。

李　甲：十娘，十娘，是我对不起你，是我实在错了。

杜十娘：李公子，你，你错迟了。李甲，你、你这薄情的王魁竟这样绝情负义，把我卖了！你、你辜负了我杜十娘一片苦心哪……

（悲怆的音乐）

杜十娘：（呼喊）苍天哪，苍天！让我杜十娘这一片真心、满腔痴情和我这无价的百宝箱，都随着这滚滚的江流一起去吧！

李　甲：十娘！

（浊浪滔天；悲壮的音乐扬起）

〔**解说**〕（深沉地）恶风恶雨紧相逼，人世艰险少真情。十娘抱恨投江死，留得清白万世名。

训练提示

这是一部古典题材的广播剧。剧中表现了聪慧、美丽的烟花女子杜十娘一心想追求自己的爱情和幸福，没想到选中的如意郎君李甲却是个怯懦薄情的小人，他怕家人反对，竟将杜十娘卖给了盐商换了银子想独自回家。一往情深的杜十娘悲痛欲绝、万念俱灰，她在哀叹自己的命运之后盛装艳抹，就在对方迎亲的时刻，打开自己积蓄多年的“百宝箱”将一件件珠宝投入江中，最后自己也投江自尽，以此控诉那个社会和那种见利忘义的小人。所选片段是本剧的后半部分。

1. 应表现出杜十娘对李甲的情感态度变化：由柔情蜜意变为嬉笑怒骂，并且人前人后两种风貌。

2. 应表现出剧中李甲既对杜十娘不舍，又怕家里不容，自己无力抗争（在孙富的分析劝诱与甜言蜜语之下，以为自己尚给杜十娘一个相对不错的归宿），于是面对杜十娘难以启齿、欲言又止、自觉理亏的矛盾心理。所以，对李甲不能简单化地处理为一般的见利忘义的小人，这样，人物形象才丰满。

3. 演播中还要糅合古典戏剧的台词韵味，但要有度地把握，以自然表达为主。

4. 注意处理杜十娘“内心独白”和最后“痛斥李甲”的两段重点台词：前者悲凄伤感，后者悲痛愤怒。

小说剧《一套西装》

编导：王伟

《一套西装》是小说剧“谜案揭秘 100”中的一个。它讲述了这样一个故事：麦克尔是一个小职员，一直生活在自己妻子的强势阴影之下。在“死亡保险”重金的诱惑下，他设计了一个害死自己妻子获得保险的阴谋。谁知百密难免一疏，苍天有眼，最后他虽然千辛万苦害死了自己的妻子，然而把自己也送上了断头台。

〔旁白〕 麦克尔是个不幸的人。他是一家报社的小职员，每天夜里上班，是个夜班编辑，收入非常有限。为了过上他向往的富足的生活，他娶了一个比他大 5 岁的女人加西娅，原因很简单：那个加西娅有钱。然而结婚以后，他的婚姻并不像他所期望的那样称心如意，由于他的收入很少，所以他在加西娅的面前总是抬不起头、直不起腰。麦克尔上班的报社在城里，而他的家在郊区。刚结婚的时候，加西娅中午开车将他送到公共汽车站，夜里又到车站将他接回。但是情况很快就改变了，加西娅再也不愿意为他这个无能的男人耽误睡觉的时间了，所以每天上班两头的路都得他自己走。不仅如此，他想要什么，或需要什么，都得用自己挣的钱去买，而且是用扣除家庭开支之外的剩余的那部分钱。

最让麦克尔不能容忍的，是加西娅那副盛气凌人的样子，她总是对麦克尔喊着“麦克尔，干这；麦克尔，干那”。她可以随心所欲地指使麦克尔，麦克尔的一举一动都要听从她的调遣。甚至每天晚上，她都为他安排好了第二天穿戴的袜子、内衣、衬衫和领带，还告诉他应该穿三件外套中的哪一件。

每个男人都有自己对女人的追求，麦克尔理想的女人应该是温情脉脉的那种，就像日本女人那样。好在麦克尔找到了一个这样的女人，他每个月都要到她那里去享受一番，体验一把做男子汉大丈夫的滋味。麦克尔甚至想把加西娅休掉，和那个女人结婚。可是那个女人只是一个超市的收银员，她的收入连麦克尔还不如，要是和那个女人结婚，以后的日子是麦克尔不能想象的。在金钱和女人之间，麦克尔实在是不能两全，他为此一直深深地痛苦着。

然而，一个神秘的人让麦克尔看到了美好生活的希望。

(汽车声)

那天晚上麦克尔下了夜班之后，坐上了由城里开往郊区的夜班车。夜班的公共汽车通常都是空空荡荡的，车上没有几个乘客，每次麦克尔总是选择最后一排坐椅，那样他可以小睡一会儿。那天晚上，公共汽车上只有麦克尔一个乘客。麦克尔刚刚在最后一排坐椅上坐好，就见一个男人也走了过来，并且挨着他坐了下来。这让麦克尔很不舒服。更让麦克尔不舒服的是，那个人竟然没话找话地和他聊了起来，使他想睡一会儿的愿望落空了。

布鲁诺:对不起，能和您聊一聊吗?

麦克尔:很抱歉，我想睡一会儿，要知道现在已经是夜里了。

布鲁诺:聊起天来您就不会困了，何况我要和您聊的，是您非常感兴趣的话。

麦克尔:可是我并不认识您呀?

布鲁诺:好，现在我们就来认识一下。我叫布鲁诺，我猜您一定是麦克尔先生对吧?

麦克尔:(意外)您怎么知道我的名字?

布鲁诺:我的职业。

麦克尔:您的职业？您是干什么的?

布鲁诺:我是保险推销员。

麦克尔:噢，我早就有足够多的人寿保险了。

布鲁诺:噢，我不是来卖人寿保险的，麦克尔先生。我要向您介绍的，更像是一种死亡保险。

麦克尔:什么？死亡保险？这倒挺新鲜的。

布鲁诺:是的，我想，也许您会买这种保险的。

麦克尔:我不知道还会有这种保险。要知道，我对保险的事是一窍不通，我们家的保险都是由我妻子办理的。

布鲁诺：完全正确！我要说的，也正和您的妻子有关。

麦克尔：（疑惑）您……您知道我们家的保险情况？

布鲁诺：当然。就我所知，您的妻子给她自己上了一个十万元的人身保险。

麦克尔：（吃惊）什么？

布鲁诺：您的妻子的寿险保额为十万元，而赔偿金的金额为三倍。

麦克尔：三倍？

布鲁诺：对，三倍。也就是说，如果您妻子死于意外事故，您将获得三十万元的赔偿金。

麦克尔：三十万元！这比我每个月两千元的收入真是多多了！

布鲁诺：当然！有了这笔钱，您和您的那个美人就可以真正地享受二人世界了，不是吗？

麦克尔：是的、是的。哎——您怎么知道我的事的？

布鲁诺：不必担心，麦克尔先生，您的这种事我没打算告诉任何人……包括您的妻子。噢，对了，您的妻子叫加西娅吧？

麦克尔：（警觉地）你……你到底是谁？

布鲁诺：您不用担心，我没打算勒索您，麦克尔先生。也许，您对我的目的感到好奇。我来找您，是来帮助您兑付那些保险金的。

麦克尔：怎么兑付？

布鲁诺：只有一种情况下您才能拿到赔偿金，那就是……

麦克尔：那就是我的妻子加西娅死了。

布鲁诺：您瞧，您刚才还说对保险一窍不通，可是现在，您不是很明白吗？

麦克尔：可是，妻子结实得像个魔鬼，她恐怕要比我们都活得长呢。

布鲁诺：不，您说的那是自然死亡。如果，要是她出了事故呢？

麦克尔：事故？

布鲁诺：对，事故。麦克尔先生，在这种情况下，您能得到的就不是十万元的赔偿金，而是三十万元。

〔旁白〕 听到这里，麦克尔又一次屏住了呼吸。这巨大的数字又一次击中了他。如果他能有这么多钱，他和自己喜欢的女人就能在一起分享更多的快乐，比现在要好得多，如果这是真的话。

布鲁诺：看来您是有点儿动心了，麦克尔先生。

麦克尔：我……我……

布鲁诺：我就直说吧，麦克尔先生，我来安排一次意外事故，让您妻子死掉，使您能够拿到赔偿金。

麦克尔:你为什么要这样做?

布鲁诺:因为我想将其中的三分之一作为我的酬劳。三分之一,也就是十万元。

麦克尔:什么?你要拿走十万元?

布鲁诺:我选择十万元当然是不少,但是您要记住,您还剩下二十万元呢。别忘了,您还有银行存款、股票债券、个人财产,比如您的房子。

麦克尔:这……

布鲁诺:您不必现在就答复我,好好考虑考虑。但是别拖得太久。您知道,我还有其他客户,我有优先服务的原则。这是我的名片。对不起,我到站了。

(车停,下车)

(车行)

〔旁白〕 麦克尔看着名片,那上面印着布鲁诺的名字和一个当地的地址,没有公司的名字,也没有电话号码。这以后的几天里,麦克尔一直犹豫着他该如何是好。加西娅虽然很霸道,但是对他麦克尔还是很好的。的确,他们的婚姻中已经没了激情,是那个姑娘使麦克尔死灰复燃,可他还不至于仇恨到杀了加西娅的地步。不过话说回来,麦克尔也不至于因为加西娅而放过眼前这个大好的发财机会。二十万元可是一大笔钱哪,比每个月那一点可怜的工资要强得多,他要是有了这笔钱可以干很多事。可是这个财可不是那么好发的,是要杀人的。几天来麦克尔的脑子里一直在想着这件事,杀掉加西娅的念头一直在他的头脑中盘桓。他知道自己不是一个杀手,他胆儿太小了,只能把事情干砸,或是被抓住。但是如果别人能替他干这事儿,比如说一个杀人的专家,一个能让这事看起来像一场事故的专家……麦克尔虽然是个报社编辑,但是在这样的事情上,他的智力还是显得不够用。于是,他打算找布鲁诺商量商量。

(汽车行驶声)

星期天,麦克尔开着他那老掉牙的普利茅斯车来到了名片上写的地址,幻想着等他有了钱,他开着一辆大型的、闪闪发光的高级轿车该有多棒。但是名片上的地址是假的。麦克尔愤愤地捶着方向盘,看来这是一个笑话!他将车停好,跨出了车门,在街上愤怒地来回走了几分钟。当他走回停车的地方时,一辆大型的黑色轿车停在了他的车后。那天晚上的那个人坐在方向盘后面,示意他上车。麦克尔打开车门,坐进了驾驶席旁边的座位,在身后关上了车门。

(车行)

麦克尔:布鲁诺先生,您名片上的这个地址……

布鲁诺:好了,好了,我明白,干我这行的最好别有永久性的地址。我想您来这儿,是想和我谈谈干掉加西娅的事吧？

麦克尔：您会让这事看上去像一场真正的事故而不会引起警察的注意吧？

布鲁诺：相信我，麦克尔先生，处理这些事情我是专家。我会非常仔细地策划这件事，我有很高的技巧。对我而言，动机是无所谓的。但是请告诉我，您在策划着杀死另外一个人时，良心上是否感到痛苦？

麦克尔：我……我就想能得到那二十万元。

布鲁诺：确实如此。麦克尔先生，我衷心地表示同意。

麦克尔：哦……哦……不用签什么文件吧？

布鲁诺：我想不必，麦克尔先生。越简单越好。

麦克尔：（松了口气）这就好。

〔旁白〕 在车上，布鲁诺和麦克尔商量着应该采取什么方法能够既让加西娅像是死于一场意外，而他们又能够不被怀疑，从而能够得到那笔巨额赔偿金。

麦克尔和布鲁诺商量来商量去也没想出个好办法，最后他们只好暂时先放弃了这个话题，坐在一家咖啡店里聊起了天。

（咖啡店效果）

布鲁诺：麦克尔先生，我看您总是这么衣冠楚楚的，您的衣服不会是您自己买的吧？

麦克尔：（痛苦地）怎么可能呢！我在家里没有一点自由，连买衣服的自由都没有！我的所有的衣服都是加西娅买的，她给我买什么我就得穿什么，甭管我喜欢不喜欢！

布鲁诺：噢，麦克尔先生，您可真没有良心！人家这是关心您呀。

麦克尔：她关心我？她是在关心她的钱！她是怕我花冤枉钱，她总是把钱攥得紧紧的。

布鲁诺：那有什么办法？钱是人家的嘛，当然要由人家来支配。

麦克尔：最可气的是，为了省钱，她每种衣服只给我买一套，我从没有两套相同的衣服。我的同事都拿我开玩笑，说我是时装模特，从不穿相同的衣服。我知道他们那是在讽刺我。

布鲁诺：是呀，麦克尔先生，现在我也十分地同情您了。

麦克尔：（咬牙）等我把那笔钱弄到手，我要尽情地花个痛快！

布鲁诺：（突然）等等等等！麦克尔先生，我们刚才说什么来着？是不是在说衣服的事？

麦克尔：是呀。

布鲁诺：等等，让我想想……您没有一套相同的衣服……您上夜班……下了公共汽车以后还要徒步走上一段时间……

麦克尔:(不解地)是呀,这就是我每天的生活。这有什么呢?

布鲁诺:请别打扰我,我似乎有了点想法……

麦克尔:什么想法?

布鲁诺:让我想想……让我想想……让我再把思路理顺一些……(决断地)有了!我有办法了!

麦克尔:什么办法?

〔旁白〕 麦克尔按照布鲁诺的主意,去买了一套和家里衣橱里挂着的那套西装一模一样的西装,他知道这样做肯定会挨加西娅一通臭骂的,但是为了那二十万,他忍了。

加西娅:麦克尔,你这个蠢货,蠢货!家里已经有了一套这样的西装,你为什么还要买?两套一模一样的西装放在家里,你不觉得这是浪费吗?你以为你是谁呀?是总统啊?

〔旁白〕 麦克尔要做的第二件事情很简单,就是经常穿着这套西装去上班,以引起同事们的注意,让同事们对他的这套西装有印象。

麦克尔要做的第三件事,就是谋杀他的妻子加西娅的行动了。他选择了一个正常的日子。这天上班的时候,他故意和同事们说起他穿的这套西装。同事们开玩笑说,他的老婆想抛弃他了,对他不管不问了,不再关心他的衣服是不是该换换样了,所以他才总是穿着这套西装。

下班的时候麦克尔和平时一样,准时来到了公共汽车站,而公共汽车也非常准时地按时开到了车站。麦克尔上了汽车。

(汽车行)

麦克尔:(对司机)师傅,今晚挺准时,现在是十一点二十三分。

司　机:是的,路上没停几次车。您还在老地方下车吗?

麦克尔:是的。

(车停)

〔旁白〕 麦克尔从公共汽车上下来,撒腿就往家跑。他知道司机会记得他下车的时间是十一点二十三分,但是今天晚上回家不能用二十分钟,他要抄一条小路回家,以缩短这段时间。麦克尔在沼泽地中艰难行进,两腿浸泡在没膝的泥水中,那套西装从上衣到裤子被荆棘和断树枝戳破了,或者撕开了一条条的口子。

麦克尔终于来到了他家附近的树林边,麦克尔向家里探头看了看,正如他期望的那样,屋里黑着,说明加西娅已经睡下了。麦克尔悄悄地打开门,进屋后,随身将门关上。他首先下楼走进地窖，从头顶上方的一根梁上取下一支老式步枪。麦克尔爬上铺着地毯的楼梯，来到加西娅卧室的门边，他可以听见室内传出的均匀的呼吸声。麦克尔轻轻地打开门，借着厨房里的灯光，他可以清晰地看见加西娅在干净、洁白的被子里缩作一团。她头上戴着睡帽，侧枕在羽毛枕头上，睡得正香。

麦克尔：（突然大叫一声）加西娅！

加西娅：（未醒）嗯……

麦克尔：（又大喊了一声）加西娅！

加西娅：（迷迷糊糊地）谁呀？是麦克尔吗？

麦克尔：是我！加西娅你坐起来！

加西娅：（有些清醒）你这个混蛋！行了，我坐起来了，什么事？

麦克尔：你看我手里拿的是什么？

加西娅：（惊）枪——枪！你拿枪干什么？

（枪声）

〔旁白〕 麦克尔的枪法很准，加西娅中弹后倒下了，鲜红的血渍透过白色的睡衣从胸部渗出。麦克尔快速行动起来。他将加西娅从床上拖下来放在地板上，将被子搞得乱七八糟，地毯踢得歪歪斜斜，砸烂了梳妆台上的香水、香粉、镜子，还掀翻了一把椅子。看到满屋狼藉，他感到心满意足。他想这些无声的东西完全可以证明加西娅为了活命曾进行过殊死的搏斗。

麦克尔冷酷无情地看着加西娅的尸体，此刻，他有些幸灾乐祸。加西娅从未立过遗嘱，所有的东西都将属于他。他再也不用为了那点微不足道的薪水受她的奴役；再也不用这省一点那抠一点；再也不用在寒冷的清晨被迫爬出温暖的被窝；再也不用在城乡之间来来往往，这是他最讨厌的一件事！再说，还有那位金发碧眼、聪明伶俐的漂亮小妞，想起她，一股暖流便涌上心头。

麦克尔急忙走进厨房。这时正好是十一点三十九分。再过四分钟，他就该打电话报警了。他擦了擦枪，然后将它用手帕裹着，打开厨房门，来到屋后的长廊，在漆黑的夜幕中，他猛一用力，将枪远远地扔了出去。让警察捡去吧，反正上面也没有指纹，警察不可能怀疑到他的头上的。

麦克尔又返回厨房，打开食品室的门，将食品架上的东西倾倒在地上，最后，在水池里洗了洗手，将手擦干。

这时是十一点四十三分。他将时间安排得分秒不差！如果他是从车站沿老路绕过来的话，现在刚好到家了。他开始拨打电话。

麦克尔：喂——是警察局吗？快叫警察！

话　筒:我是警察局——

麦克尔:快点！派警察来！我妻子被人谋杀了！我刚到家发现的。有小偷从食品室进来……是的,我住在兰伯特大街……快点！快点！

〔旁白〕　麦克尔挂上电话。再过五六分钟警察就到了。他冲向前面的楼梯,扑向卧室,打开灯,然后在镜子前面将自己仔细地审视了一遍。在他急匆匆穿过树木丛生的沼泽地时,那套西装已经被荆棘和断树枝撕得破破烂烂的了,现在该换下这套衣服,穿上挂在衣服橱里的那套一模一样的西装了。麦克尔走到衣橱跟前,将手伸进去——没有摸到。他又把衣橱的门开大了一些,朝衣橱里看了看,脸上露出茫然不解的表情:那套西装不见了！是不是加西娅放在别的什么地方了？他环顾四周,特别注意看了椅子上和床上,也没有！他的心里一惊,马上将所有房间查看了一遍,还是没有！他有些发慌。

麦克尔:(惊慌地叫)在哪呀？在哪呀？我的西装在哪里？我的西装到底在哪里！

〔旁白〕　突然,麦克尔看到梳妆台上有一张纸条。他一把抓起纸条,扫视了一遍,纸条上的字迹清晰,那是加西娅的手迹。只见纸条上写着:(加西娅)麦克尔,明天还穿你身上那套西装上班。家里的这套我已经送到洗衣工那去了。

看罢纸条麦克尔的脸顿时变成了死灰色。他抓住梳妆台,僵立在屋中,脑子里一片空白。好一会儿他才清醒过来。他不慌不忙地将纸条撕成碎片,捧在手中。然后,头向后一仰,哈哈大笑起来。

(远处传来警报声)

警察马上就要到了。麦克尔无可奈何地双手向上一扬,将满把的碎纸片抛了出去。纸片像雪花一样,带着刷刷的响声,轻轻地、慢慢地撒落在他的头上和肩上。

(警车急刹住)

训练提示

小说剧是一种新的艺术探索形式。顾名思义,小说剧具有小说与剧的双重特性,既有小说以叙述语言为主的特征,也有剧的以人物语言表现剧情及人物的特征,可以说,小说剧集合了二者的表现优势。众所周知,小说演播是"一人演一台戏",有很大难度,需要极强的语言表现功力。讲故事者既要表达叙述语言,其中存在着大量对人物行为的提示性语言在故事情节与人物对话间进进出出,且不连贯,容易使人思路断,同时,演播者又要以人物身份表达各色人物的语言,音色难免单一,缺乏足够的表现力与感染力。而广播剧是以人物语言表达为主的,虽有一些解说(旁白),但毕竟不能太多,有一定限制。社会的发展激活了人们的思维,增强了人们的探索精神,实践表明,只要是受众认可、需要的都可以大胆尝试，于是“小说剧”的表现形式问世了。它的优点是叙述语言与人物语言分开表现，且叙述语言量多于广播剧中的解说（旁白），少于小说中的叙述语，二者平分秋色，相得益彰，让受众能够更清楚地听明白一个故事，并且使故事表现得更加生动。

1. 本小说剧可以由男、女两个演播者表现，女生可以表现旁白与文中的女性人物语言；男生则可以表现两个男性人物的语言，因此，通常是在一个场景中，一个人要自问自答，不断变换身份感、人物心理及语言声音造型。

2. 本作品的基调，可渗入讽刺性风格。

3. 本作品中的旁白，应为知情人心理。旁白语言，应运用“主观介入式”处理，将自己的感觉融入故事情节的讲解中。

4. 由于本作品是外国题材，所以演播无论是旁白，还是人物语言都可带有一些“外国味”，与国内题材的表达有所区别，但不能过度。

5. 作品中的主要人物“麦克尔”应是一个文弱胆小的男人，性格较内向，小有心计。他的音色可以是中音，气息不足，语言不明快。女主人公“加西娅”应是一个身材较粗壮，性格外向，容貌一般的女人，她依仗自己的经济优势，存在一种盛气凌人的心理，音色中音、粗糙，基本语气多训斥感。作品中的另一个人物——保险推销商“布鲁诺”应是一个矮个、稍胖，油头滑脑、心怀叵测之人。他的音色是高音，稍有一点鼻音，语调多拐弯，透露出他的奸诈来。

6. 表达中注意切准语境，多处于悄悄交流的状态，还应带有悬疑的基本语气。

7. 注意描写“麦克尔”往家里跑施行阴谋的一段旁白，应运用语气来揭示当事人的心理，主要以“紧张性”节奏来表现实施阴谋的过程。应抓准故事结尾的语气与节奏变化。

小说剧《神秘的花》

编导：王伟

这个作品讲述了这样一个故事：波利与妻子埃丝特开办的时装店本来就经营不善欠了不少债，现在又被一把火烧了个精光，由于他们没钱上火灾险，所以现在一无所有，还被债主相逼。没想到正在这时，波利的婶婶帕迪克又来投奔他们，他们原本不欢迎对方的，但当他们听说婶婶有一大笔钱身后可以留给他们时，就改变了态度好好招待对方。由于婶婶不肯现在就拿出钱来帮助他们，于是二人怀恨在心，用婶婶爱不释手的花盆砸死了她，想提前得到这笔钱。但是，当他们被叫进警察局后才知道，原来婶婶为了自我保护在花盆里埋入了窃听器，他们的言行都被记录下来了。

〔**旁白**〕 人走背运万事休。波利和埃丝特公司的业务一团糟。夫妻俩开了一家时装店，可是经营不善已经债台高筑了。保险公司要求续款的通知已经寄来三回了，可是他们没钱付款，所以保险公司中止了火灾保险合同。要知道，像他们这种时装店是最怕火灾的，对于店主们来说，就是不吃不喝也要上火灾险的。可是波利和埃丝特实在拿不出钱来去上火灾险。然而祸不单行，昨天晚上，一把大火把他们的时装店烧了个精光。

今天一早，波利就上银行申请贷款去了，到中午才回来。他的妻子埃丝特满怀希望地迎上去（赶紧地）。

埃丝特：怎么样，波利，贷到款了吗？

波　利：唉——今天真够不走运的！

埃丝特：啊，你没有贷到款？

波　利：不要说贷款，连在麦克那里赊杯酒都做不到。埃丝特，给我倒杯酒来。

埃丝特：你不能再喝酒了，你该想想办法，我们怎么办呢？

波　利：怎么办，怎么办，我不知道！现在我都想去抢银行了。

埃丝特：波利，中国人有句话用在我们身上是最合适的。

波　利：什么话？

埃丝特：祸不单行。

波　利：（紧张地）又出什么事了？

埃丝特：我们又要有小麻烦了。

波　利：有什么麻烦？

埃丝特：你的婶婶来咱们家了。

波　利：（想）我的婶婶？就是那个叫做帕迪克的婶婶？

埃丝特：还能有谁？她刚刚从机场打来电话，估计很快就要到咱们家了。

波　利：我和我婶婶二十多年没有联系了，现在她突然来咱们家，不会是有什么事吧？

埃丝特：千万不是找咱们借钱来，或者是住在咱们这，让咱们给她养老送终。咱们现在连自己的日子都快要过不下去了，哪还能再养活一个人。

波　利：这样吧，我们只让她住一夜，明天就把她打发走。

（门铃声）

〔**旁白**〕 正说着，波利的婶婶就来了。只见这个叫做帕迪克的婶婶一手拎着一个小皮箱，一手抱着一盆花，笑盈盈地站在他们面前。

帕迪克：波利，是你吗？

波　利：是我，帕迪克婶婶。

帕迪克：这位一定是你妻子？

埃丝特：我叫埃丝特，帕迪克婶婶，您好。

帕迪克：来来埃丝特，快把我手里的这盆花接过去，（叫）慢点！轻轻地放下，别把花叶子弄掉了。

埃丝特：我会小心的。

波　利：帕迪克婶婶您请进。

帕迪克：（边走边说）波利，我这次来要在你家多住些日子。

波　利：啊？

埃丝特：什么？帕迪克婶婶，您要住多久？

帕迪克：我也不知道，要是高兴，兴许我就住下去不走了。

波　利：当然……可是……帕迪克婶婶，我和埃丝特现在可是挺困难的。

帕迪克：（站住，不高兴地）波利，你从小可是我抱着长大的，现在我遇上点儿难处，你连住都不让我住吗？

波　利：这……

〔旁白〕　波利一时说不出话来。波利从小就死了母亲，是帕迪克婶婶一手把他拉扯大的，帕迪克婶婶对他是有恩的，所以波利说不出明天就让帕迪克婶婶走人的话。波利向埃丝特使了个眼色，意思是让埃丝特把那句话说出来，可是埃丝特把脸扭向了一边。于是，帕迪克婶婶就在波利家住了下来。但是，波利和埃丝特总在想着找个什么机会想个什么办法把帕迪克婶婶赶走。只是现在他们整天不是忙着四处借钱，就是到处躲着上门讨债的人，哪里还顾得上帕迪克婶婶呢！

帕迪克婶婶有个毛病，时时刻刻离不开她抱来的那盆花。她对这株植物简直是关怀备至，经常细心地松松它根部周围的泥土，仔细计算着确保它健康生长的化肥，定时喷洒着农药，以杀死贪食它香甜叶片的虫子。

这天吃晚饭的时候，窘困得已经焦头烂额的波利和埃丝特下决心要把帕迪克婶婶轰走，他们已经无力再供养她了，他们更烦她那个爱花如命的怪癖。所以在吃饭的时候，波利有意问起了帕迪克婶婶家里的情况。说起家里的情况，帕迪克婶婶不禁悲伤起来。帕迪克婶婶有着一大笔财产，本来可以过着非常舒适的生活，可是她的丈夫却嫌她老了，在外面找了一个小情人。帕迪克婶婶知道自己年老色衰，也就不管丈夫，任他去胡闹而不干涉，只专心侍弄着自己心爱的花。谁想丈夫不但不知足反而登鼻子上脸。有一天晚上，帕迪克婶婶听到他给那个小情人打电话，竟商量着怎么把自己谋害死，好侵吞她的财产。这让帕迪克婶婶非常愤怒，一气之下，她来到了波利的家。帕迪克婶婶最后还说，她打算就在波利家住下去了，等她死了以后，就把这笔财产传给波利。

这话一下子让波利和埃丝特兴奋了起来，同时也让他们对帕迪克婶婶的不敬而感到内疚。夜里，他们在床上商量，应该好好照顾帕迪克婶婶，争取让她提前拿出些钱来，帮助他们渡过难关。但是埃丝特提出了一个非常现实的问题：现在家里的钱已经所剩无几了，怎么照顾好帕迪克婶婶呢？波利坚决地说：借，就是借高利贷也要把帕迪克婶婶照顾好。波利还特意提到，特别要精心侍弄好帕迪克婶婶的那盆花，因为那是帕迪克婶婶的心尖子。

第二天的餐桌上，就出现了帕迪克婶婶爱吃的甜点、咖啡和饭后的一小杯白兰地。同时帕迪克婶婶也从刚来时住的背阴的小房子搬进了波利和埃丝特住的阳光灿烂的大房子。波利还卖掉了他心爱的高尔夫球具去换好白兰地。清晨，他和埃丝特走路时轻手轻脚，因为帕迪克婶婶说过，喜欢早晨睡觉。当然，埃丝特每天增加了一个新的任务：就是帮助帕迪克婶婶精心侍弄那盆花，帕迪克婶婶对此尤其感到高兴。

一天晚饭后，波利和埃丝特又与帕迪克婶婶谈到钱的事，目的是想得到她的恩惠。

帕迪克：我很高兴你们提出这个话题。我曾和律师谈过，告诉他们，我已经从瑞士银行转来了一大笔钱，并立了遗嘱，将遗产给你——我的侄子。如果你现在急需用钱的话，我可以提前去取出一些来，因为你们对我太好了。

波　利：（强压欢喜）帕迪克婶婶，照顾好您是我们应该做的，我们这样做不是为了您的钱。

帕迪克：好了，好了，不要说了，我明白。既然你们现在不需要，我就先不做这些事情。要知道，办那些手续是很烦人的。（起身）好了，现在我要到书房去喝酒，去看电视。美国电视很有意思，尤其是那些古怪的商业广告。

（走）

埃丝特：（恶狠狠地对波利低声说）你这个傻瓜，你把到手的钱扔掉了！

波　利：（呻吟道）对不起。

埃丝特：你知道我一下午都在回那些债主的电话。

波　利：好了，好了，帕迪克婶婶到底有多少钱？从我听到的点点滴滴来推测，她大约有五百万。

埃丝特：五百万！（急）波利，送白兰地去，我们不能让五百万等候咱们！

波　利：我去送酒，你赶紧给帕迪克婶婶的花再浇一次水！

〔**旁白**〕　第二天下午，波利和埃丝特回到了家，他们是垂头丧气地走回来的，因为债主们已经把他们告上了法院。法院裁定，要他们必须立即偿还欠债，否则将把他们的房子拍卖抵账。眼看着就要身无立锥之地了，可是波利和埃丝特已经一无所有了，他们拿什么还债呢？在回家的路上，他们商量好了，今天一定要说服帕迪克婶婶，让她拿出些钱来。

晚上吃饭的时候，波利向帕迪克婶婶说出了一切。帕迪克婶婶一边往咖啡里兑牛奶，一边抬起头说：

帕迪克：嗨，我还以为发生了什么了不起的事情呢。

波　利：帕迪克婶婶，这事对我和埃丝特是很严重的。

帕迪克：你们对这事必须看开，要知道，这世界上每天都有失业的人，也有找到工作的人，每天都有公司开业，每天也都有公司倒闭。但是，只要你愿意做牛，就不怕没田耕。这扇门关了，那扇门又开了。我告诉你们，把这件事当做一个开创新事业的契机。

波　利：（再也忍不住了）够了！帕迪克婶婶，您就准备拿这几句空话搪塞我们?!

帕迪克：（冷冷地，平静地）你知道，我已经怀疑，我住在这里其实很讨人嫌，你们让我住下，是有所图的。

埃丝特：（甜蜜地笑着说）帕迪克婶婶，你说我们图什么呢?

帕迪克：图我的钱，如果说我没有这么多的钱，会受到你们的欢迎吗?

埃丝特：（亲热地）当然非常欢迎，请相信我的话，我们的确是爱你的人。

波　利：是的。

帕迪克：波利，你是我唯一的亲人。有一天我撒手归天时，你们可以得到我的一切。但是，目前你们的这个小困难，你们必须自己解决。那样对你更有益。

〔**旁白**〕　帕迪克婶婶说完起身回了她住的那间大房子，把波利和埃丝特甩在了那里。

波　利：埃丝特，看来我们永远得不到帕迪克婶婶的钱了。

埃丝特：我们的时装店已经没了，本来就已经欠下了许多债，为了照顾她，我们又借了不少的钱，可是现在……

波　利：帕迪克婶婶知道她控制了我们。

埃丝特：她让我们做她的奴隶。（拍拍花盆）在她的眼里，我们还不如她的这盆花。

波　利：就是奴隶也会反抗的。

埃丝特：何况我们现在已经走投无路了！我们一定要得到她的钱！

波　利：怎么才能得到帕迪克婶婶的钱呢?

埃丝特：你不是说，帕迪克婶婶已经把遗书写好了吗?

波　利：是帕迪克婶婶亲口对我说的，刚才她不是还说过，在她死后要把所有的钱都给我吗?

埃丝特:那么现在就只有走一条路了。

波　利:你是说……让帕迪克婶婶提前死亡?

埃丝特:她已经活够了。

波　利:好吧,你说该怎么做?

埃丝特:我也不知道。哼,你看到她的这盆花了吗?

波　利:看到了。

埃丝特:(恨恨地)我真想拿这盆花把她砸死!

帕迪克:(走来)波利,我的白兰地酒怎么没有了?

埃丝特:帕迪克婶婶,白兰地酒是要拿钱买的。

波　利:可是我们现在一分钱也没有了。

帕迪克:你们一分钱也没有了?

埃丝特:是的。

帕迪克:波利,你就是这样对待你的帕迪克婶婶吗?

波　利:我们这样对待您有什么不好吗?

帕迪克:(生气)你们还想得到我的遗产吗?

埃丝特:如果你真想给我们的话。

帕迪克:(愤怒)够了! 我已经忍受不了这屋子的无聊,什么都没有,只有那愚蠢的电视节目。还有,我已经吃够你做的恶劣的食物,听够了你们愚昧的谈话,我屈尊来这里,是希望有人能够对我真诚相待。

埃丝特:(亦愤怒)可是你真诚对待我们了吗? 你对待我们还不如你的这盆花!

帕迪克:我非常明白你们的意思,不过,你们永远也无法继承五百万。我现在就去修改我的遗嘱,我要把那五百万捐献给慈善机构。

波　利:(大叫)不,不,不,帕迪克婶婶,你不能这样做!

帕迪克:为什么不能? 那钱是我的,我想怎样做就怎样做! 波利,你真让我失望。还有你,埃丝特。你刚才说什么来着? 你说,我对待你们还不如对待我的那盆花?

埃丝特:是的,我是这样说的,你是这样做的!

帕迪克:(笑)埃丝特,你说对了,我爱这盆花。这盆花对我来说,比我的命还重要,你们怎么能和这盆花比呢!

〔**旁白**〕 帕迪克婶婶的这番话激起了埃丝特的无限愤怒,她高高地举起了那盆花,狠狠地朝帕迪克婶婶的脑袋砸去,帕迪克婶婶连“哼”也没“哼”一声就倒下了。

砸死了帕迪克婶婶,波利和埃丝特一时愣住了,但是很快他们就恢复了正常。不仅是正常，甚至还有几分高兴，因为，那五百万现在已经是他们的了。

他们报了警，说是帕迪克婶婶在浇花的时候，不小心摔倒在地上，被从桌子上掉下来的花盆砸中了脑袋。

第二天，一个警察把他们叫到了警察局。在门口，那个警察举起手示意他闭嘴，当那个警察告诉他有保持安静诸如此类的权利时，他们不禁被搞糊涂了。当他们被带进屋子时，只见桌子上摊的是被埃丝特砸坏的那盆花的残骸，花盆摔得七零八碎。在散开的泥土中，波利好奇地看到有一个发光的黑色小玩意儿。它黑油油的，一根细小的天线从里面的一个小孔里伸出来。

波　利：警察先生，这是什么？

警　察：这是一个"窃听器"，我们已经从这个窃听器中听到了一切。

〔**旁白**〕　原来，帕迪克婶婶为了防止她的丈夫谋害她，在花盆里埋藏了这个窃听器。在离开丈夫以后，她把这盆花带到了波利家。

训练提示

1. 本小说剧可以由男、女两个人演播。旁白和男主人公可以由男生演播；婶婶和女主人公可以由女生演播。女生表现两个人物的语言，经常是在一个场景中，一个人要自问自答，不断变换身份感、人物心理及语言声音造型。

2. 本作品的基调，可渗入讽刺性风格。

3. 本作品中的旁白，应为知情人心理。旁白语言，应运用"主观介入式"处理，将自己的感觉融入故事情节的讲解中。

4. 由于本作品是外国题材的，所以演播无论是旁白、还是人物语言，都可带有一些"外国味"，与国内题材的表达有所区别，但要有度。

5. 作品中的男主人公"波利"应是一个瘦小男人，不是很精明，他的声音干涩，语言直白，高音音色，基调以愁闷为主。女主人公"埃丝特"应是一个有几分姿色的娇小女性，她的声音甜美，语言伶俐，内心复杂多变。作品中的另一个人物"帕迪克婶婶"应是一个较胖的老年妇女，她性格直爽，中音音色，语言较直白。

6. 本作品的语境与人物心理变化较多，无论是旁白，还是人物语言的表达，都要具体细致，切准语境。还应带有悬疑的基本语气。

话剧《破旧的别墅》(改编)

〔前苏联〕雅鲁纳尔

【剧中角色】

他:男,特工

她:女,特工

【场景】

一间破旧的别墅(两张椅子)

【道具】

手枪、公文包、女式手提袋、两封信

(一)

(他走了进来,手里拿着皮包。)

他:(带着一种好奇心环视着)这房子真可怕……一个人都没有,可是门却开着。我应该再检查一遍,(摸出信来)"设计科科长安德烈夫工程师:你母亲病得很重,我是她亲近的一个女朋友,正巧有事到这里来,所以请你今天来告诉你一些详细的情况。你来晚了是碰不着我的。"

(又有这签字,又有这地址,可是……却没有人。)

她:(突然很快地进来)是你吗?

他:(猛然转过身)一点不错,是我。

她:你来了吗?

他:这话我该怎么理解?是的——大概我是来了吧。

她:(微笑)对不起,我净问你蠢话。我突然见到你,有些出乎意料,不知道该说些什么了。

他:这里的门倒是很优待客人,一直开着,不过——好像开得太大了。

她:这里没有什么东西要保藏,因为没有人在这里。这是我朋友的别墅,现在已经秋天了,他们都搬到城里去了。

他:那么你呢?

她:旅馆都满了,所以朋友让我暂时寄住在这里。

他:原来是这么一回事。

她:那么好了,现在正式问候您一下吧:您好!工程师安德烈夫!

他:您好!安娜·贝尔多丽陀夫娜,您的名字我说得对吧?

她:一点儿没错!

他:你为什么这样注意地看着我呢?

她:因为,我要仔细地看看我的朋友有一个怎样的儿子!

他:那么,你觉得怎么样呢?

她:不错,很不错!

他:谢谢。我母亲怎么样了?

她:并不怎么严重,是急性盲肠炎。一切都已经过去了,你可以放心了。

他:(拿着包坐下)你和我的母亲很熟吗?

她:是的。我是个演员,她很喜欢我。您真是了不起!是个有名的工程师,你设计的那些飞机可以飞翔到全世界!真是太了不起了!

他:瞧你说的,没那么伟大!

她:哦,对了,你是一下班就来的吗?甚至没有回家?

他:是的。你看,我连皮包都带在身边呢。

她:你真是一个可敬可爱的儿子!该向你致敬!

(坐在他的身边)

她:你口袋里鼓起的是什么?好像是手枪?

他:没错。

她:你随身带着手枪?为什么?

他:我的工作是十分机密的,有些重要的文件是要随身带着的,为了以防万一——所以要随身带着手枪。

她:那么难道你现在也随身带着秘密文件吗?

他:现在也带着。

她:你知道我脑袋里突然有一个什么思想吗?我觉得你很可爱,真的,有一种——特殊的魅力!

他:哦,是吗?

她:有的时候是这样的。比如在这样的一个环境,我是说一个郊外的别墅,窗外是这样的秋天,总会让人的思想变得有些怪怪的。(专注地看着他)

他:(有些困惑)哦?是吗?我有些听不明白你的话了。

她:你真是个小傻瓜。——哦,对了,你的手枪上子弹了吗?

他:(转过神来)当然上了,为什么问这个?(警觉地)

她:随便问问罢了,我在想,上了子弹的枪随便放在口袋里会不会很不安全。你难道不害怕吗?

他：(掏出枪，握在手里)

她：哦，不，请你拿远点儿，我还从没有亲手拿过真枪呢。

他：什么枪？

她：什么枪都没拿过，只拿过戏院里当道具的假枪。你不会笑话我吧？

他：当然不会了。

她：那么，你可以把你的手枪拿给我瞧瞧吗？

他：好吧，看看没有经验的人怎样第一次拿枪，倒是很有趣。

她：(很不坚决地接过了手枪)真可怕——

(沉默哑场)

她：(迅速站起来，举起枪)现在让我们来谈点儿正经的吧！

他：什么？

她：坐下，坐在原地不要动。

他：别这样开玩笑，拿着枪可不是闹着玩的。

她：别以为我开玩笑，真的。把你的包给我！(把皮包从沙发上拿起来)

他：好了，安娜。那里面都是重要的文件，请不要开玩笑了！

她：别以为我在开玩笑，我要的就是这些文件！

他：(站起来，严厉地)够了，你跟我闹得太过分了！

她：你给我坐下！你要是再敢站起来，就不要怪我不客气了！

他：你发疯了！

她：这一点你马上就可以明白了！听着！第一，我不是安娜·贝尔多丽！第二，我并不认识你的母亲，我只是弄到一些关于她的消息，因为——我要奉命拿到你的皮包和你这个人！

他：(惊讶地站起来)你是谁？

她：坐下，听见没有！坐下！你以为我是谁？我想你是常看报纸的，报纸上登得很清楚。——我想要你替我们工作！

他：(有所明白的，镇静)你知道吗？只要我现在一喊，就会有人到这里来的——

她：谁也不会来的！我们是故意挑这个地方来会面的。这里一个人都不会有，所以你最好不要作声。假如你想活命的话，最好还是把手举起来！

他：你到底是谁？(恐惧地)

她：这并不重要！听我说，我们会放出消息说是你主动把这些文件卖给我们的。他们不会饶恕你的，也不会再信任你了！

他：什么？

她:我是说,让我们合作吧!这对你有好处!

他:好处?

她:是的,我们会给你钱,是德国钱。你已经开始注意起实际问题来了。很好,看来你并不是很固执。

他:我要是不同意呢?

她:那么今天就是你生命的最后一天。(举起枪对准)

他:是吗——(思索状,猛然间叫道)看后头!

(她转过身去看,他冲上前从她手中抢过枪。)

(二)

他:(拿着手枪对准她)把手举起来!

她:(很惊慌,机械地举起手,停了一下,笑起来。)

他:你笑什么?

她:你以为这是真的?

他:什么?

她:可爱的傻瓜!

他:你说什么?

她:(站了起来)你忘了我跟你说过的话!

他:什么?

她:我是个演员啊!(转身看着他)我刚刚的表现怎么样?那是我在一个新剧本里的角色,一个女间谍。

他:你在开玩笑?

她:(得意地)我简直把所有的台词都背出来了,并且很奇怪,你回答我的话几乎和我对手的台词一模一样!

他:你是说,你在骗我?

她:演戏必须真实,这样才能让人相信!(走上前)你当真了吧?

他:别过来!

她:瞧你,还没恢复原状呢吧!可怜的孩子,让我给你拿一样东西。(去拿皮包)

他:你上哪去?

她:你已经吓得一步路也不让我走了。我给你拿一封信,是你母亲写给你的。

他:(疑惑)

她:(从包里拿出信给他)给你。

他:(看信)这是我母亲的字,没错,嗯——(比较放心)

她：这回你信了吧！

他：你的玩笑开得太过分了吧！

她：我可是个出色的演员。好了，可以把你的枪拿开了吧！我可不想一直这样被人用枪指着。

他：（看信）我母亲真的没事了吗？

她：放心吧，她已经可以到户外散步了。

他：你真是个顽皮的孩子！

她：是吗？我想我是突然想到要这么和你开玩笑的。也许，是灵感吧！

他：你太冒失了。

她：嗯，我脑袋里突然又出现了一个可笑的想法。

他：什么？

她：我在想，要是我再向你要枪，你会不会给我？

他：安娜，请不要这么说。

她：那就是说，你还是不信任我了，是吗？

他：哦，不，我相信您。

她：是吗？那你为什么不把枪给我呢？

他：哦，不——请不要这样说话，我求求你。

她：那么你还是不信任我。（走近）

他：不，我觉得这样不好。

她：算了，没关系，我不过是出于好奇心罢了。（转身）

（他走上去，她转身推他，假装包掉，他俯身帮她拣，她顺势夺过手枪。）

（三）

他：（叫喊）安娜·贝尔多丽！

她：举起手来！不然我可要开枪了！

他：（举起手）好了，别闹了，这可不是排练场，我不想再和你演戏了！

她：是吗？我也这么想。我说的都是真的，跟我们合作吧！我们会重重地酬谢你的。

他：我现在已经搞不清楚了，你究竟是在开玩笑还是——

她：你最好相信我现在说的话！不用担心，跟我们工作的并不只有你一个人！

他：（很快地）格列尔也跟你们合作吗？

她：什么？你怎么知道？

他：没有，我只是有时候觉得他像和什么人有什么关系似的，我也不知道为什么，也许是，嗯——我说不清楚！

她：他是德国种，对付他可简单多了，他和我们一样仇视苏联！

他：那么，华西里叶夫工程师呢？波尔托夫呢？

她：他们不肯自动投降！但是我会把他们也抓来的，强迫他们给我们工作！

他：那么机械师罗夫斯基呢？

她：什么？

他：他也跟了你们吗？

她：不。在你们设计科里，暂时就只有格列尔一个人。（停顿）对不起，你好像是在问我的口供，谁给了你这样的权利！

他：我想一个人做起来会比较可怕——

她：哦，不，别担心，你不会有任何危险的！很快就会有人帮助你的。

他：我想不会那么容易吧。我怕，我怕我会被抓到！

她：哼！不会的，他们都是群笨蛋！你知道内政委员会的阿诺兴吗？他像条野狗似的想要抓住我，可是，他没有办法！我可不是那种用赤手空拳就可以抓住的人！哦，对了，要是你什么时候见到他的话，你可以告诉他，他是个白痴，想要抓到我，可没那么容易！

（四）

他：（突然镇静地）好的，我会转告他的。（转身去椅子那拿包，收拾东西）

她：你给我站住！是谁允许你这样放肆的！

他：（不予理睬）

她：听着，你再这样我可要开枪了！

他：可以，没问题。只是我忘了告诉你，我好像没有给枪装子弹！

她：（看枪）见鬼！（把枪扔了）你是谁？

他：那个白痴！哦，对了，让我来向你郑重地做自我介绍吧，内政人民委员会的阿诺兴。

她：你在开玩笑？

他：随你怎么想，不过我很感谢你给了我想要的情报，其余的话，希望你以后也能这么顺利地供出来！

她：不，你不是阿诺兴，你不是！我们的信是寄给工程师安德烈夫的！

他：很可惜，他今天没空，所以，由我来代替他。我想你应该不会抗议吧！

她：（坐在椅子上）那，那你为什么不一开始就把我抓起来，而是要像猫抓耗子一样地耍我呢！

他:我得预先从你嘴里探出些真话来,主要是关于格列尔的情报。因为普通的审问可不会这么顺利,你说呢?

她:可是,你刚才不是已经把枪从我手里抢过去了吗?

他:正像你刚才说的,要像演戏似的,应该做到真实！也不该引起你的怀疑嘛!

她:我的天哪!

他:好了,现在你都明白了,希望你回去以后也能和我们好好合作！车来了,我们走吧!

训练提示

这个剧描写的是苏联卫国战争时期的一场反间谍战斗。虽然只有两个人物,但却表现了一个结构严谨,情节曲折,结尾出乎意料的故事。

1. 演播时,注意人物语言感觉的真实性,不要从中故意带出所谓的"特务"感觉。

2. 注意把握剧情与人物的心理变化。

3. 本剧戏剧性强,人物反差大,注意把握节奏变化,增强表现力。

话剧《一个离婚女人的独白》(片段)

(台词)

女人,你到底是谁?怎么这么难找?好像所有的女人,一碰到婚姻出现了状况,就完了。完全失去自信,必须重新找回自己。我就是！一哭二闹三上吊！多蠢！我就是。

唉,你不要小看"一哭二闹三上吊",不容易。你得一边哭,一边闹,还得一边找根绳子去上吊。上吊的时候,你还得想,我打的死结还是活结?可别脑门刚一上去,"噔"！就掉到地上。

就在这个时候,我突然听到了一个声音:"干吗?平常不是叫别人不可以这样吗?怎么自己碰到事情就这样了?"

"谁?谁啊?——"啊?真的有一个愚蠢的女人,拿了一根绳子要上吊。这个人竟然是我！是那个声音救了我,那个声音就是我自己。可是她再也不说话了！不行,我一定要找到她！我一定要找到我自己!

可是要找到自己也不容易啊！我也不能走在路上逢人就问:"你有没有看到我?""有啊!""我在哪里?"会把人家吓死的!

所以寻找自己要有步骤。我决定去美容院整容。其实也不是想挽回什么,我只是希望自己比抢走我丈夫的“狐狸精”好！自从我丈夫离开——哦，不，不，不是，是自从我离开我丈夫之后，我一定要变得更好，更漂亮。然后我一定要突然出现在他们面前，我要让他后悔！

终于有一天，我整了一个5万的新鼻子，12万的大胸部。我故意到我前夫家门口去等他。我去晃，就这么晃。唉，来了。那个“狐狸精”下来了，她爸爸跟在她后面。哦，不是，是我老公！他们俩你搂着我，我搂着你，高高兴兴地走过去了。我这么大一个活人在他们面前晃，他们没看见。唉！

训练提示

这个作品片段选自台湾表演工作坊的《那一夜，women说相声》，它向我们展现了一个离婚女人的内心世界，同时，也含有不赞成的意味。作品似乎暗含着这样的寓意：女人遇到不幸，不应沉沦，也不必报复，应挺起胸膛走自己的路，做一名受人尊敬的强者！

1. 这段独白是想表现一位中年女性由于丈夫的背叛，内心的凄凉与滑稽，力求寻找自己的过程。作品反映出当今社会中存在着婚姻不幸的中老年女性的生活及心理问题，她们中的许多人因此没有了生活的目标与动力，她们是应当引起社会关注的弱势群体。她们的弱势不仅表现在物质方面，更多的是在精神层面。我们应当给予这种女性以同情与鼓励，鼓励她们勇敢地站起来，调整心态，走好自己今后的路。表达者应持有这种理解与感受。但在表达基调与风格中却应顺应作品的创作风格，表现出讽刺、夸张的特点。

2. 片段的表达应随着内容发展，大致分成这样几个层次：对镜自怜、内心自省、复仇行为、于事无补。

3. 表达者应是一位四五十岁的中年女性，相貌平平，中音音色，性格外向，节奏多变，语言自然，内涵饱满，视角变换。

小品《男人不易》

编剧：杨青、扈强

【剧中角色】

妻子、丈夫

【时间】

当代，夜

【地点】

室内，一个两口之家

（墙上的时钟已过二十三点。妻子扔掉手中的杂志忐忑不安地在家中踱步，她停在电话机旁，拿起电话拨了一个号码——没人接，又拨了一个号码。）

妻子：喂，是编辑部传达室吗？请问李守伦……他回家了？！请问他什么时候走的？……好，谢谢！

（妻子放下电话茫然地走到穿衣镜前。她看到镜中的自己……脸有些浮肿了……眼角的鱼尾纹又多了……体型又发胖了……她下意识地摸了一下自己的肚子……

时间在一分一秒地划过。

门外传来熟悉的钥匙开门声，妻子抖起精神坐回到沙发上。

丈夫兴奋地回到家中，他把外套挂在衣架上便坐到妻子的身边换拖鞋。）

丈夫：你怎么还没睡？如果不困就给我弄点儿吃的吧，今晚我要开个夜车。

（丈夫起身坐到写字台前。妻子盯着他，好像刚才的话她根本没有听见。）

妻子：你怎么才回来？

丈夫：工作忙。

妻子：你去哪儿了？

丈夫：组稿。

妻子：又是个女作者？

丈夫：对，是个女同志。这个青年作者写的东西很有特点，你到时候可以看看。

妻子：又是个性解放，歌颂大胆的女性独立……少女在初恋时的苦恼……女人与家庭……

（妻子边说边给丈夫冲咖啡。）

丈夫：不，不是。她是写一个女性在当今改革时代中地位与作用问题。她的角度新，有独特的见解，少见，很少见……

（妻子把杯子用力地放到丈夫面前。）

妻子：少见得让你忘了回家？

（丈夫看看妻子，他不再说什么了。妻子走到穿衣镜前端详着自己。）

妻子：她叫什么？

丈夫：丹青。

妻子：俗气的笔名。她多大了？

丈夫：（翻翻稿件）简历上说三十三了。

妻子:她结婚了吗?

丈夫:我想三十三岁的人应该结婚了吧。

(丈夫边说边到书柜中取自己的工具书。)

妻子:她漂亮吗?

丈夫:谁呀?

妻子:那个丹青!

丈夫:(想了想)漂亮谈不上,但还挺有特点。

(丈夫仍在埋头工作。妻子看了自己丈夫良久,她慢慢地来到丈夫面前坐下。)

妻子:守伦。

丈夫:什么事儿?

妻子:你今天为什么不看我?

(丈夫莫名其妙地抬起头看看妻子。)

丈夫:你还不是老样子么?有什么好看的。

(妻子十分恼怒。)

妻子:守伦,你把笔放下!

丈夫:(边说边写)怎么啦?

妻子:李守伦!(很严肃地)我让你把笔放下!

(丈夫无可奈何地放下笔。)

妻子:你坦白地告诉我,我是你的第一个恋人吗?

(丈夫无奈地笑了。)

丈夫:是的。你瞧,我大学毕业后分到编辑部,老马说我算大龄青年了,得赶快解决个人问题,他就给我介绍了你。咱们就在公园开始见面,初恋,我觉得挺好,不是省得上婚姻介绍所了吗?是吧……后来……那什么……

妻子:(恼怒地)你严肃点!

丈夫:(没趣地)后来咱们就结婚了。

妻子:骗子!到今天你还在骗我!

丈夫:骗子?这话你可不能乱说,说我骗你,你得有证据。

妻子:证据?!

(妻子说着站起身,猛地从睡衣口袋里拿出一个小笔记本在丈夫面前一晃。)

丈夫:这不是我高中时的笔记本吗?怎么啦?

妻子:我念一段给你听听……好像春天里的风吹到我的身边/她像三月的小雨充满无限情意/她的秀发像黑色的瀑布/她的眼睛像夜空里的繁星/那红色的唇透着无限

的温情!

（读到这里妻猛地抬起头，用语调做了特别的强调。丈夫仿佛想起自己少年时幼稚的创作心态，显得有些不好意思。）

丈夫：这是我少年时候的作品，还很不成熟。

妻子：这个"她"是谁?

丈夫：我说了，这是我少年时期创作的……

妻子：你上中学的时候就能写出这种诗，你说，你不接触女性能写得出来吗？你说，她是谁？你说！你说呀！

丈夫：她根本就不存在！就像我们搞创作一样，我们写工人，既要写出炼钢工人的粗犷，也要写出技术工人的细致，还有纺织工人的……

妻子：我问你她是谁?

丈夫：她不存在！她也许是公园里的一位姑娘，她给你的美是一种线条的美。噢，或许是我见过的一位理发员，她给你的美是一种端庄秀丽的美；可能是讲台上的老师，她给你的美是透着一种母爱的美……

（妻子冷不防打断他的话。）

妻子：早恋!

（丈夫的兴趣被一扫而光，他不想再说什么，坐到写字台前。）

丈夫：你去睡觉吧。

妻子：我不睡!

丈夫：那就看杂志。

妻子：我不看!

丈夫：那你今天到底想干什么?

妻子：我就想问问你，我给你算了一下，自从你调到编辑部，你组的稿子，全部是和女性有关的。不是今天找这个女性组稿，就是明天和那个女作者谈话。你为什么对女性这么感兴趣呢?

丈夫：我是妇女杂志社的编辑，我不组女性的稿，组男性的稿人家给我发吗?

妻子：那你为什么不调到男性杂志社去呢?

丈夫：那不是你说调就能调去的。

妻子：你每次出门都穿上西装，精神抖擞；回到家里就换得破破烂烂，无精打采……

丈夫：这是我的工作，我要跟作者谈话，对人家要有礼貌……回到家要干家务……我多累呀……

妻子:你一去就六七个小时,她要是有丈夫能让你到这么晚吗?

丈夫:这是我的工作,我要和作者谈话,给她写编者按……

妻子:那你为什么不跟我谈谈呢?

丈夫:你不是没有作品吗?你要是有,我也跟你谈,给你写编者按!

妻子:那也用不着谈这么长的时间……

丈夫:末班车没有了,我是走回来的!

妻子:走回来的,散步,多有诗意呀!

丈夫:诗意个屁,我走了两个小时,脚都走肿了,又累又渴,回到家里想喝点儿水吧……又碰上你……

妻子:又碰上了我。失望了吧?!厌烦了吧?!

(丈夫气得不知从何说起,憋了半天冒出一句话。)

丈夫:你是不是更年期提前了?

(妻子委屈地哭了,哭得那样伤心……丈夫无力地靠在书柜旁。两人就这样沉默着……妻子慢慢抬起头,抽泣着对丈夫说。)

妻子:守伦,我有了。

(丈夫转过头来好像不太明白。妻子又说了一遍,"我有了。"丈夫猛然醒悟,他奔过来一把抱住妻子。)

丈夫:有了?什么时候?你怎么不早说,我要当爸爸了……

妻子:我今天到医院里去了,医生说我怀孕了……

(丈夫把妻子紧紧地搂在怀里,轻轻地抚摸着她的头发。妻子靠在丈夫的肩头喃喃地……)

我今天从医院回来,也不知道怎么了,就想看见你,就想待在你身边……我不是为别的,真的不是……

(妻子慢慢地闭上眼睛,充分享受着丈夫怀抱的温馨。)

训练提示

这个小品表现了当前社会中一些女性在夫妻关系方面的过度敏感,这很不利于和睦家庭关系的建立。

此小品的独特性在于对人物情感复杂性的刻画,人物关系的深层开掘,有一定的深度,演出效果较好。

1. 演播时,应注意表现出"男人"的无奈与"女人"的误解及双方的心理变化。

2. 注意把握剧情的层次与节奏变化。

3. 注意妻子语言中语气的运用，要多样、准确。

小品《婚托儿》

编剧：刘呼同

【剧中角色】

胡荣：女，老板

石义：男，应聘者

肖兰：女，征婚者

（幕启。猛银公司接待室。）

胡荣：没问题，没问题，保你满意，你过来吧，好运等着你呢。（放下电话）

（石义上。）

石义：请问，是你们公司招人吗？

胡荣：对，没错，我们公司招聘高级业务员。

（上下打量来人，并围着他转了一圈。）

石义：（疑惑）你这是……

胡荣：这叫面试。面试你懂不懂？

石义：面试我懂，可你这么观察我，我心里发毛。

胡荣：有女人这么欣赏你，你应该感到荣幸。把嘴张开！

石义：怎么，口试变成试口了？

胡荣：看看你的牙。

石义：我今年三十多岁，你就别试口了吧！

胡荣：我又不是买马，看什么岁数。我是看你的牙长什么样。俗话说，要知能干啥，先看他的牙。

石义：有这句俗话吗？头一回听说。

胡荣：少废话，张嘴！（看石义的牙）嗯。行。个头不高不矮，皮肤不黑不白，两眼有神放光彩，牙齿就像麻将牌。让人一看哪，不是总经理就是副总裁。

石义：（旁白）我这连吃饭都快断顿的求职者，这么一会儿成副总裁了！

胡荣：副总裁还差点儿，你就当总经理吧！

石义：总经理，就我这德性？

胡荣：你这一身打扮当然不行，我得给你包装包装。（扔过一件西服）把西服穿上！

（又扔过一条领带）把领带系上！（又扔过一个手机包）把手机包拿上！哎，不能用双手抱着，要一个手拎着，或者放胳肢窝夹着。哎，对，再走两步，走两步！

石义：怎么，我成范伟了，你成赵本山了？

胡荣：少废话！走两步！

石义：（走步）……

胡荣：把头抬起来，肚子鼓起来，四方步迈起来！哎，这回像那回事了。再坐下！起立！和小姐握手！不是这样，是这样！哎，对了，你合格了。

石义：咱这是干啥呀？演戏呀？

胡荣：也可以这么说，舞台小世界，世界大舞台，每个人都在演戏，都在扮演不同的角色。

石义：说了半天，你们公司到底从事哪方面的业务呀？

胡荣：这你不问，我也要向你介绍，咱们公司叫猛银公司。

石义：什么？蒙人公司？

胡荣：不是蒙人公司，是猛银公司。凶猛的猛，银行的银，猛银公司。

石义：我们沈阳话，把蒙人就读成猛银。

胡荣：所以你们沈阳话不规范哪。一定要区别猛银不等于蒙人。猛银的意思，是猛烈地进银子，大量进钱的意思。

石义：那——咱们公司经营什么产品哪？

胡荣：咱们公司不经营产品，只经营人。

石义：经营人？

胡荣：对，为人民服务嘛。准确点说就是为成年人服务，再说准确点就是为单身，但不甘心打光棍的成年人服务。

石义：啊，婚姻介绍哇！

胡荣：你很聪明！

石义：那为什么不挂婚姻介绍所招牌呢？

胡荣：你把这块猛银公司的招牌翻过来，那一面就是南城婚姻介绍所。咱们是两块牌子，一套班子，现在不少行政事业单位不都这样吗？

石义：你刚才说咱们叫什么婚介所呀？

胡荣：叫南城婚介所。

石义：难成，难成，好事难成，那谁还来呀？

胡荣：哪是那个难成啊！我们这个"南"是东南西北的南，"城"是城市的城。我们地处城南，所以叫"南城"。

石义：那你聘我，到底让我干什么哪？

胡荣：刚才不跟你说了吗，你当总经理呀！

石义：啊，就当你们公司总经理？

胡荣：那不是大材小用吗？你得当大公司的总经理。

石义：哪一家大公司呀？

胡荣：那就随你怎么说了，云山公司啦，雾罩公司啦，都行。当然最好取个洋名。对了，就叫梅纳惠世公司。

石义：没那回事？没那回事？这公司在哪儿？

胡荣：嗨，这你就不用管了。你的任务就是与来这儿找老公的女性交谈，让她爱上你。可你呢，没看上她。

石义：啊。婚托儿呀！

胡荣：你很聪明！

石义：这骗人的事我不干。

胡荣：怎么能说是骗人呢？你一没对她说：我爱你；二没跟她上床。你和她应酬完了，只是婉转地告诉她，她不适合你就完事大吉了。你骗她什么了？

石义：……

胡荣：你好好考虑一下。要干呢，咱们实行计件工资，你每谈成一个，哦，不对，是每谈不成一个，给你三十块钱。你一天谈三四个，那就是一百多块呀。

石义：（旁白）原单位破产我出来跑单帮了，工作没找着钱也花光了，再不挣一点钱就要闹饥荒了，这正人君子只好暂时不当了。

（转对胡荣）人在江湖，身不由己。你说怎么干吧，我听你的。

胡荣：一会儿那求偶小姐来了，我就介绍你是梅纳惠世公司总经理，你就跟她闲聊呗。聊什么就看你的聪明才智了，你只要别说漏了，别让人家看破了就行了。

石义：那，万一她问我问题，我一时卡住了，答不上来咋办？

胡荣：别怕，有我。我会临场救驾，让你化险为夷。实在不行我就给你打手机，你有手机吗？

石义：没有。

胡荣：我把手机借给你，（递手机）你放在手机包里。当你遇到答不上来的问题时，我就打你手机；你一接通我就放下电话，你就对着手机自由发挥，胡吹乱侃。

石义：都侃什么哪？

胡荣：你就说。哎呀，三万、两万算个啥！

石义：（旁白）我兜里连三十、二十都没有了。

胡荣:(接着自己的话说)少去两次大酒店就够了。

石义:(旁白)我连大排档都不敢进。

胡荣:(接着自己的话说)这点小事也来麻烦我,你们看着办吧!

石义:行,我懂了。

胡荣:正好,那位征婚的小姐来了。

(肖兰上。)

胡荣:(迎上前去)啊,欢迎你,肖兰小姐,放下你的电话我就约来了这位非常优秀的男士。(在肖兰耳边)他是一家外企老总。

肖兰:好哇,多谢你费心啦!我们现在就谈谈吧!

胡荣:谈谈可以,请先交三百元见面费。

肖兰:(掏钱)钱不成问题,只要能帮我找到称心如意的,钱多、钱少是没关系的。

胡荣:(接过钱,领肖兰来到石义身边)我给你们介绍一下,这位是梅纳惠世公司总经理石义先生,这位是高级白领肖兰小姐,你们俩谈谈吧!愿天下有情人都成眷属。

石义:(起身与肖兰握手)认识你很高兴,有缘千里来相会。

肖兰:无缘对面不相逢。你好!

(三人落座,石义与肖兰并排坐在长沙发上,胡荣则坐在肖兰一侧,距离大约两米远的一把椅子上。)

肖兰:请问石总,就职于哪家公司呀?

石义:猛银公司。

胡荣:(抢话)他在跟你开玩笑,猛银是我的小公司,他是外企梅纳惠世公司的老总。

肖兰:梅纳惠世公司,这名字怪怪的。

胡荣:别看名字怪,实力雄厚,财大气粗,小车一律是奔驰、宝马。

石义:(旁白)还饱马呢,我早上就喝了一碗稀粥,早就成饿马了。

肖兰:请问石总,毕业于哪所名牌大学呀?

石义:嗨,我哪上过大学呀?我是中专毕业。

肖兰:中专毕业?

胡荣:他跟你开玩笑,实际上他是中国科技大学国际贸易专修班毕业,这里边有"中"、有"专"吧,就这么个中专。

肖兰:哦,中国科技大学国际贸易专修班,就这么个中专,石总可真幽默!

石义:不好意思。

肖兰:请问石总,家住哪里呀?

石义:家……(一时不知如何回答。)

(胡荣示意石义随便编一个地址。)

石义:我的家在东北松花江上……

肖兰:(大笑)哈哈,石总可真幽默,我是问你现在住在哪里?

石义:天当房,地当床,大马路上任徜徉,大丈夫四海为家。

胡荣:(抢话)是呀,石总经常国内、国外到处跑。坐飞机——天当房;坐软卧——地当床;坐宝马——大马路上任徜徉嘛。

肖兰:哎呀,我头一次遇到这么幽默的男人,你太可爱了!请问石总,过去谈过恋爱吗?

石义:岂止谈过,孩子都八岁了。

肖兰:(大惊)啊!你还有个八岁孩子?

胡荣:(抢话)他是说,他十年前就谈过女朋友。因为他是事业型的人,经常刻苦学习,默默工作,没有时间陪女方花前月下,女方一气之下嫁了别人,如今孩子都八岁了。

肖兰:石总真是言简意赅呀!请问石总,你们公司经营什么业务?

石义:(语塞)……

胡荣:(一时也不知如何应对,便急忙跑过去拨打电话。)……

石义:(支吾)经营、经营……

肖兰:怎么,还保密呀?

(此刻石义包里的手机铃响。)

石义:(对肖兰)对不起,肖小姐,我接个电话。

(说罢站起身来走向一侧。胡荣放下电话,跟随石义身后。)

石义:(对手机)哎呀,三十、二十算个什么……

胡荣:(小声提醒)万、万,要说万。

石义:哦,对,三十万、二十万算什么,下顿小馆就没了。

胡荣:(又小声提醒)不是小馆,是大酒店!

石义:哦,对,大酒店,吃顿大酒店不就把酒店吃没了吗?这点儿小事还来找我,你们看着办吧!

胡荣:(对肖兰)你听见没有,他们的业务大去了,天上飞的,地上走的,海里游的,全都经营。

肖兰:(已有所醒悟)还有这样的公司,少见,少见!

石义:要不咋叫没那回事公司呢。

胡荣:有实力的外资企业都这样,梅纳惠世公司在全世界有一万多家分支机构呢。

（这时石义手中的手机又响了起来。）

石义：对不起。我还得接个电话。（对手机）我不是说了吗，别来打搅我们。

（电话里问："你是谁，怎么接我老婆的电话？"）

胡荣：（忙抢过电话）电话是打给我的，（对手机）小声点儿，别大吵大嚷的！

肖兰：（问石义）这手机是谁的？

石义：当然，是我的啰。（底气不足）

肖兰：那她怎么说是打给她的，你们俩什么关系？

石义：（支吾）我们俩——没关系。

肖兰：没关系？我看你们是在合伙骗人！老实说，你是不是婚托儿？

石义：（无奈）看来，问题已经暴露了，再想瞒也瞒不住了，我只好恢复本来面目了。（脱衣服、解领带，连同皮包一起扔给胡荣）我再也不和你同流合污了！

肖兰：你们这儿设托骗人，我要投诉你们。

石义：对！投诉她，我给你当证人。走！（二人下）

胡荣：他妈的，昨晚上没做好梦。

训练提示

这个小品，鞭挞了当前社会上一些不正之风。

1. 演播时，注意把握不同人物心理、语言的有机承接以及情节的层次。

2. 注意把握女老板的能说会道，以及男主人公的无奈与应付的尴尬。

小品《看海》

编剧：肖力、李文绪

【剧中角色】

战士、女学员

【时间】

现代，某天上午

【地点】

某海岛海边

（幕启。舞台上设置三块礁石。）

（海浪声声，战士低头踢着一块鹅卵石。）

战　士:(捡起鹅卵石,看海)涨潮了……海浪咆哮着,涌动着,小小的鹅卵石被一次次推上了沙滩,又一次次被拽回深深海底……

(女学员肩背行李,兴奋地跑上。她站在最高的一块礁石上,面对着大海。)

女学员:大海……

战　士:大海……

女学员:我第一次投入你的怀抱……

战　士:在你的怀抱里,我已经融化了……

女学员:我要写一首献给你的诗……

战　士:献给你的诗集,我已经写了三本了……

女学员:我是第一次上岛……

战　士:我在这儿三年了……

女学员:小岛像一艘航船……

战　士:小岛是一叶扁舟……

女学员:高扬着理想的风帆……

战　士:满载着幻想和浪漫……

女学员:海比我想象的还要棒!

战　士:当初的想象太美了!

(海浪汹涌。)

女学员:在海的远处,水是那么蓝,像是美丽的菊花瓣,同时又是那么清,像最明亮的玻璃……

战　士:广阔的大海在原地运动,一切都是青灰色的,从这苍白的颜色中透出绝望的呼声……

女学员:安徒生说海是蓝色的……

战　士:雨果说海是灰色的……

女学员:蓝色代表着幻想……

战　士:灰色代表着现实……

女学员:海是蓝色的。

战　士:海是灰色的。

女学员:蓝色的!

战　士:灰色的!

女学员:蓝色!

战　士:灰色!

女学员:……神经病!

战　士:……神经病!

(海浪汹涌。)

女学员:老兵!

(战士一言不发,掂量着鹅卵石,托腮看海。)

女学员:他要跳海?(害怕起来,对着战士大喊)大海是生命的源头。面对大海,任何人都应该坚强起来!

战　士:在海的面前,一切都是脆弱的……

女学员:那你更应该珍惜你的生命!

战　士:……神经病!

女学员:(走到战士旁)我们可以认识一下吗?我是军艺文学系的实习生,来海防二连体验生活,我叫李佳……

战　士:(背向女学员)性别:女;年龄:22岁;政治面貌:预备党员……

女学员:你怎么知道?

战　士:这是连队黑板报上的头条新闻。你个子不高,相貌一般,扁平脸,戴着眼镜,属于混到人群里认不出来的那种。

女学员:我的视力很正常!我是扁平脸吗?都是黑板报上写的?

战　士:(转脸看女学员,没想到女学员很漂亮)后边是我编的。顺着这条路一直往前就是连部,我们连长在等着你呢,快去报到吧。

女学员:(欲走又回)你在这儿干吗?

战　士:我……看海。

女学员:你天天在岛上,还没看够?

战　士:海是看不够的。

女学员:我可以和你一块儿看海吗?

(战士默默地坐在礁石上看海;女学员坐在另一块礁石上。海浪汹涌。)

女学员:在苍茫的大海上,狂风卷集着乌云,在乌云和大海之间,海燕,像黑色的闪电在高傲地飞翔……

战　士:高尔基?《海燕》……这些飞翔的鸟儿,从空中落下觅食,发出细微的哀鸣,却生来就柔弱得不适应在海上生活……

女学员:海明威?《老人与海》……看!(指天)海燕!

战　士:那是海鸥。

女学员:海鸥?……它在高傲地飞翔!

战　士:它在低着头找吃的。

女学员:看!远处的那座小岛,云雾飘在半山腰,像一条白色的纱巾。(唱)云雾满山飘,海水绕海礁……

战　士:那是水蒸气。当你靠近它的时候,你会发现它并不存在。

女学员:可我看见了。

战　士:你应该往眼前看。

女学员:(看脚下)浪花跳跃飞舞,像是一片片花瓣吐露芬芳……

战　士:海的味儿是腥的。

女学员:你?

战　士:不信你仔细闻闻。

女学员:……(闻海水)

战　士:(沉思)涨潮了……海浪咆哮着,涌动着,小小的鹅卵石被一次次推上了沙滩,又一次次被拽回深深的海底……

(女学员呆呆地听着。海浪汹涌。)

女学员:(走到战士的身旁)我可以坐这儿吗?(坐)

(战士躲。)

女学员:……你心里是不是很难受?

战　士:是。

女学员:因为什么?

战　士:……你离我太近了。

女学员:(笑)我很可怕吗?

战　士:除了我妈,我第一次和女同志坐这么近。

女学员:……你是不是有什么心事?

(战士沉默无语。)

女学员:做错了什么事,挨批评啦?

战　士:没有。

女学员:跟谁闹矛盾了?

战　士:没有。

女学员:失恋了?

战　士:我是连队晚恋、晚婚的标兵。

女学员:想家了?

战　士:……有点儿。

女学员:咳！我当什么事儿呢，就因为想家闹情绪啊？

战　士:不是！

女学员:我想也不可能。你是个士官，当班长了吧？

战　士:我是三班班长。

女学员:那你到底为什么闷闷不乐呀？我问你话呢。

战　士:……你该去报到了，连长肯定着急了。

女学员:你不说清楚，我就不走！

（二人默默无语。海浪汹涌。）

女学员:我知道了，岛上生活一定很艰苦。

战　士:她不知道，艰苦的生活，我已经习惯了。

女学员:说心里话，我真羡慕他。

战　士:说心里话，我真羡慕她。

女学员:老兵，守海岛，生活在海的怀抱，每天都聆听着海鸥的欢叫。

战　士:大学生，学文学，实习完了就毕业，一步一步地去实现自己的理想。

女学员:他也可以和我一样……

战　士:我多么想和她一样……

女学员:考军校……

战　士:学文学……

女学员:将来……

战　士:再回到这个岛上……

女学员:写出更美的诗！（笑）

战　士:写出更美的诗！（笑）

女学员:那你就应该抓紧时间好好复习。

战　士:可是……我的愿望落空了。

女学员:一切美好的愿望要靠不懈的努力才能实现。

战　士:你不知道……今年的士官不能考军校。

女学员:为什么？

战　士:这是规定。

女学员:（焦急地）那怎么办？

战　士:……看海。

女学员:看海？

战　士:这是我们岛上的传统，不管谁有了心事，都坐在这块礁石上看海……

女学员:看海……

战　士:连长爱人在老家生小孩那天,连长出不了岛,就坐在这块礁石上看海;老兵复员的时候都轮流坐在这块礁石上看海……大海会告诉你一切的……其实上不了军校,留在这个岛上,同样可以实现自己的理想,写出最美的诗……(看表)我带岗的时间到了,我该回去了……(欲走又回,看看手里的鹅卵石)这个,做个纪念。(把鹅卵石递过去)

女学员:鹅卵石?

战　士:它很小,但许多年以前,它比这块礁石还大,同样屹立在海边,经受着海风海浪的雕琢。是海的轻歌曼舞,才让它变得如此美丽。

(女学员捧着鹅卵石,痴痴地看。)

战　士:(拿起女学员背包)我们一起走吧!

女学员:不,我想再待会儿……

战　士:那……待会儿见!(下)

女学员:(呆呆地坐在礁石上,捧着鹅卵石,看着大海)涨潮了……海浪咆哮着,涌动着,小小的鹅卵石被一次次地推上了沙滩,又一次次被拽回深深的海底……

(海浪汹涌。)

训练提示

这个小品表现了守岛战士的生活及内心世界。通过一个女学员的视角让我们走近了他们,因而,对他们产生深深的敬意。

1. 演播时,注意表现女学员的情绪变化与守岛战士的心理变化。

2. 此小品演播可以进行一些艺术处理,如将两人的某些揭示心理的语言处理成二人叠语形式表现。

影视配音训练材料与提示

电视剧《导弹旅长》(片段)

编剧:张锐、徐剑　导演:谷锦云

【剧中角色】

江　昊:男,三十多岁,国防大学博士生,"东方旅"的旅长(后调任二炮担任由老牌导弹旅"东方旅"改建的新型导弹"快反旅"的旅长)。他为人精干,有很强的事业心与革命理想,又是一个忠诚的丈夫,充满人情味。

杜长河:男,二十多岁,航空航天大学计算机硕士生,调至"东方旅"任技术营营长。他为人聪明,技术水平高,是一个气质浪漫、为人正直的人,是新时代军队干部形象的集中体现。

曾雪飞:男,二十多岁,军队院校本科毕业,调至"东方旅"任技术营连长。他农民出身,为人老实、活泼,喜欢写诗,绰号"情圣"。他与杜长河、石志雄是好朋友,更佩服杜长河的精明能干,后在一次训练中为保护部队设备而受伤牺牲了。他的离去也促使他的两位好朋友冰释前嫌。

石志雄:男,二十多岁,他与杜长河是同班同学(同是军队学员),调至"东方旅"任机械营营长。他有浓厚的军人气质,处世不精,与杜长河一直暗中较劲儿。后来,在共同的事业中和在对方为人的影响下,两人成为亲密的战友。

何　涛:男,三十岁左右,航空航天总公司工程师,冯媛媛的大学同窗、追求者。他为人较狭隘、欠大方,却是感情的执著追求者。最后,他以执著的真情打动了对方,两人终于走到一起了。

(一)

(场景:机场)

曾雪飞:这旅长夫人啊,肯定是貌不惊人哪。

杜长河:哦,何以见得?

曾雪飞:旅长不让夫人来接机,就是例证啊。

杜长河:哦,明白了,你是想说旅长夫人来了以后给他自己丢面子。旅长,他说的对吗?

江　昊:(笑)

曾雪飞:要不然就是旅长夫人太漂亮了。

杜长河:哦,又何以见得?

曾雪飞:还是啊,旅长不让夫人来接机,这就是例证嘛。

杜长河:也是啊,与我等诸位帅哥站在一块儿,旅长是得有点儿危机感啊!

曾雪飞:旅长,是这意思吧? 要不然呢,就还有第三条。

众战士:(笑)

江　昊:Stop.

曾雪飞:旅长,你终于开口了啊!

江　昊:怎么,想见我夫人?

众战士:想!

江　昊:那你们可得出点儿血啊!

众战士:好!

江　昊:那好,晚上 7 点在中央电视塔的旋转餐厅见。

众战士:是!

江　昊:记住,都给我收拾得精神点,像个军人样儿,别给我丢人。听见没有?

众战士:是!

江　昊:走。

杜长河:哎,旅长,这回来了,也不跟嫂夫人通报一声啊!

曾雪飞:你懂什么呀,这叫情趣。

杜长河:哦,什么情趣?

曾雪飞:什么情趣,意外的惊喜呗! 是吧,旅长?

杜长河:哦,小别胜新婚,对不对?

江　昊:你对爱情还挺有研究啊!

曾雪飞:毛毛雨。

杜长河:旅长,你不知道吧,曾雪飞,可是中国诗坛上的最大情圣啊!

江　昊:哦?

曾雪飞:但我这是自封的,惭愧,惭愧。

众战士:(起哄)

（二）

（场景：中央电视塔餐厅）

曾雪飞：哎，大伙静一静，静一静，别嚷嚷了，我说了算得了，啊？就先点这几个吧，哎，然后不够再要，谢谢你啊。

服务员：不客气，请稍等。

曾雪飞：干吗呢？干吗呢？

杜长河：哎，给打打分。

曾雪飞：给谁打打分啊？

杜长河：那个。

曾雪飞：哪个呀？

杜长河：那个呀。

曾雪飞：哪个，哪个？

杜长河：瞎指什么呀，含蓄点儿。

曾雪飞：不，那到底是……

杜长河：肯定是那个呀，那个，怎么样？

曾雪飞：你早已成竹在胸了吧？

杜长河：我肯定是成竹在胸啦，我是为了测试你审美能力。

众战士：哎，干吗呢？干吗呢？

杜长河：哎，那个菜都点得怎么样啦，啊？

曾雪飞：哎，别打岔，杜营长啊，想让给那两个女人打打分，

杜长河：怎么样，还行吧？

众战士：呦，不错呀。

女朋友：我还有事先走了，慢慢聊。

林　静：那我去送你吧。

女朋友：不客气。

林　静：哦，这，哎……那我回头给你打电话啊。看你这个人，下次你的事我再也不管了。

鲁教练：哎——行了，甭管怎么说呀，我也是心存感激。这样吧，今儿呀，我请你吃饭，好吧。小姐？服务员！

服务员：哎。

鲁教练：点菜。

服务员：好嘞。

曾雪飞：怎么样，我打的分再一次证明了我以往的观点。

杜长河：你以往的观点太多了对不对？是哪一种观点啊？

曾雪飞：那就是，女人的档次不能以年龄的高低去评价。

杜长河：哎，还是留下这个更好，对吧？

曾雪飞：A late of women，so best.

杜长河：Agree.

众战士：Agree.

江　昊：Agree？哎，你们同意什么呢？嗯？

杜长河：哎，给旅长说说。

曾雪飞：还是你说吧。

杜长河：这有什么呀，说呀！

江　昊：怎么回事？

杜长河：行、行、行，还是我说，我说吧。旅长，我们一致啊给那个女人打了10分，哎，别、别、别老看着，别、别、别老看啊。

林　静：江昊！

江　昊：哎。

鲁教练：哎，你好。

江　昊：你好。

林　静：你什么时候回来的？

江　昊：今天下午。

林　静：哎，你怎么不先打个电话？

江　昊：想给你个惊喜嘛。呦，这花很漂亮。

鲁教练：啊，这花……

林　静：啊，今天是我的生日啊，鲁教练送的。

（三）

（场景：航天总试验厂）

何　涛：这是我花了三个小时在图书馆为你们挑选的资料，我想会对你们有用的啊。

曾雪飞：是、是、是。

何　涛：曾连长以后有什么事情尽管来找我，啊，杜营长，尽管找我。

杜长河：好，谢谢啦。

何　涛：打电话也可以，随时啊。

曾雪飞：不对呀，啊？哎，长河，来，我刚才说话你听见没有？

杜长河:什么呀?

曾雪飞:我是说,何工今天特别平易近人,有点儿反常?

杜长河:你还号称"诗坛情圣"呢,这点儿事都没有看出来?

曾雪飞:那你说的意思是和"情"字有关?

杜长河:那当然了。你没看出来吗?何工失恋了。

曾雪飞:失恋了?

杜长河:对呀。

曾雪飞:和谁呀?

杜长河:冯工啊。

曾雪飞:不能,不能,不能。失恋的人啊,他是肝火旺盛,脾气暴躁,容易发怒。

杜长河:哎,就有这么一种人,在恋爱季节啊,春风得意,是趾高气扬啊,似乎拥有了整个世界,一览众山皆小。平常呢,对人动个怒啊,发个火儿啊,以示凌人之盛气啊。但是,在失恋季节,他就不一样了,整个人是悲中生苦、哀中生怨哪,视自身生命如草芥,对身边众人呢,皆仰视之,谦虚、和善,好生了得呀。

曾雪飞:长河啊,你的文学底子够厚的,你就不能给我来点儿通俗的?

杜长河:这个通俗点儿说,就是表里不一,直白点儿讲,那就是装孙子。这何工就属于这种人。

曾雪飞:哎,有道理,我看我这个"情圣"的绰号有点儿虚担了,应该给你。

杜长河:哎,你还是虚担着吧。这个绰号啊忒酸,我受不起。哎,对了,刚才啊,我看见你好像收到一封信,从实招来,是不是情书啊?

曾雪飞:不是我的,那是石志雄的。哎,我说你们俩不能老这么绷着呀,回去你跟志雄你们俩聊一聊。

杜长河:哦,对了,我让你寄的那个磁盘你寄出去没有?

曾雪飞:我,什么磁盘呢?

杜长河:我让你给那个人寄的磁盘呢,寄出去没有?

曾雪飞:哪个人啊?

杜长河:那个人!

曾雪飞:那个人是哪个人啊?

杜长河:我说你装是不是啊。

曾雪飞:石志雄是不是啊?

杜长河:对,寄出去没有?

曾雪飞:早就寄出去了,看你急那样。不是,你回去你跟他聊一聊……

杜长河:哎呀,行了,我刚才就是为了关心一下模拟器现在弄得怎么样了,没别的意思啊。

曾雪飞:看你才叫表里不一呢。

杜长河:哎,说什么呢?

曾雪飞:你回去啊。大可不必嘛。

(四)

(场景:曾雪飞的宿舍)

杜长河:(笑)哎呀,怎么着,我听说有些人可绝食了啊。哎……

曾雪飞:干吗呀?

杜长河:多大点儿事啊,瞧你那点儿出息。

曾雪飞:我没出息,你多有出息呀。

杜长河:怎么着,你们那个石大营长也没有帮你想出点儿什么高招儿?

曾雪飞:他笨呢,你多聪明啊,你都聪明透顶啦,你给想个高招儿啊。

杜长河:行啊,态度不好,冷嘲热讽,行,我走了,走了。哎呀,我这走是走哇,只可惜了我这高招儿啊。

曾雪飞:回来!

杜长河:行,回来了,回来了,哎哟。

曾雪飞:都什么时候了?你还有心情卖关子。赶紧说说高招儿吧!

杜长河:吃饭。

曾雪飞:吃什么饭呀,石志雄还没吃呢,我哪有心情,我只想听听你的高招儿啊。

杜长河:吃饭。

曾雪飞:你怎么就知道吃啊,吃、吃、吃!把你的饭拿走,我不吃!

杜长河:哎呀,曾雪飞呀,曾雪飞,你可是真够笨的!我把我这招儿都说了多少遍了,你居然没听明白,啊?

曾雪飞:你都说什么了?

杜长河:吃饭,侬晓得哇,吃饭!(上海方音)

曾雪飞:怎么还是……你是说请二柱吃饭啊?

杜长河:哎哟,累死我了,没错,就是请二柱吃饭。

(五)

(场景:操场上)

曾雪飞:哎,不饿呀?

石志雄:嘿嘿嘿……杜长河找你了?给你出什么鬼点子了?

曾雪飞:你怎么知道啊?

石志雄:我怎么知道?我看你那得意样子。说说,什么鬼点子?

曾雪飞:什么叫鬼点子啊,简直是孔明在世,高招儿啊!

石志雄:说,啥高招儿?说呀!

曾雪飞:吃饭。

石志雄:请二柱吃饭。

曾雪飞:对啊,啊?你真比我聪明啊!跟我说了三遍“吃饭”我都没明白,我跟你说了一遍,你就明白了。

石志雄:把衣服给我。这招儿不错,请二柱吃饭。

曾雪飞:不错吧?

石志雄:不错。

曾雪飞:杜长河说了,要想战胜他,必须靠近他。二柱这种人你不能动粗的,要智斗,要像阿庆嫂收拾胡司令那样。估计凭二柱的智商,你对付他没问题。

石志雄:人家要不吃这一套怎么办?

曾雪飞:不吃这一套?杜长河说了,这种人虽然不懂法,但是讲义气,只要酒杯一端,立马跟你称兄道弟。到那时候,你不用动手,他自己就彻底坦白了。杜长河还说……

石志雄:杜长河说,杜长河又说,杜长河还说,你能不能不在我耳边说“杜长河”这三个字呀,啊?!他说,他说他去干!不是还得我摆平吗?

曾雪飞:不是……

石志雄:什么不是啊?

曾雪飞:这是旅长交给你的任务,又没交给他呀,你不干谁干呀?

石志雄:他呀,他呀,他能啊。

曾雪飞:杜长河还……是杜长河说的呀。杜长河还说,为了你兄弟我的大事,要跟你来一个统一战线:一文一武、一红一白、一软一硬,坚决攻下这个山头。

石志雄:哼,这还像句人话。

曾雪飞:那,你同意啦?

石志雄:吃饭。

曾雪飞:对,吃饭,吃饭,吃饭。看这菜味道怎么样?

石志雄:好极了。(二人笑)

曾雪飞:好极了,多吃点儿。

石志雄:杜长河送来的饭吧?嗯?

曾雪飞:嗯?你真什么都知道啊?

石志雄:知道狗熊是怎么死的吗?

曾雪飞:狗熊是怎么死的?说呀,怎么死的?

石志雄:笨死的。

曾雪飞:对,是笨死的。啊,笨死的?

(六)

(场景:招待所、餐厅)

二　柱:找谁?!

杜长河:你就是二柱同志吧?

二　柱:嗯哪。

杜长河:哎哟,找你找得太辛苦了!

二　柱:干啥啊?

杜长河:想请你吃饭哪。

(外景)

二　柱:这,这是要抓我啊?

杜长河:你别误会,部队的车辆紧张调配不开,只有这辆车了。

二　柱:能不能换一个没灯的。

杜长河:请吧。

二　柱:好。

(餐厅)

杜长河:考虑到你远道而来呀,我们特地选了一个比较好的环境请你吃饭。

二　柱:哎呀,哎呀,在这么好的地方请吃顿饭,那得花多少钱啊?

杜长河:据我所知,好像不便宜啊。来,请。哎,进来啊!

石志雄:你就是二柱?

二　柱:嗯哪。

石志雄:二柱同志,坐吧。

杜长河:来来来,坐吧。

二　柱:哎,这位是……

杜长河:哦,我给你介绍一下啊,这是一营的营长石志雄。

二　柱:给首长添麻烦了啊。

石志雄:去,把贺霞带来!

两战士:是,把贺霞带来!

二　柱:哎呀妈呀,贺霞。谢谢首长啊! 把俺媳妇还给俺,谢谢,谢谢啊,谢谢。

贺　霞:呸! 谁是你媳妇儿呀?!

二　柱:你说不是就不是啊。看,这还有结婚证哪!

贺　霞:这,这结婚证是假的!

杜长河:哎? 这结婚证怎么会有假的呢?

二　柱:就是呀,结婚证怎么能有假呢? 啊,你看哪,首长,这上面还有印呢,红色儿的。

杜长河:哦,是什么地方发的?

二　柱:俺们乡政府。

杜长河:哦,那肯定是真的。

二　柱:嗯哪。

石志雄:(拍桌子)和谁去领的?!

二　柱:和……

贺　霞:他跟他妹子去领的。

杜长河:哎,妹子又不是外人怕啥呀! 哎,这妹妹又不是假的,都是自己人对不对? 别怕,跟他说。

二　柱:(也心虚地拍桌子)对,就和俺妹妹去的,咋地吧!

石志雄:你过来,我现在就让你学学《婚姻法》。过来呀!

杜长河:没事,先过去,有我呢。

石志雄:把你的凳子搬过来。

二　柱:不用了,我站着就行。

石志雄:你识字不?

二　柱:识,不太多。

石志雄:那好,你站着,我念,你听。《中华人民共和国婚姻法》第一章总则,第一条:本法是婚姻家庭关系的基本准则……

(外景)

曾雪飞:小霞,过来! 怎么样?

贺　霞:两个营长在给二柱上《婚姻法》的课呢。

曾雪飞:那二柱呢?

贺　霞:他一听自己犯了法呀,都吓傻了。

曾雪飞:上车。

贺　霞:哎!

（餐厅）

二　柱:他家盖房子欠了三千,俺爹给她家送彩礼又送了一千,这里外里四千块钱了。

石志雄:行,全退还给你。

二　柱:还有,我这次来的路费啊,盘缠呢?

杜长河:(笑)放心吧,我打包票,一分都不少。

二　柱:首长,真是谢谢你们了,要不,俺这次真的违法了。

石志雄:像你啊,就多学点儿法,以后别再干傻事。啊,这本《婚姻法》就送给你啦,啊。

二　柱:是,俺娘也说了,说这强扭的瓜它不甜。这女子咱养不住,迟早得飞。

杜长河:行啊,今天这事就算了结了。哎,别愣着,吃啊。

石志雄:吃吧,想吃啥就吃啥。

二　柱:肉、肉、肉。

杜长河:别客气啊。

训练提示

这是一部表现我军二炮官兵紧跟时代军事变革的大潮,为加强国防建设,以科技建军、质量强军,以期在未来高科技的现代化、正规化的军事较量中占得先机,同时,又始终保持人民军队政治本色的军事题材作品。片中集中刻画了一批性格鲜明、气质迥异、不同背景的部队官兵形象。他们虽然都有自己的苦乐与内心世界,却都在各自的岗位上为祖国的国防事业奉献着自己的一切。

1. 应把握军队氛围和军人气质。

2. 从以上人物形象的不同性格中寻找到正确的语言基调,加以把握。例如,江昊的语言干练,杜长河的语言睿智,石志雄的语言粗直,何涛的语言粘软等。

电视剧《玉观音》(片段)

编剧:海岩　导演:丁黑、鲍成志、哈斯其其格

【剧中角色】

安　心:警校见习学员

毛　杰:贩毒者、安心前男友

(一)

(场景:茶水店)

招　待:欢迎光临!

老板娘:啊,请,请!

毛　杰:老板娘,麻烦你给我来点儿酒还有小菜,好不好?

老板娘:哎,好的,好的,你先坐着啊! 马上就来。

毛　杰:啊,好!

毛　杰:来,祝你心想事成!

安　心:我也祝你心想事成!

毛　杰:干杯。

安　心:哎! 我不会喝酒!

毛　杰:我也不会喝! 但是我今天挺高兴! 你呢? 你高兴吗?

安　心:高兴!

毛　杰:哈……! 你信佛吗?

安　心:你呢? 你信吗?

毛　杰:我? 我现在就信你。

安　心:信我?

毛　杰:我就信你,我相信你可以给我带好运。我们因为前世有缘,所以今生相会。来! 为了我们前世,也为了我们今生,干杯!

安　心:和我们相识的每一个人都是有缘。

毛　杰:嗯,为了我们,为了我们有缘相识的每一个人,干杯! 干杯!

(夜街)

毛　杰:我要有钱,我要有很多钱,你信吗?

安　心:我要当冠军,我,我要当全国的跆拳道冠军,你信吗?

毛　杰:我信,我当然信了,我什么都信……

(二)

(场景:安心宿舍)

毛　杰:怎么了? 好几天不见,不想我啊?

安　心:毛杰,咱们别再这样了。这样下去,这样下去不是个办法,对谁都不好!

毛　杰:那好,我们结婚! 我娶你。

安　心:不,这是不可能的。咱们……

毛　杰:你是不是想说,我们不合适,我连大学都没上过,配不上你。你是不是又想说,南德这地方你待不长,不能在这儿找对象,哼?

安　心:不,我不是想说这些。

毛　杰:那你想说什么?

安　心:我有一个男朋友的。真的,毛杰。我们都订婚了,我们马上……

毛　杰:你别说了!

(三)

(场景:安心宿舍)

毛　杰:安心,你跟我走,我有钱,我可以养你一辈子。你把工作辞了,我们可以离开这个地方的啊,啊?

安　心:毛杰,我不想辞职。我和你不一样,我是把事业放在第一位的。如果不是为了事业,我也不会到南德这个小城市来。

毛　杰:我还以为你在乎我!

安　心:毛杰,你冷静一点,我们都是大人了,我们应该理智地处理好我们的关系。其实,我们的关系很简单,我们就是朋友,是刚刚相识不久的朋友,我们彼此有好感。

毛　杰:而且彼此拥有……

安　心:不。

毛　杰:我已经把我的心给了你,你应该把你的给我啊!

安　心:不,毛杰,我们只是普通朋友。我们彼此交换友谊,除了这个,我不能再给你别的什么了,你要的东西我没法给你。

毛　杰:你已经给了啊!

安　心:毛杰,关于这件事情,我不想再说什么了,我不想说出伤害你的话。

毛　杰:我喜欢你,我真的喜欢你!你给我个机会,我求你,你给我个机会吧!我告诉你——你可别想这样就甩掉我!

安　心:毛杰,我们确实,确实相处得很快乐,你给过我快乐,给过我温暖,你是我的好朋友。可,可你搞错了,我没有向你承诺过什么。你有你的生活,我有我的生活,我希望我们都能尊重对方的生活……

毛　杰:你别再说了!我还以为,我还以为你在乎我!

(四)

(场景:茶水店)

老板娘:来了!

毛　杰:老板娘,茶,还有两碗米干。

老板娘:好的,好的,稍等一会儿,马上去做啊。

毛　杰:啊,好。

毛　杰:怎么了,心情不好啊? 怎么样,这里能够让你有许多浪漫的回忆吧? 咱们住在一起好不好,我去找个房子,你搬出来,这样你也可以住得舒服一些啊,啊?!

安　心:咱们两个算什么,怎么可以住在一起呢?

毛　杰:你的思想怎么那么封建啊! 像我们这样的年轻人住在一起的可多了,有什么好稀奇的! 我们可以住得离你学校远一点儿。这辆车子,我爸爸说以后要送给我的,我可以每天去你学校接你,而不让你们领导知道的。你到底在哪一个学校当老师啊? 你告诉我又怕什么? 我说了保证不到学校找你的啊,你怕什么? 当那个孩子王好玩吗? 你要是没兴趣的话可以辞职不干的,我养得起你。我爸爸妈妈都很疼我的,我要多少钱他们都肯的。你要是同意的话,我今天就带你去见他们。

安　心:毛杰,我知道你对我好。说实在的,我一直觉得你这个人挺不错的。所以我必须跟你讲真话。我已经结婚了,我是个有家室的人,我不配再和你交朋友。其实像你这样的小伙子,长得这么帅,家里条件又这么好,找什么样的姑娘,还不是随你挑吗?

毛　杰:什么? 你结婚了,已经结婚了? 不,我不信! 你骗我的。

安　心:我没必要骗你呀!

毛　杰:那你以前,你以前一直在骗我,你到底有多大了?!

安　心:毛杰,如果你觉得我骗了你,我可以向你道歉,我不想再骗你了。我再这样不声不响地跟你交往下去,那就更不对了。

毛　杰:我知道,你是讨厌我了,想和我分手才故意这么说的,对不对?

安　心:咱们不是早就分手了吗? 分手以后我就结婚了,是你昨天喝醉了又来找我,我现在必须跟你讲真话。

毛　杰:我们没有分手啊! 我前一阵子跟我哥去……去做生意,那我刚一回来,我就过来找你了。你知道我一直都很喜欢你,我怎么可能想和你分手呢? 你,你不要开玩笑了,好不好?

安　心:毛杰,你是大人了,你应该理智地想一想,咱们都是大人了,我们不能再像小孩子似的,再做那些荒唐的事。

毛　杰:你到底嫁给谁?! 你说! 说! 谁呀! 那家伙到底是谁,啊?!

安　心:毛杰……

(五)

(场景:轮渡上)

毛　杰:怎么,你也在这条船上?

安　心:你,知道今天下雨吗? 你,知道今天下雨吗?

毛　杰:今天不下,明天下。

安　心:啊……(叹气)

毛　杰:你怎么干这个?

安　心:下船吧。

毛　杰:以后不许你再干这个,这不是女孩子该干的事。我不管你干了多久,这可是最后一次,听见了吗? 走吧,我明天去找你。明天见了面再说。

(六)

(场景:审讯室)

安　心:你说吧,你不是要我来才肯说吗?

毛　杰:我现在才明白,你一直在骗我,你从一开始就不是跟我谈恋爱! 你用你这张脸来诱惑我,来让我中你的圈套。

安　心:我是什么并不重要,重要的是你为什么要干这个! 我现在也才明白,原来你的漂亮衣服、你开的汽车、你的钱,都是靠贩毒得来的。

毛　杰:他妈的,我他妈的真是蠢。我爱你爱得都快发疯了。我本来想,我想为了你做什么都可以,什么都舍得,都舍得! 可是我没想到,我没想到你其实在搞我! 好了,你完成任务了,你可以枪毙我啊! 有本事你现在就枪毙我! 我告诉你,我死了再跟你算这笔账,我死了也不让你痛快地活着!

(七)

(场景:刑警队办公室)

(通电话)

安　心:好,我们同时交换。你定个地方。

毛　杰:你这个坏女人,你一直把我当成个傻子,你从认识我的第一天起,就把我当成个傻子,想怎么骗我就怎么骗我。我知道我哥已经死了,我跟你换也是换具尸体,你还想骗我! 就凭你现在还想骗我,我就应该把你的孩子给消灭掉。你以为我会养这小东西一辈子吗?

安　心:毛杰,我求你了! 你放了孩子,我求你了! 毛杰,孩子没有任何过错。你有本事就来找我,你别折腾孩子!

毛　杰:我没本事,我找不到你,那我只好拿你孩子开刀了,你害怕了是吧? 你也有害怕的这一天! 我知道孩子没有过错,那就让他为你的过错而倒霉吧! 你的过错太大了! 你弄死了我爸爸,弄死了我妈妈,又弄死了我哥哥,还想弄死我! 你知道我这个人是个孝子,我看着亲生爸爸、妈妈死了,我受不了! 我原来还以为你不懂这些,我看你不是不懂，你自己亲生儿子死了，你也受不了！我就应该让你尝尝这个滋味，让你体验一次，这样咱们才算扯平。哎！真是可怜这个孩子，谁叫他是你的儿子。

安　心：他也是你的儿子啊！毛杰，那个孩子是你的亲生儿子，呜……毛杰……呜……你要是不信，你就找个医院去做鉴定，亲子鉴定，亲子鉴定医院就能做。呜……你不信，你就去做……

（八）

（场景：树林中）

潘　队：安心告诉我，如果你来了，就把这个给你。她说把这个给你，你就知道了。

杨　瑞：我以为她没留下什么话，他们都说她没留下什么遗言啊！

潘　队：安心走的时候告诉我，她唯一挂念的、唯一觉得对不起的，除了她的父母，就是你。她说她只有拜托这块玉石来保佑你，让你别等她了，她请你一定过得比她幸福。

杨　瑞：安心没死，安心还活着，是吗？

潘　队：她让我告诉你，过去的安心已经不在了，让你不要再找她了。

杨　瑞：你们把她弄哪去了，又让她隐姓埋名干什么去了?！把她还给我，把她还给我，我知道她不愿这样地生活，你们把她还给我！

潘　队：我也不愿意她干，这是她自己的意愿，是她的决心。我这一辈子真正敬佩的人不多，她算一个。杨瑞，你敬佩她吗？

杨　瑞：潘队长，麻烦您告诉安心，我回北京了，我会一直守住我们的家，一直在我们的家里等着她回来。

潘队长：杨瑞，你别再傻等了！也不要再去找安心的父母，你找不到的。她现在是另外一个人，一个你不认识的人。

杨　瑞：我相信，你和你的组织，早晚有一天会让她退役的。只要她不死，早晚有一天会让她享受她应当享受的普通人的生活。所以，我会一直等她。

训练提示

这是一部表现一位刚走出警校大门、涉世不深的女缉毒警的工作、生活、内心世界与人生经历的震撼人心的电视剧。这部电视剧的大致剧情是这样的：男青年杨瑞是一个懈怠的人，他得到不少女性的青睐，但他从未认真对待过，就连他就职公司的年轻女老板钟宁对他的追求也不放在心上。但他在跆拳道训练班里结识的一位美丽、娴静、气质清纯、神情忧郁的女清洁工安心，却给他留下了深刻的印象。然而，对方神秘、不易接近，在经历了一番周折后，他终于揭开了对方的神秘面纱：安心曾是一名刚从警校毕业的女学员，由于工作需要她只身来到另一城市的缉毒大队实习。一次，她吃饭时遭到几个小流氓的骚扰，在一位男青年毛杰的帮助下得以脱身，并被邀去对方家中做客。在寂寞的生活中二人开始交往，对方疯狂地爱着她，但她由于已有男友张铁军而没有接受对方的求婚。以后，她与深爱自己的男友结婚并生了一个男孩。一次，在完成诱捕任务时，她与毛杰又见面了。原来，对方正是自己的诱捕对象——一个贩毒者。她尽到一名公安人员的职责，向组织讲出了对方的住址，抓捕了罪犯。在审讯时，她遭到对方的恶毒咒骂。这之后，又查出孩子是毛杰的，丈夫也死于毛杰的报复。为了保护安心，组织上让她离开公安岗位。于是，安心带着孩子来到北京隐姓埋名开始了自己目前的生活。杨瑞了解到这一切后，彻底离开了女老板，他要与安心一起共同抚养她的孩子。但当他们一起去安心的老家云南开结婚介绍信时，在泼水节上与毛杰不期而遇，于是一场追杀开始了：杨瑞被打伤，孩子被抢走，后被毛杰亲手杀死（毛杰并不知道是自己的孩子）。毛杰也在欲报复安心时被缉毒大队潘队长击毙。一连串的不幸使安心痛不欲生，在经过思考与阵痛后，她留下一封信走了，不让杨瑞再找她。在杨瑞追到云南看到安心的墓碑并从潘队长手中接过安心留给他的玉观音时，他忽然意识到：安心并没有死，她返回了缉毒大队正在履行一名公安战士的职责。但是过去的安心已经不在了，她正隐姓埋名战斗在自己的岗位上。于是，在北京的家里，每天夜晚杨瑞都独自与玉观音相伴，他等待着安心的归来，这个女公安战士的经历也使他的精神得到升华。

为了教学训练的需要，我们主要选择了情节相对紧凑、情感对比较大的几场安心与毛杰的戏。

1. 配音时，应注意把握在所选片段中安心语言的深挚，且变化较大；毛杰的语言冷热分明、爱恨交加。

2. 片段中的激情戏应当处理得投入、浓烈，才能达到触动人心灵的地步。

3. 应把握住所选几个片段的不同语境和情绪，做细致处理。

韩国电视剧《星梦奇缘》（片段）

编剧：〔韩〕金基浩　导演：〔韩〕李镇锡、〔韩〕李仙美

【剧中角色】

江　民：歌手、涟漪的男友

涟　漪：江民的女友

宋女士：涟漪的养母

依　华：宋女士的女儿

(一)

(场景:宋公司内)

江　民:你的车?

依　华:嗯。

宋女士:哎呀,我的雇员这样麻烦你,真是不好意思啊。

江　民:没关系。

宋女士:她这个人啊,生来就没什么教养,所以很没礼貌。你可要多多包涵啊!

涟　漪:你找我?

宋女士:涟漪,我这样教过你吗? 啊?! 怎么一点分寸都不懂,居然搭顾客的车子回来!

江　民:您不要误会了,不是您想的那样。

宋女士:不关你的事,快道歉。你……你这是什么意思? 你竟敢瞪着我啊!

江　民:算了,不要强迫她。

宋女士:不关你的事,你不用替她说情。你快点道歉啊,你!

涟　漪:对不起。

宋女士:好了,去端茶过来。

涟　漪:是。

依　华:小民哥,我们开个退伍纪念派对,好不好?

宋女士:是啊,你跟我们依华好久没见面了,可以找个地方聊聊天,吃好吃的东西啊!

依　华:呵呵,对啊,好吧,小民哥,就这么办。

宋女士:派对的钱就由我出好了。

依　华:真的,呵呵!

涟　漪:郑姐,茶准备好了吗?

郑　姐:嗯,要不要我去啊?

涟　漪:哦,不用了,我去就好了。

郑　姐:真是的!

宋女士:退伍之后你们好像就没有一起吃过饭了啊。

依　华:妈,你答应我,也跟小民哥一起去,对吧?

宋女士:我怎么能跟去呢?

依　华:有什么关系嘛。

宋女士:这样不太好吧,依华。轻一点。

江　民:几点下班?

宋女士:下班吗,哎呀时间已经这么晚了。

依　华:小民哥,我现在就可以出去了!

江　民:下了班之后,她要搭顾客的车,或者随便什么人的车,都跟你们没什么关系吧?

(场景:宋公司外)

涟　漪:啊,放手!放开我!你这是干什么!你到底为什么要这样对我!我什么时候说过要你开车送我了?没有搭你的车子以前,我一样可以去任何地方!

江　民:我只是……

涟　漪:只有你们这些有钱人才有自尊吗?你以为像我们这种人就没有自尊心了吗?你让我搭了一次便车,你以为这样就可以践踏别人的人格了吗?

江　民:对不起,其实我没有别的意思。

涟　漪:对你来说,这只是表现好意就可以了事的了,但对我而言,却关系我的人生!可是我不懂,为什么我的人生必须受你们这些人的情感左右!像你这种大少爷,你有没有站在别人的立场,替别人想过?!再见!

(二)

(场景:音像店内外)

售货员:谢谢。

涟　漪:这个多少钱?

售货员:一万一。

江　民:下次我再买。

涟　漪:哎,你,你怎么会在这里?

江　民:我想问你,需不需要这个?

涟　漪:不需要,我只是……

江　民:那你刚才,为什么在里面要买这张CD?

涟　漪:我想送人的。

江　民:好啊,就拿这个送吧。

涟　漪:要送人的,应该我自己买才对嘛。

江　民:呵呵,你要送给什么人?

涟　漪:要送给我一位立志当歌手的朋友。

江　民:所以,你是不是要收下呢?

涟　漪:谢谢。

江　民:我们走。

涟　漪:哎,那随便在上面签个名好不好,我朋友一定会很高兴的!

江　民:呵,笔……

涟　漪:我有!

江　民:朋友叫什么名字?

涟　漪:顺爱。哎,你真的是歌手哇?

(场景:地铁车上)

江　民:对不起,上次那件事,是我自己考虑不够周到。

涟　漪:没有啊,我也应该道歉。

江　民:那天,我走了之后,有没有发生什么其他的事?

涟　漪:没有。

江　民:那就好。

涟　漪:你是担心人家认出是你,才戴着墨镜的啊?

江　民:不是啊。

涟　漪:那为什么在地铁里还戴着墨镜?

江　民:呵呵。

涟　漪:你待会儿要去哪里?

江　民:我到市区去办点事。

涟　漪:那,车子放在哪里?

江　民:那部车有段伤心往事,我把它打入冷宫。呵呵,上次,你在我车上说那首歌很好听。

涟　漪:我真是连做梦都想不到那首歌竟然是你唱的!

江　民:真的好听吗?

涟　漪:我猜会红哦。

江　民:哈哈哈……真的吗?那你现在就再听一次,看它是不是真的会红。我现在要下车了,下次再见啰。

(三)

(场景:录音间)

依　华:……啊!好烫哦,好烫啊!好烫嘛!怎么办嘛!我不管啦!小民哥,你要赔我,这怎么办嘛!

江　民:这怎么赔?

依　华:帮我擦一下啦!哼……我好像被烫到了嘛!不管啦,你要赔我!嗯……

江　民:真受不了你。涟漪！你怎么来了?

依　华:小民哥！小民哥！

江　民:涟漪！涟漪,你怎么了?

涟　漪:放开我！

江　民:我不放！你怎么了?

涟　漪:没错！我是很穷,一生下来就只有自尊而已。但是请你不要这样玩弄我！

江　民:什么?到底我做了什么你这样说我?只因为我擦了依华身上的咖啡吗?真是的,这样就伤害了你的自尊哪！

涟　漪:你,够了,我已经没什么好说的了。

江　民:好,你走。

依　华:那死丫头来干吗?她走了?

江　民:你滚！

(四)

(场景:公司办公室)

(通话)

涟　漪:我知道。

江　民:很累吧。

涟　漪:不会。

江　民:啊,我要疯了。

涟　漪:为什么?

江　民:因为想你呀,我想要摸你,想要抱你,想要感觉你。现在过来不行吗?

涟　漪:待会儿我再过去。

江　民:那现在我去。

涟　漪:演唱会呢?

江　民:我看你一眼再回来。

涟　漪:你忍耐一下嘛。

江　民:我忍不住了。

涟　漪:再忍耐一下下。

依　华:哎！你打私人电话讲太久了吧！

江　民:涟漪,涟漪?

涟　漪:我知道了,挂断了哦,待会儿见。

江　民:好,那我把入场券放在入口处,你不要迟到哦。

涟　漪:知道了。

江　民:涟漪!

涟　漪:嗯?

江　民:不要迟到哦。

涟　漪:好。

依　华:哎!哎!你真的很不要脸哪!哎!哎——哼!

(五)

(场景:公司内)

(通话)

依　华:喂,JS服饰公司。啊——小民哥!她还没有来上班,她天天迟到,不知道在忙什么。大概昨天跟经理喝到很晚才回家吧。小民哥你打来得正是时候,因为我正要打电话给你哦,我跟你说啊——

涟　漪:喂,麻烦你挂断好吗?

依　华:你动作还真快耶。小民哥,改天见了,拜拜!

涟　漪:喂,到底怎么回事?

江　民:见了面我再告诉你。

涟　漪:你现在人在哪里?

江　民:在录音室,我好想你。

涟　漪:我也是。

江　民:晚上,你可以到录音室来找我吗?

涟　漪:我不知道什么时候才能下班呢。

江　民:我等你。

涟　漪:知道了。

依　华:哎,你又去哪里啊?

涟　漪:去宋服装店。

(六)

(场景:录音间)

江　民:待会儿。

依　华:我请你吃好吃的,我们走嘛。

江　民:我有约了。

依　华:跟谁?

江　民:依华,依华,你,你很漂亮。嗯,还有,我们从小就像一家人一样相处在一起。我也知道，你蛮喜欢我的。你脾气很暴躁，看不惯人家比你好，而且我还知道，你的个性是那种喜欢把世界上所有东西都占为己有才甘心。但是，你有特殊的魅力一直弥补着那些缺点，这个我也知道。

依　华：所以怎么样？……

江　民：所以，所以我要跟你说，像你这么漂亮的女孩，因为我这种混蛋而受到伤害，是我不想见到的。

依　华：你不要伤害我就好啦。

江　民：很抱歉，依华回去吧。

依　华：你每次都这样，都让我回去，再不然就是叫我滚，别的我都可以忍受，可是我受不了你叫我回去。呜……

江　民：好了，依华，不要哭了，回去吧，不要哭了。

依　华：呜……小民哥！小民哥，我真的好恨涟漪！她抢走了我爸，也抢走了你！你为什么就喜欢她这种人嘛！我恨你！小民哥，我恨你！呜……

江　民：别哭了。

依　华：小民哥！呜……小民哥！呜……

训练提示

这是一部韩国电视剧，故事情节是这样的：

年轻的女孩李涟漪是一名高中生，从小生活在孤儿院里。一天，一直资助孤儿院的安经理决定收养她。于是，她搬到安经理的家，开始了新的生活。安经理的夫人宋如斯女士经营着一家服装店，安家有两个孩子：哥哥依凡花心、无能，妹妹依华骄横、无理，他们经常欺辱涟漪，宋女士也一直怀疑涟漪是丈夫的私生女而总想将她赶走。在这种生活逆境中，涟漪自信、自强，终于考取了自己理想的大学。

后来，安经理车祸身亡，但他到死也没说出自己是涟漪的亲生父亲的事实。一天，涟漪去看望和自己同在孤儿院长大的顺爱，在顺爱工作的夜总会里她被流氓纠缠，得到江民和李俊立两个年轻人的帮助。从此，涟漪与江民开始了一段美丽的爱情故事。

江民是江大将军之子，但他生性自由，喜欢演艺事业，因此，处处与严厉的父亲发生冲突，甚至遭到父亲的打骂。他为了自己所喜爱的音乐搬出了家，继续追求自己的梦想。他的好友李俊立是一个庞大家族的继承人，一家跨国大企业的总经理。由于涟漪酷似他的初恋女友苏菲亚，所以，他对涟漪产生一种奇特的感情。

为了能让自己的女儿依华进入某服饰公司工作，宋女士偷窃了涟漪的服装设计稿，使依华能以第一名的成绩进入公司。谁知，这个服饰公司的总经理正是李俊立，他认出依华的参赛设计稿是涟漪的。为了培养涟漪在服装设计上的天分,俊立努力说服涟漪加盟这家公司。涟漪的加入令宋女士和依华非常不满,加上依华早就爱着江民,却发现江民钟情于涟漪,因此,她们处处找碴儿针对涟漪。

江民经过努力终于在自己的音乐事业上取得了一些成绩,为此,江父很生气,他让人狠狠地教训了江民一顿。江民不顾依华的不断纠缠,依然深爱着涟漪。宋女士妒忌涟漪与江民的亲密关系,想让江民成为自己的女婿。于是,她一方面怂恿江父加以阻挠,一方面又以江民的名义送给涟漪一笔钱作为分手费。涟漪气愤难当,拿着钱去责问江民,正好看见依华与江民在一起,这使涟漪相信了江民是在玩弄她的谎言,她打了江民一记耳光伤心地走了。

后来,江民发现了涟漪扔下的分手费,这才知道自己错怪了涟漪,连忙去找涟漪,却得知涟漪已随俊立去了意大利米兰出差。江民心中感到十分不安,他无法专心练唱,终于,他下决心到米兰寻找涟漪。两人异地重逢言归于好。此后,江民偶然得知自己的亲生母亲并没有去世,被抛弃的母亲现在精神病院。他非常气愤,去医院找,但母亲已认不出他是谁,这使他更加憎恨本来就反对自己和涟漪相恋的父亲。

涟漪在种种压力之下提出与江民分手,两人的关系变得紧张。但涟漪无法忘记江民,又来到江民的演唱会,却在远处默默地看着江民唱歌。这时,江民突然在人群中看见了涟漪,便为这个世界上自己最爱的人唱了一首为她而写的歌,慢慢向涟漪走去。在观众热烈的掌声中,这对恋人热烈地拥抱在一起……

1. 为这部韩国电视剧中的人物配音,应提示自己不要拿腔作调,人物语言要从内心情感出发。

2. 可以一个女生配涟漪和依华两个反差较大的女性人物,锻炼自己为性格不同的女性配音的语言造型能力。

3. 要把握好男女主人公的性格和气质。李涟漪性格独立、直爽,又不失女性的温柔;依华霸道、善妒,又不失女性的热情;江民生性善良、洒脱,充满人情味。

英国电影《简·爱》(片段)

原作:〔英〕夏洛蒂·勃朗特　导演:德尔伯特曼

【剧中角色】

罗切斯特:男主人公,中年

简·爱:女主人公,青年

(一)

罗切斯特:有这样一个例子。有个年青人,他从小就被宠爱坏了。他犯下了极大的错误——不是罪恶是错误——它的后果是可怕的。唯一的逃避是逍遥在外,寻欢作乐。后来,他遇见一个女人,一个二十年里他从没见过的高尚女人,他重新找到了生活的机会。可是世故人情阻碍了他。那个女人能无视这些吗?

简:你在说自己,罗切斯特先生?

罗切斯特:是的。

简:每个人以自己的行为向上帝负责,不能要求别人承担自己的命运,更不能要求英格拉姆小姐。

罗切斯特:哼!你不觉得我娶了她,她可以使我获得完全的新生?

简:既然你问我——我想不会。

罗切斯特:你不喜欢她?说实话!

简:我想,她对你不合适。

罗切斯特:啊——那么自信?那么谁合适?你有没有什么人可以推荐?……哼!嗨——你在这儿已经住惯了?

简:我在这儿很快乐。

罗切斯特:你舍得离开这儿吗?

简:离开这儿?

罗切斯特:结婚以后我不住这儿了。

简:当然。阿黛尔可以上学,我可以另找个事儿。我要进去了!我冷!

罗切斯特:简!

简:让我走吧!

罗切斯特:等等!

简:让我走!

罗切斯特:简!

简:你为什么要跟我讲这些!她和你与我无关。你以为我穷,不好看,就没有感情吗?我也会的,如果上帝赋予我财富和美貌,我一定要使你难以离开我,就像现在我难以离开你!上帝没有这样。我们的精神是同等的,就如同你跟我经过坟墓,将同样地站在上帝面前!

罗切斯特:简!

简:让我走吧!

罗切斯特:我爱你,我爱你!

简:不!别拿我取笑了!

罗切斯特:取笑?我要你!布兰奇有什么,我对她,不过是她父亲用以开垦土地的本钱。嫁给我，简！说你嫁我！

简：……是真的？

罗切斯特：嗨，你呀！你的怀疑折磨着我！答应吧！答应吧！……上帝饶恕我，别让任何人干扰我。她是我的，我的！

（二）

罗切斯特：你——到底出来了。你一个人关在屋里苦着自己。一句责怪的话也没有，没有。用这个来惩罚我，我不是有心要这样伤你，你相信吗？我说什么也不会伤你。我只能这样。要全都告诉你我就会失去你，那我还不如死了。

简：你失去我了，爱德华，我也失去了你。

罗切斯特：不。为什么跟我说这个？加重对我的惩罚，简？我真尝够了。我生平第一次找到真正的爱，你不要把它拿走。

简：我得离开你。

罗切斯特：你怎么不听我话。

简：我不能住这儿，做你情妇。

罗切斯特：你想来想去就是想这个？想做爱德华·罗切斯特太太？

简：你真的认为我想这个？

罗切斯特：我当然这么认为。你说你爱我，你怎么能想到离开我？

简：爱德华，做你情妇我会成什么了？靠人施舍，成了一个没地位的寄生者。我没权利在这儿，所有权利在你那儿，丝毫不在我这儿。

罗切斯特：权利？你说话像个律师。我所有的一切都是你的，你还要什么呢？

简：什么也不要，不要，只要你。

罗切斯特：那别走，简。

简：我要再来找你的话，我是作为同等的人，我不能少于这一点，即使被我爱的人。

罗切斯特：唉——你是想从此我们各走各的路了。

简：是的。

罗切斯特：不能这样，我们做什么没有人会在乎的。

简：我在乎，你的妻子她还活着。

罗切斯特：活着？哼。

简：她是还活着。不管上帝是怎么样地在安排她，她还活着，她也无能为力。我不愿意在夜里偷偷溜过她身边，睡到你床上来。

罗切斯特：把我扔回去吧，扔进过去的生活。

简：你跟我都无法选择。人活着就是为了含辛茹苦。你会在我忘了你之前先忘了我。

罗切斯特:你简直把我说成个骗子。走吧,走吧。如果你把我看成这样的人。

罗切斯特:简,等等,等等。别急于决定,等一会儿,再等一会儿。

(三)

罗切斯特:谁在那儿?费尔费克斯太太是你?那儿有人吗?(对他的狗)嗯,好了,啊,那儿没人你怎么当有人呢?嗯?那儿有人吗?我说。谁呀?

简:是我。

罗切斯特:简?

简:是的。

罗切斯特:简。

简:是的,是的。

罗切斯特:笑话我吧。是你?简,真是你?你是来看我的?没想到我这样,嗯?哼!怎么?哭了?用不着伤心。能待多久?一两个钟头?别就走。嗯,还是你有了个性急的丈夫在等你?

简:没有。

罗切斯特:还没有结婚?这可不太好。简,你长得不美,这你就不能太挑剔。

简:是的。

罗切斯特:可也怪,怎么没人向你求婚?

简:我没说没人向我求婚。

罗切斯特:懂了。是啊,那好,简,你应该结婚。

简:是的,是这样,你也该结婚,你也跟我一样,不能太挑剔。

罗切斯特:啊,是啊,当然不。(清一下嗓子)那你几时结婚?我把阿黛尔从学校里接回来。

简:什么结婚?

罗切斯特:见鬼,你不是说过你要结婚。

简:没有。

罗切斯特:那么早晚有个傻瓜会找到你。

简:但愿这样。有个——傻瓜——早已找过我了。我回家了,爱德华,让我留下吧。

训练提示

《简·爱》是英国19世纪著名的女作家夏洛蒂·勃朗特的传世名作,是一部具有浓厚浪漫主义色彩的现实主义小说。作者把一个来自社会下层的觉醒中的新女性摆到小说的主人公地位，并对主人公为反抗压迫和社会偏见，为争取独立的人格和尊严，为追求幸福生活所作的顽强斗争，加以热情歌颂，这在当时的文学作品中是难能可贵的。

整部作品以自述形式写成，构思精巧，情节波澜起伏，优美动人，并带有神秘色彩，至今仍保持着它独特的艺术魅力。由小说改编拍摄的电影，其配音经过上海电影译制片厂配音大师邱岳峰、李梓的倾情演绎已成为中国配音史上的巅峰之作，直到今天都值得我们品味、学习。

影片的故事情节是这样的：

女主人公简·爱出生于一个穷牧师家庭。父母由于染上伤寒，在一个月之中相继去世。幼小的简寄养在舅父母家里，度过了十年受尽歧视和虐待的生活。舅母把她视作眼中钉，并把简送进了罗沃德孤儿院。

孤儿院教规严厉，生活艰苦，院长是个冷酷的伪君子。简在孤儿院继续受到精神上和肉体上的摧残。由于恶劣的生活条件，孤儿院经常有孩子病死。简毕业后留校任教两年，这时，她的好友海伦患肺病去世。简厌倦了孤儿院里的生活，登广告谋求家庭教师的职业。

桑恩费尔德庄园的女管家聘用了她。庄园的男主人罗切斯特经常在外旅行，偌大的宅第只有一个不到10岁的女孩阿戴尔·瓦朗，罗切斯特是她的保护人，她就是简的学生。

一天黄昏，简外出散步，邂逅刚从国外归来的主人，这是他们第一次见面。此后她发现她的主人是个性格忧郁、喜怒无常的人，对她的态度时好时坏。整幢房子沉郁空旷，有时还会听到一种令人毛骨悚然的奇怪笑声。

一天，简在睡梦中被这种笑声惊醒，发现罗切斯特的房间着了火，简叫醒他并帮助他扑灭了火。

罗切斯特回来后经常举行家宴。在一次家宴上向一位名叫布兰契的漂亮小姐大献殷勤，简被召进客厅，却受到布兰契母女的冷遇，她忍受屈辱，离开客厅。此时，她已经爱上了罗切斯特。其实罗切斯特也已爱上简，他只是想试探简对自己的爱情。当他向简求婚时，简答应了他。

婚礼前夜，简在朦胧中看到一个面目可憎的女人在镜前披戴她的婚纱。

第二天，当婚礼在教堂悄然进行时，突然有人出来作证：罗切斯特先生15年前已经结婚。他的妻子原来就是那个被关在三楼密室里的疯女人。法律阻碍了他们的爱情，使两人陷入深深的痛苦之中。在一个凄风苦雨之夜，简离开了罗切斯特。在寻找新的生活出路的途中，简风餐露宿，最后在泽地房被牧师圣·约翰收留，并在当地一所小学校任教。

不久，简得知叔父去世并给她留下一笔遗产，同时还发现圣·约翰是她的表兄，简决定将财产平分。圣·约翰是个狂热的教徒，打算去印度传教。他请求简嫁给他并和他同去印度。简拒绝了他，决定回到罗切斯特身边。

她回到桑恩费尔德庄园，那座宅子已成废墟，疯女人放火后坠楼身亡，罗切斯特也受伤致残。简找到罗切斯特并和他结了婚，得到了自己理想的幸福生活。

为影片角色配音时注意把握：

1. 女主人公简·爱是一位心地纯洁、善于思考的女性。她生活在社会底层，受尽磨难。她的生活遭遇令人同情，但她那倔强的性格和不甘屈辱、不向命运妥协、勇于追求平等幸福的精神更为人们所赞赏。

简·爱的爱情观更加深化了她的个性。她认为爱情应该建立在精神平等的基础上，而不应取决于社会地位、财富和外貌，只有男女双方彼此真正相爱，才能得到真正的幸福。在追求个人幸福时，简·爱表现出异乎寻常的纯真、朴实的思想感情和一往无前的勇气。她并没有因为自己的仆人地位而放弃对幸福的追求，她的爱情是纯洁高尚的。她对罗切斯特的财富不屑一顾，她之所以钟情于他，就是因为他能平等待人，把她视作朋友，与她坦诚相见。因此，在配音时，简·爱的声音应该是理性的、坚定的。

2. 男主人公罗切斯特内心善良正直，勇于追求幸福，在经历了以金钱为基础的不幸婚姻之后，厌恶上层社会的冷酷虚伪，他性格忧郁、桀骜不驯，具有叛逆性却又显粗暴。简·爱的纯朴、善良和独立的个性，犹如一股清新的风，使他精神为之一振，重新唤起他对生活的追求和向往。简·爱和罗切斯特之间的爱情是思想、才能、品质与精神上的完全默契，他能真诚地在简面前表达他善良的愿望和改过的决心。

因此，在配音时，罗切斯特的声音是不羁的、忧郁的，对于爱情的表达和追求却是热切的、真挚的，内心潜藏着巨大的情感力量。

英国电影《哈姆雷特》(片段)

原作：〔英〕莎士比亚　导演：〔英〕劳伦斯·奥利弗

【剧中角色】

哈姆雷特，男，青年

母后，女，中老年

(一)

(听到哈姆雷特的脚步声，波乐纽斯慌忙躲进幕布后面。)

哈姆雷特：母亲，有什么事情？

王后：哈姆雷特，你把你父亲大大地得罪了。

哈姆雷特：母亲，你把我父亲大大地得罪了？

王后：好了，好了，你的回答真是瞎扯。

哈姆雷特：得了得了，你的问话别有居心。

王后：怎么了，哈姆雷特？

哈姆雷特：什么又怎么了？

王后：你忘了是我？

哈姆雷特：我没有忘，没有！你是皇后，你丈夫弟弟的妻子。我真但愿你不是我的母亲。

王后：好，我去叫会说话的跟你说。

哈姆雷特：来来，你坐下来，你不许动。我要在你面前竖一面镜子叫你看一看你的内心的最深处。

王后：你想杀死我？救命，救命（波乐纽斯：救命，救命——）

哈姆雷特：什么？耗子，死吧，我叫你死。

（哈姆雷特早就疑心幕布后面有耳朵，他一剑刺了进去。）

王后：啊——

哈姆雷特：死吧。

王后：你干了什么了？

哈姆雷特：我不知道。那是国王！

王后：哦——好一桩鲁莽血腥的行为。

哈姆雷特：血腥的行为？好母亲，这跟杀死一位国王再嫁给他的兄弟一样狠了？

王后：杀死国王？

哈姆雷特：对，母亲，正是这句话。

（不管母亲怎么哭个不停，哈姆雷特决心要伤透她的心。）

哈姆雷特：别老拧着你的手，你坐下来，让我拧拧你的心，我一定拧，只要你的心不是石头做成的。

王后：我到底做了什么事，你敢这么粗声粗气的？

哈姆雷特：干的好事啊！你玷污了贤惠的美德，把贞操变成伪善，从真诚的爱情的熔岩上夺去了玫瑰色的光彩，画上道伤痕，把婚约都变成了赌鬼的誓言。

王后：到底什么事？

哈姆雷特：请你看看这幅画像，你再看这一幅。这就是他们兄弟俩的画像。这一幅画面貌是多么的风采啊！一对叱咤风云的眼睛，那体态不活像一位英勇的神灵刚刚落到摩天山顶，这十全十美的仪表仿佛天神特地选出来向全世界恭推这样一位完人——这就是你的丈夫。你再看这一个——你现在的丈夫，像颗烂谷子，就会危害他的同胞，你看看这绝不是爱情啊！像你这样岁数情欲该不是太旺，该驯服了，该理智了，而什么样的理智会叫你这么挑的，是什么魔鬼迷了你的心呢？羞耻啊！你不感到羞耻么？如果半老女人还要思春，那少女何必再讲贞操呢？

王后：哦，哈姆雷特，别说了，你使我看清我自己的灵魂，看见里面许多黑点，洗都洗不干净。

哈姆雷特：嘿，在床上淋漓的臭汗里过日子，整个儿糜烂哪！守着肮脏的猪圈无休止地淫乱！

王后：哦，哈姆雷特，别再说了，这些话就像一把把尖刀，别说了，好哈姆雷特。

哈姆雷特：一个凶犯，一个恶棍——奴才，不及你先夫万分之一的奴才，一个窃国盗位的扒手，从衣服架子上偷下了王冠装进了他自己的腰包。

王后：别说了。

哈姆雷特：一个要无赖的——国王！

（二）独白

哈姆雷特：活着，还是不活？这是个问题。究竟哪样更高贵，去忍受那狂暴的命运无情的摧残，还是挺身去反抗那无边的烦恼，把它扫一个干净？去死，去睡，就结束了。如果睡眠能结束我们心灵的创伤和肉体所承受的千百种痛苦，那真是求之不得的天大的好事！去死，去睡，去睡，也许会做梦！唉，这就麻烦了，即使摆脱了这尘世，可在这死的睡眠里又会做些什么梦呢？真得想一想，就这点顾虑使人受着终身的折磨，谁甘心忍受那鞭打和嘲弄，受人压迫，受尽侮蔑和轻视，忍受那失恋的痛苦，法庭的拖延，衙门的横征暴敛，默默无闻的劳碌却只换来多少凌辱！但他自己只要用把尖刀就能解脱了。谁也不甘心，呻吟、流汗拖着这残生，可是对死后又感觉到恐惧，又从来没有任何人从死亡的国土里回来，因此动摇了，宁愿忍受着目前的苦难而不愿投奔向另一种苦难。顾虑就使我们都变成了懦夫，使得那果断的本色蒙上了一层思虑的惨白的容颜，本来可以做出伟大的事业，由于思虑就化为乌有了，丧失了行动的能力。

训练提示

《哈姆雷特》是莎士比亚的四大著名悲剧之一。该剧讲述的是丹麦王子哈姆雷特为父复仇的故事。悲剧虽然取材于丹麦历史，但是深刻地揭露了封建社会宫廷内部的腐化和堕落的尖锐的斗争。哈姆雷特替父报仇，杀死他的叔父雷欧提斯，他自己也被叔父暗算，在与雷欧提斯的决斗中中毒剑身亡。这场发生在宫闱之中的冲突，不仅是家庭的悲剧，而且是皇宫、国家的悲剧，更是时代的悲剧，是人文主义者的悲剧。

哈姆雷特的形象常常是人们谈论这一悲剧的重要话题之一。这是一个充满矛盾的形象。作者集中揭示了他的人文主义理想和他对现实的悲观认识的冲突。一方面，他接受了人文主义的影响，心中充满了美好的理想，希望生活中的一切如理想一样完美。而另一方面，现实生活的一系列意外打破了他的理想。他像一个思想家那样地思考许多哲学问题，却找不到答案。于是他要为父报仇，可是他内心又很矛盾，因为他想的不光只是为父报仇，而是扭转整个乾坤。在这样艰巨的任务面前，他想要行动也行动不起来。这个人物既有文艺复兴时期人文主义者反封建、崇尚人的理性的特征，又有宫廷贵族后代悲观、忧郁的消极一面。莎士比亚通过这个人物的悲愤与失望、苦闷与彷徨，批判了丑恶的现实，也揭示出哈姆雷特悲剧的必然性。

《哈姆雷特》不仅显示了莎士比亚思想的深刻，还显示出作者艺术上的成熟和才华。剧中除了描写哈姆雷特的复仇情节线索之外，还安排了雷欧提斯和挪威王子福丁布拉斯的两条复仇线索，以相互联系和衬托。在复仇情节之外，莎士比亚还写了哈姆雷特和奥菲丽娅之间的爱情，哈姆雷特和霍拉旭之间的真诚友谊，哈姆雷特和背叛自己父王的母亲复杂的关系等。在突出悲剧的阴郁、灰暗、紧张的氛围的同时，作者又穿插进嘲讽的诗句和插科打诨的幽默场面，使得戏剧达到“崇高和卑下、可怕和可笑、英雄和丑角的奇妙的混合”，显示出丰富的人物性格和五光十色的社会画面。

剧中大量的独白和对白都是诗一样的语言，华美，富有激情，对展示人物内心世界和人物性格、揭示矛盾冲突、推动情节发展起着重要作用。在表达时要注意情绪的饱满和贯穿，重音的选择要准确鲜明，尤其是片段一，对于吐字、气息等基本功的要求比较高。

前苏联电影《办公室的故事》(片段)

导演：〔前苏联〕埃利达尔·梁赞诺夫

【剧中角色】

纳瓦西里切夫，男主人公

柳德米拉·波罗科夫耶夫娜，女主人公

(一)

纳瓦西里切夫：(笑)您看看，真见鬼，我又来啦。

柳德米拉：我和您不是告别过了吗，纳瓦西里切夫同志？

纳瓦西里切夫:没错。呃,不过我们可以重新问候一番,晚上好,柳德米拉·波罗科夫耶夫娜。

柳德米拉:晚上好。

纳瓦西里切夫:晚上是不错,我坐下来可以吗?

柳德米拉:嗯,坐吧。

纳瓦西里切夫:那就谢啦。(笑)不胜感激,不胜感激,您不感到寂寞吗?

柳德米拉:不,我习惯一个人待着,我从来没感到寂寞。

纳瓦西里切夫:嗯,那么,我最好走开了?

柳德米拉:您可以留下来,您不妨碍我。

纳瓦西里切夫:感激不尽。要支烟?火柴?还是盒子?

柳德米拉:谢谢。

纳瓦西里切夫:白兰地、威士忌、杜松子酒还是沃特加?

柳德米拉:我不是说过嘛,我不喝酒。

纳瓦西里切夫:噢,噢,是啊,是啊,看来我的记忆力出了毛病。(笑)杂志里说什么?

柳德米拉:没什么,一般的东西。

纳瓦西里切夫:(笑)瞧,我们坐在这儿像聋哑人,好像无话可说,我们还是谈点儿什么吧。呃,关于我的报表已经谈过了。对蘑菇呢,对蘑菇您又不感兴趣。您看,我没理解错吧,是不是啊?!

柳德米拉:您没有理解错。

纳瓦西里切夫:对坚果你感兴趣吗?

柳德米拉:做成果酱以后有兴趣。

纳瓦西里切夫:呃,对诗歌呢?对诗歌您是怎么看的?

柳德米拉:还行。

纳瓦西里切夫:什么?真的!这太好了!柳德米拉·波罗科夫耶夫娜,那,我们谈谈诗歌吧。我年轻的时候,你知道,我年轻的时候还写过诗哪,您写过没有?

柳德米拉:没有,我还没有这个才能。

纳瓦西里切夫:我也没有,我来朗诵一首,您一听就知道我没有。

柳德米拉:没有必要,何必冒险呢?

纳瓦西里切夫:豁出去了,我实在是太想给您留个好印象。

柳德米拉:这个目的您已经达到了。

纳瓦西里切夫:我想再加深一下,读段,读段早期作品吧。

“去爱别人，负担太重。你很美，不必有曲线活动。欣赏你的美貌，无意把生命的秘密猜中。去爱别人——”

柳德米拉：啊，看来您年轻的时期比现在要聪明得多啊！但无论如何也没有想到，帕斯捷尔纳克，竟是您的笔名啊！

纳瓦西里切夫：真没想到，您居然懂得诗，而且还知道，而且还知道这是谁写的。

柳德米拉：诗是好诗，可惜你朗读得不好。

纳瓦西里切夫：这您比我清楚。

柳德米拉：那当然了。

纳瓦西里切夫：不过，我的朋友们都说我有朗诵才能。

柳德米拉：那是恭维，您读得糟透了。

纳瓦西里切夫：呃，您对音乐感兴趣吗？我是说随便什么形式都可以。

柳德米拉：我想您总不至于表演您的音乐才华吧。

纳瓦西里切夫：我正想唱支歌呢。

柳德米拉：那太可悲了。

纳瓦西里切夫：为什么？大家都说我有副好嗓子。低音是男中音，高音有，有，有童音哪！真的，有童音。

柳德米拉：我发现你有点儿，有点儿喝得太多了。

纳瓦西里切夫：哪儿的话！我要是喝多了会耍酒疯的。嘿嘿，你看我现在多老实啊！

柳德米拉：那算我走运了。

纳瓦西里切夫：那我给您唱支什么歌呢？

柳德米拉：我看您还是不唱为好。

纳瓦西里切夫：这么说您认为我唱歌也不会了是吗？

柳德米拉：是的，是的，您把我弄得累极了。

纳瓦西里切夫：我给您唱支歌，马上就会消除您的疲劳。您听着啊，啊，“周围静悄悄，只有呼唤没有睡觉，耳朵挂在树枝上，摇摇摇摆摆摆把舞跳，嘣嘣嘣啦啦啦啦啦……”

柳德米拉：您神经出毛病了吧。

纳瓦西里切夫：我唱歌您也不喜欢了是吗？

柳德米拉：是的。很遗憾。

纳瓦西里切夫：您什么都不喜欢，讨您的喜欢简直太难了，可我偏要试一试。现在我要给您跳个舞，现代舞不中您的意，对，不中您的意，那就来段古典的吧。俄罗斯民间舞蹈吉卜赛女郎怎么样？您给我伴唱吧，算了，您才不会给我伴唱呢。您看着啊，您看着，“啦啦啦啦啦啦，我爱上了吉卜赛女郎，可她嫁给了别人，啦啦啦啦啦……”

柳德米拉：让开，让开，纳瓦西里切夫同志。

（二）

纳瓦西里切夫：你好，布罗克菲亚，不，不，不，不，柳德米拉·波罗科夫耶夫娜。我，我，我来是，我来是为了……我也不知道昨天，我，我，我昨天是中了什么邪了。

柳德米拉：是的，我领教过了。

纳瓦西里切夫：我像断了链子的疯狗。

柳德米拉：哼，这么说还差不多。

纳瓦西里切夫：就是说链子断了。

柳德米拉：好了，坐吧，纳瓦西里切夫同志。

纳瓦西里切夫：不，不能坐。

柳德米拉：阿拉多力·耶夫尼梅琪。

纳瓦西里切夫：不，要死还是站着死好。

柳德米拉：坐下，别怕。

纳瓦西里切夫：啊，谢谢！

柳德米拉：有劳大驾，屈尊就座。

纳瓦西里切夫：多谢！

柳德米拉：昨天。

纳瓦西里切夫：啊？

柳德米拉：坐下。您说我丝毫没有……没有人的感情。

纳瓦西里切夫：昨天我全是胡诌的，您不必把我的话当真。

柳德米拉：不，应该认真对待，因为你说出了我们局里一些人的心里话，您在大庭广众之下。

纳瓦西里切夫：是的。

柳德米拉：对我进行诽谤、诬蔑。

纳瓦西里切夫：是诬蔑。

柳德米拉：您所说的话都是谎言。

纳瓦西里切夫：全是谎言。

柳德米拉：是令人愤慨的谎言，这种谎言我是绝对不会同意的。

纳瓦西里切夫：我也不同意。

柳德米拉：您总是支支吾吾的。

纳瓦西里切夫:我没支支吾吾。

柳德米拉:我没法摸透您究竟是个什么样的人。

纳瓦西里切夫:干吗要摸我,别摸我。

柳德米拉:您说我铁石心肠。

纳瓦西里切夫:哪儿的话,豆腐心肠。

柳德米拉:说我冷若冰霜。

纳瓦西里切夫:不,您热情奔放。

柳德米拉:说我没心肝。

纳瓦西里切夫:您肝胆俱全。

柳德米拉:说我干巴巴的。

纳瓦西里切夫:不,您湿乎乎的。请原谅,柳德米拉·波罗科夫耶夫娜。

柳德米拉:住嘴,请您不要再挖苦我了。

纳瓦西里切夫:我没有,看在上帝的分上。我不过是,我,我并没有想,我,我也不明白,我怎么就说出个湿乎乎的。我是,我是想说您很善良,柳德米拉·波罗科夫耶夫娜,我真是这么想说的,柳德米拉·波罗科夫耶夫娜。

柳德米拉:我不明白为什么,您这么恨我,我有什么对不起您的地方吗?我这么痛苦——

纳瓦西里切夫:您从哪断定我那么恨你?

柳德米拉:我没伤着您哪!

纳瓦西里切夫:是啊,没有。

柳德米拉:我没撤您的职。

纳瓦西里切夫:目前还没有。

柳德米拉:奖金我按月发给您。

纳瓦西里切夫:是领了,柳德米拉·波罗科夫耶夫娜。

柳德米拉:我批评了您写的报表,可这是我的权力,目前为止我还是这个局的——局长。

纳瓦西里切夫:我们都很敬重您,打心眼里边儿爱您,真的,从心眼儿深处里,我们都很敬重您,真是这样的。

柳德米拉:深处,在很深的深处,以致我无法感觉到。

纳瓦西里切夫:您应该感觉到。

柳德米拉:你胡说些什么呀,你别说了。

纳瓦西里切夫:您是好领导,很民主。

柳德米拉:你又胡说,你别再胡说了。

纳瓦西里切夫:您一向民主。是,是,真的,难以相信。

柳德米拉:这么说您不怕难为情吗?

纳瓦西里切夫:如果您叫谁到您的办公室来,他就像过节日一样,真的,就像过节日一样。

柳德米拉:噢,太可气了。

纳瓦西里切夫:您这是怎么了?

柳德米拉:你闯进我的办公室,对我,对我胡言乱语。

纳瓦西里切夫:您不要哭,您的职务不该哭啊!

柳德米拉:噢,不要你管,不要你管,我该做什么不该做什么。我是领导,这是我领导的事情。

(哭声)

纳瓦西里切夫:不,不,不。

纳瓦西里切夫:噢,水,凉水瓶。

(哭声)

尤拉:我可以进来吗?

纳瓦西里切夫:噢,尤拉,等一等,先出去,我求你,我求你,快出去。

尤拉:怎么回事?

纳瓦西里切夫:我们在开会,开会。

尤拉:怎么回事?

柳德米拉:他无理取闹,我要把他开除了。

尤拉:柳德米拉·波罗科夫耶夫娜,我要找你谈谈。

纳瓦西里切夫:等等,让我们把会开完。真是见鬼。

柳德米拉:不要你在这儿指手画脚的,我是这儿的领导。我想干什么就干什么,我是主人,我是这儿的女主人。

纳瓦西里切夫:对,您是女主人。

尤拉:又要胡来了,真是个冒失鬼。

纳瓦西里切夫:不要哭了,活见鬼。哭什么,有什么大不了的。让我像保姆那样哄哄您?

柳德米拉:那你干吗要惹我?

纳瓦西里切夫:那就哭吧,哭吧,哭吧。哭哭也许对您有好处。您还能哭,这说明您还有救。

（铃声）

纳瓦西里切夫: 呃，您别管，我去接，我接。

纳瓦西里切夫: 喂，见鬼，喂——她正忙着。部长？什么部长？

柳德米拉: 给我，给我！

纳瓦西里切夫: 不，不行，她现在顾不上部长。

柳德米拉: 噢，给我，给我，您把电话给我！

柳德米拉: 噢，瞧瞧，瞧瞧，您干的好事，您怎么能对部领导这么讲话，连我也不敢这样，瞧您干的。

纳瓦西里切夫: 来来来，喝口水。

柳德米拉: 噢，我们都失去了理智了。

纳瓦西里切夫: 呃，不，打个嗝，痛快痛快。

柳德米拉: 我不明白，为什么所有人都把我看成一个怪物，一个怪物。

纳瓦西里切夫: 没事，不要言过其实，不是所有人，也不是特别怪的怪物，没关系。

柳德米拉: 不……我真受不了。你走吧，我不想看见你了……我不愿听你说话了。

纳瓦西里切夫: 说实话，我绝对没有想冒犯您，倒是您这么一哭使我感到，您是一个正常的女人，我深为震惊。

柳德米拉: 好了，你使我烦透了。

纳瓦西里切夫: 柳德米拉·波罗科夫耶夫娜，请您理解，我是天生的笨嘴拙舌。我，我想问题什么的都挺正常的，可就是一表达起来，我就——

柳德米拉: 噢，好了，好了，部长说什么了？

纳瓦西里切夫: 鬼知道，我觉得他没听懂我的话，我不习惯和部长对话。

柳德米拉: 如果部长现在让我去，我怎么去见他呀，我眼睛一整天都得是红的，鼻子也是一样。

纳瓦西里切夫: 要是用手擦，眼睛就会红，要是等眼泪自己干，谁也看不出来了。

柳德米拉: （笑）您知道，我很久没这么哭过了，我多么想一个人大哭一场！可是，一个人哭有什么意思，就像酒鬼，自斟自饮一样。（笑）

纳瓦西里切夫: 是啊，要是下次，您要是想哭就把我叫来，咱们一块儿哭。

柳德米拉: 请您帮我倒点儿水。谢谢。

柳德米拉: 您比我强啊，您有两个孩子。

纳瓦西里切夫: 对，一个是男孩，另一个也是男孩。

柳德米拉: 我呢，只有一个人。每天早晨起了床，我就去煮咖啡，要知道，不是我想吃早饭，而是非吃不可。吃完了早饭我就去上班，这间办公室和这块小阳台才是我真正的家。可是到了晚上怎么办，要知道我是多么怕过夜晚，我在这耽搁得很久，直到守卫人员的那串大钥匙"哗啦"一响，我才不得不离开这儿。我装作有很多工作要做的样子，其实我是无处可去。家，家，家，家里有什么，有台电视机，我连狗都不敢养，白天没人带它出去溜达。我的情况就是这样。当然有许多熟人和朋友，人家也有家，有孩子，有家务事，所以我简直把自己，把自己变成一个老太婆了。其实我才 36 岁。

纳瓦西里切夫：才 36 岁？

柳德米拉：是的，是的，我比你年轻，阿拉多力·耶夫尼梅琪。我看上去多大？

纳瓦西里切夫：嗯，像 35 岁。

柳德米拉：您又说谎了，纳瓦西里切夫同志。

纳瓦西里切夫：就是，您穿的衣服颜色暗了点儿。

柳德米拉：是吗？

纳瓦西里切夫：暗了点儿，没色彩。

柳德米拉：呃，我没注意。好了，阿拉多力·耶夫尼梅琪。您回去吧，我还有很多事情要干。对了，顺便问一下，部长打电话来有什么事？

纳瓦西里切夫：别生我的气，别骂我。

柳德米拉：您也别骂我，我跟您唠叨了半天。

训练提示

前苏联电影《办公室的故事》的情节是这样的：

某轻工局局长柳德米拉·波罗科夫耶夫娜是个性格怪僻的独身中年妇女，在下属面前终日不苟言笑，职员们背后都叫她冷血动物。统计员纳瓦西里切夫学生时代是个才华出众的青年，但是现在却变得穷困潦倒、未老先衰、唯唯诺诺，独自抚养两个孩子，备尝艰辛。他工作勤恳，但由于生性谨小慎微，不善于在上司面前"表现"自己，似乎是命中注定一生默默无闻了。然而这两个地位、性格相差悬殊的人经过几次碰撞之后，却都显露出人性的本色和性格的闪光点，最终他们打破了隔阂，产生了爱情，开始了幸福的婚姻生活。

影片着重反映的是中年人的情感生活，但又放在整个机关生活的大背景下来刻画，把个人和整个环境相联系，个人生活和社会生活交织在一起，真实感人，具有很强的现实主义色彩。影片反映了不同阶层人的普遍心理，触及生活中普遍存在的中年人的孤独问题，揭示了作为社会的人，只有更好地认识自身，敢于打破人与人之间产生的无形的隔阂，才能最终达到人与人、人与社会的和谐，具有深刻的内在哲理。

但影片却是通过一场不打不相识、不是冤家不聚头的爱情喜剧，用内含无尽张力与喜剧因素的幽默手法，准确生动又质朴无华的表演，极富性格色彩又诙谐风趣的语言来生动演绎这一深刻哲理，让人在轻松谈笑间去做深刻的思考，是一部不可多得的经典影片。

所选的第一个片段，姑且叫做“套近乎”，以男声为主。男主人公纳瓦西里切夫在别人的极力怂恿下，为了职位的迁升，为了给自己的上司留下一个好印象，硬着头皮去向她百般套近乎，却屡屡碰壁，终于气急败坏地与冷冰冰的女上司大吵起来。这场戏在处理时要把握好两人性格的对比，男主人公唯唯诺诺但又“豁出去了”，硬着头皮变着花样但不能处理成油嘴滑舌，因此声音运用上要虚实结合，虚声偏多，吐字粘连，气息延绵；女主人公不苟言笑，毫无趣味，声音的运用上以实声为主，吐字干脆利索，但不能简单理解为一味的冷漠生硬，其态度、情感有一个逐渐变化的过程。

第二个片段，姑且叫做“道歉与沟通”，以女声为主。这一片段表现了女主人公柳德米拉·波罗科夫耶夫娜在纳瓦西里切夫道歉时由斥责到伤心再到倾诉的心理过程。这场戏处理时要以柳德米拉心理的转换过程为依据，声音运用上要虚实结合，注意哭泣的气息运用。男声也要注意由不知所措地去道歉到倾听沟通的心理转换过程。

前苏联电影《复活》(片段)

原作：〔俄〕列夫·托尔斯泰

卡秋莎：您说什么？要跟我结婚？哈哈……什么？您要不跟我结婚就对不起上帝？哈哈……上帝！公爵先生！我又从您的嘴里听到上帝了，可那是多么残忍的、吃人的上帝啊！我倒是记起那天晚上的事了，您要听吗？

我从您姑妈那里听到了您要从前线回来的消息，我是多么的欢喜，多么的高兴啊！我相信您一定会到我们村子里来的。可是您给您姑妈的电报却说有公事要到彼得堡去。这可把我急坏了，我决心到车站见您一面，我怎么能不见您呢？肚子里的孩子已经有好几个月了。我打听到你们的火车是夜里两点钟到我们那儿，我等您姑妈睡了，就换了一双胶鞋，把围巾蒙着头，提起裙子就赶到车站去了。

那是一个好闷人的晚上啊！大颗大颗的秋雨，下一阵儿又停一阵儿，路上一两尺远的地方就看不大清楚，树林子里黑得跟炭炉子似的，平常很熟的道也走迷糊了。等我赶到车站，已经响过第二遍铃了。我一跑到月台就赶到头等车那边去。

车厢里是雪亮的，桌子上点着手臂粗的蜡烛，天鹅绒的安乐椅上坐着两位军官在打扑克，我一眼就看见了您——那靠着椅背同人家笑着说话的不是我日夜想念的人吗？我一看见您，就用冻僵的手敲那窗子。第三遍铃又响了，火车就要开了，我急了，一边用手敲着窗子，一边把脸贴在玻璃上，但是我靠着的那节车厢也动起来了！我就一面望着车子里面，一面跟着车子走……正在这个时候，我看见您站起来了，并且朝着窗子走来了，我的心扑扑直跳，我以为您该叫我了，谁知道您是过来放窗帘的。

正在这个时候，列车长推开我跳上车了，我还是沿着月台上湿淋淋的地板跟着车子跑，月台跑完了，我就一滑一滑地跳下台阶在平地上跑……风是那样的厉害，我头上的围巾快给吹掉了……头等车已经走了，二等车也走了，三等车也很快地过去了……在那风雨中，我拼命追呀……一下子跌倒在泥水里，我坐在那里放声大哭……我想：啊！他走了，待会火车来了，我就钻到车子下面去，就什么都结束了……

正在我打着这样的主意的时候，我肚子里的孩子突然地动了起来，我那时候真是好为难啊！死啊，为了这个小东西，我又怎么能死呢？我只好慢慢地站起来，凄凄凉凉地走回去了……哼，不到一个月，我就被你姑妈赶出来了。

从那天晚上起，我才认识了你们的上帝，认识了男人！哼！我再也不受上帝的骗了！也不再受你们的骗了！十年前，我做了你快乐的牺牲品；如今，你又想用我来拯救你的灵魂吗？哈哈……公爵老爷！现在，我是一个女犯人了，您用不着到这种地方来，请回去吧！……走开！我讨厌你，讨厌你的脸，你的样子，你的眼泪，什么都是假的，什么都是假的，我恨！我恨我那时候为什么没有死！（哀怨地哭泣）

训练提示

《复活》是俄罗斯著名作家列夫·托尔斯泰的名作，它是根据一个真实的故事写成的。这部同名电影表现了上流社会贵族子弟聂赫留朵夫引诱了姑妈家的女仆卡秋莎·玛丝洛娃。后来，卡秋莎怀孕被赶出家门，当了妓女。在卡秋莎被指控犯罪的法庭上，聂赫留朵夫以陪审员的身份出席法庭，见到了被他引诱过的卡秋莎，卡秋莎的悲剧让他深受良心的谴责，于是他要与对方结婚以赎回自己的罪过。然而，卡秋莎不原谅他，对他充满了仇恨。聂赫留朵夫在为卡秋莎的案子奔走努力不成，最后随其一同去了流放地西伯利亚。这是一部优秀的批判现实主义作品，为我们展示了当时的社会与人性的一面。

所选片段是卡秋莎痛斥聂赫留朵夫，揭露其虚伪和回忆自己心碎的一段心声。

1. 应把握准人物基调。虽然现在女主人公堕入风尘多年，但在这个非常时刻，她所表现的仍是一个受压迫的女性悲怨的心声与控诉。

2. 表达处理要有对比强烈、细致的层次变化和节奏转换，不能只做一种处理。

3. 合理运用“无语言表情声音”，如抽泣与各种不同的笑声。

4. 在诉说台词时，脑中应有特定形象，有各种感官感觉，要沉浸在应有的意境之中，支撑表达。

墨西哥电影《叶塞尼亚》(片段)

编剧:〔墨〕胡里奥·亚历杭德等

导演:〔墨〕阿尔弗雷多·B.格莱温纳

【剧中角色】

奥斯瓦尔多,男主人公

叶塞尼亚,女主人公

叶塞尼亚:(喊)当兵的!(走近)你不等我啦?

奥斯瓦尔多:我已经等你三天了。

叶塞尼亚:哈哈,我没跟你说我要来。那现在你去哪儿?

奥斯瓦尔多:我想到你们那儿去,去找你,非让你……

叶塞尼亚:怎么?哦,瞧你呀,你要是这么板着脸去,连怀抱的孩子也要吓跑了!哈哈哈……

奥斯瓦尔多:你就是喜欢捉弄人对不对?我可是不喜欢人家取笑我。我现在要教训教训你!

(强行拥抱叶塞尼亚)

叶塞尼亚:不,不!(挣扎)放开我,放开!

奥斯瓦尔多:过来,姑娘,过来……(欲吻叶塞尼亚)

叶塞尼亚:(挣扎)放开我,放开……

奥斯瓦尔多:(吻叶塞尼亚)嗯……

叶塞尼亚:(挣扎)嗯,嗯……(用石头砸奥斯瓦尔多)

奥斯瓦尔多:啊……(倒下)

叶塞尼亚:让我来教训教训你吧!(喘气)倒霉蛋,你以为对吉卜赛人想怎么着就怎么着,那你就错了!我,我不想再看见你了,听见吗?(见奥斯瓦尔多不作声)怎么他流血了?嗯……你这是活该!怪谁呢?呃,怎么,(摇奥斯瓦尔多)你死了?哦,不,你这家伙别这样。求求你,把眼睛睁开。你知道,你要是死了,我就得去坐牢的。(拍奥斯瓦尔多的脸)

奥斯瓦尔多:(笑,睁开眼)哈哈哈哈……啊,你想杀死我?

叶塞尼亚:是的。是你逼得我……

奥斯瓦尔多:啊,你就这么讨厌我亲你?

叶塞尼亚:只有两厢情愿才是愉快的。如果强迫,只能让人厌恶。

奥斯瓦尔多:好吧,对不起。我不该这样……可还是你的错。

叶塞尼亚:我错?

奥斯瓦尔多:嗯。你没有发现自己长得很美吗?这能怪我吗?

(又欲吻叶塞尼亚)

叶塞尼亚:你要是再来亲我的话,我马上砸碎你的脑袋!我们吉卜赛人说了算!

奥斯瓦尔多:不,我只想看看你眼睛。

叶塞尼亚:我……我不是来看你眼睛的,你别胡思乱想……

奥斯瓦尔多:谢谢。

叶塞尼亚:(转换语气)还疼吗?

奥斯瓦尔多:你的手真重……可我心里的创伤比头上的伤还重……没想到,我会这么喜欢你……我不像你那么会算命,可我觉得我……配得上你。我爱你,吉卜赛人!

训练提示

这部影片讲述了一个动人的爱情故事:军官奥斯瓦尔多与被吉卜赛人养大的漂亮姑娘叶塞尼亚从曲折的相识到渐入深爱。影片中表现了具有吉卜赛人性格特点的女主人公叶塞尼亚"带刺玫瑰"的人物形象。

1. 注意把握情节的变化与人物的表达分寸。
2. 注意"心理动作"与"形体动作"对语言表达真实、具体的支撑作用。
3. 注意语言节奏的对比变化,根据具体内容,应有音高、音强、音长、音色的变化。

日本电影《望乡》(片段)

编剧:〔日〕于泽、〔日〕熊井启　导演:〔日〕熊井启

【剧中角色】

圭　子,女记者

阿崎婆,老年妇女

圭　子:阿崎婆婆,您快来看看这屋子收拾得好看吗?

阿崎婆:噢,来啦。啊……好看,可真好看,多好看哪!简直像宫殿。太好看了,哈哈……

圭　子：喜欢吗？

阿崎婆：喜欢，喜欢，哈哈哈。圭子，你累坏了吧，快来喝茶吧！

圭　子：好，谢谢。……阿崎婆婆！

阿崎婆：什么事？

圭　子：我在这儿实在打扰您太久了，我明天要回东京了。

阿崎婆：嗯？你说什么？

圭　子：我在这儿实在打扰您太久了，我明天要回东京了。

阿崎婆：嗯？你说什么？

圭　子：我想，我想明天就回东京去了。为了我您受连累了，真是对不起……

阿崎婆：可别再说这些了。

圭　子：再说，我心里惦记着在东京的昌子，可是，又舍不得离开您……

阿崎婆：明白啦，你回去吧，早一点回去好。你留在东京的女儿昌子，我能想得出，她该是多么想念你啊！我也想过，你早晚得回东京去，可是你在我这里住了这么些日子，我老觉得该感谢你。我啊，这半个多月来，真把你当成我儿媳妇了。哈哈……你待我好，我永远也忘不了。

圭　子：谢谢，实在太麻烦您啦。不过，有件事无论如何想问问您……

阿崎婆：什么事？

圭　子：您让我这个来历不明的人，在您家里住了三个星期，我到底是什么人，难道您就一点不想知道吗？

阿崎婆：本来也想问你来着，村子里风言风语传说不少，比起他们来，我心里是多么想知道你的事啊！可要知道，事实上各人有各人的处境，要是能说的事，不用打听，自己也会说。本人不能说的总有不便说的道理。你不能说的事，我这个外人怎么能去问呢？

圭　子：妈妈！原谅我，不了解您的心情，至今一句话也没有谈过。我是……村里人传说的那样，是东京人，不但有孩子，而且有丈夫。我正在研究日本妇女的生活和历史，特别是研究像妈妈这样受苦受难的妇女，我想什么时候把它写成书，让所有的人都知道。可我一直瞒着您，利用您的好意，不，我骗了妈妈，（抽泣）原谅我！（哭）

阿崎婆：好啦好啦，快别哭啦孩子，嗯，啊，起先我以为你是跟家里怄气出来的，后来你老打听外国的事，哈，我心里就有数了。说要写书，你要写你就放心写吧！只要写的是真事，那你就什么也别顾虑，别顾虑，嗯。啊啊啊，噢噢噢（用手抚慰着圭子）。

圭　子：妈妈，这是一点心意。

阿崎婆：圭子，我可不是为了钱才留你住在这儿的。

圭　子：请您一定要收下，不然我真过意不去，要不……

阿崎婆:钱不能收,不过想跟你要一样东西。

圭　子:要什么?

阿崎婆:你回到东京要是还有别的毛巾的话,你现在用的这一条毛巾,哈,能不能给我?

(圭子取出毛巾,送给阿崎婆)

阿崎婆:谢谢,谢谢。我一用到这条毛巾,我就会想起你来的。

(阿崎婆用毛巾捂住脸,发出撕心裂肺的痛苦哭声)

训练提示

这部影片,通过一个女记者对早年"南洋姐"生活的调查,表现了日本劳动人民尤其女性所遭受的痛苦与凌辱,同时,揭露了日本军国主义的倒行逆施。影片中的女记者圭子在一次偶然的机会中,遇见了一位早年被骗往海外做过妓女的"南洋姐"——阿崎婆。为了获得第一手研究资料,圭子住进了阿崎婆破烂肮脏的家里。她帮老人打扫卫生,与老人一起吃粗陋的饭菜。在朝夕相处的交流中,她得到了自己所需要的真实材料,并将其写下寄回东京的家中。

分别的日子终于到了,圭子与这个连自己的亲人都嫌弃的孤独老人不得不分手了,二人心中都充满难割难舍的情感,人间真情在这一刻爆发了。

为人物配音时注意把握以下几点:

1. 了解全片内容与人物关系,把握准此片段的规定情境和配音氛围。
2. 把握圭子与阿崎婆的各自心境、各自的语言声音造型及配音节奏的变化。
3. 可以一个人练习配两个人物的语言,锻炼从内到外的全面塑造人物的能力。

美国动画片《海底总动员》(片段)

编剧、导演:〔美〕安德鲁·斯坦顿

【剧中角色】

马　林:小丑鱼,谨小慎微,行事缩手缩脚

多　瑞:蓝唐王鱼,热心助人、胸怀宽广,患有严重的健忘症,常常搞得马林哭笑不得

布鲁斯:大鲨鱼,本性凶残

布鲁斯:我是布鲁斯。好的,我理解,不能相信鲨鱼是不是啊?哈哈哈哈……那么这么晚了你们在外面瞎转悠什么呢?

马　林:没有,我们没有瞎转悠,也没有在外面!

布鲁斯:那好,跟我去参加一个小小的集会,你们说怎么样啊?

多　瑞:你是说聚会吧?

布鲁斯:对对对!聚会。肯不肯赏光啊?

多　瑞:噢!我喜欢聚会,有点意思。

马　林:聚会是不错,也很诱人,我倒是想去,可是……

布鲁斯:别这样,一定要去!!!

马　林:噢,好吧,既然能这么重要,我就……

多　瑞:哦!气球,你瞧,气球,真是聚会!!

布鲁斯:哈哈,请不要靠近,那可不是闹着玩的!!要是弄响了麻烦可就大了!!!

马　林:哦!

布鲁斯:安安、阿沈。

鲨鱼甲:你终于来了,布鲁斯!

布鲁斯:我们有客人了。

鲨鱼甲:来得正好,伙计!

鲨鱼乙:我们吃光了所有饼干,可肚子还是饿得慌!

鲨鱼甲:真想好好大吃一顿!

鲨鱼乙:行了,还是先办正事吧!

布鲁斯:好吧!会议的程序准备就绪!我们首先来宣示!!

三条鲨鱼(合):我是条好鲨鱼,不是食鱼狂,如果我不遵守诺言,日后便受天打五雷轰。鱼类是朋友,不是食物。

鲨鱼甲:除了海豚。

鲨鱼乙:海豚?没错!他们自以为了不起,哦,看哪,我是跳水健将,请大家欣赏。我有本事吧!

布鲁斯:静一下,今天开始第五阶段和鱼类交朋友,你们找到朋友了么?

鲨鱼甲:我找到了(伴有紧张打颤声音)。

多　瑞:你们好。

布鲁斯:你怎么样,阿沈?!

鲨鱼乙:我、我、我、我!好像把朋友放错地方了,没了!

布鲁斯:没关系,阿沈,和鱼类做朋友的确不易,我先借你一个。

鲨鱼乙:谢了伙计,你先做我的朋友吧!

布鲁斯:我先啰嗦两句,大家好,我是布鲁斯。

众　合:你好,布鲁斯!

布鲁斯:我最后一次吃鱼是三周前的事,我发誓,说假话割我的鱼翅做粥。(掌声)

鲨鱼乙:你给了我们莫大的鼓舞!

鲨鱼甲:阿门!

布鲁斯:好吧！该谁了?!

多　瑞:让我说！我说!! 我说!!!

布鲁斯:好的,前排那位女士,(噢噢噢)上来讲!

多　瑞:嗨！我是多利!

众　合:你好,多利!

多　瑞:我好像,我好像从来都没吃过鱼!

鲨鱼甲乙:真难以置信!

布鲁斯:有你的伙计!

多　瑞:我真高兴去掉一块心病!

布鲁斯:好吧,还有谁？喂,你怎么样,伙计？你有什么问题?

马　林:我？我没有什么问题!

三条鲨鱼(合):哦！那好！不可能!!!

布鲁斯:先做个自我介绍!

马　林:噢,好吧！大家好,我叫马林,我是一只小丑鱼。

鲨鱼乙:小丑鱼,真的?

布鲁斯:那你就讲个笑话吧!

鲨鱼乙:我喜欢笑话!

马　林:我还真有一个笑话,非常好听。有个软体动物,他走着去找海参,一般说他们不会,可是在笑话里谁都会说,于是软体动物对海参说……

(老爸!)

马　林:尼莫!

鲨鱼乙:尼莫！哈哈哈哈哈！好玩！什么意思?

布鲁斯:这小丑鱼不怎么可爱!

马　林:不不不,他是我的儿子！他被一个潜水员给带走了!

多　瑞:哦,天哪！可怜的鱼!

鲨鱼乙:人类自以为他们能主宰一切!

鲨鱼甲:估计是美国人!

布鲁斯:请看这位慈祥的父亲！他在寻找自己的孩子!

马　林：啊！这些符号什么意思？

布鲁斯：我从来没有见过我的爸爸！（大哭）

鲨鱼甲乙：来，大家拥抱一下！我们都是兄弟！

马　林：我看不大懂人类这些字！

多　瑞：那就找个懂的鱼帮你！嗨，你看！鲨鱼！

马　林：不，多利。

多　瑞：嗨，伙计们！

马　林：多利，多利！别闹了。

多　瑞：这是我的还给我！嗨哟，嗨哟！（对不起，你没事吧！）疼死我了！流血了吧！

布鲁斯：多利，你没事吧？噢噢噢噢！味道好极了！

鲨鱼甲乙：马上干预！

布鲁斯：就吃一小口！

鲨鱼甲：不能前功尽弃，伙计。

鲨鱼乙：别忘了，布鲁斯，鱼类是朋友不是食物。

布鲁斯：是美食！当心！

布鲁斯：晚餐我要吃鱼！

训练提示

《海底总动员》是美国迪士尼公司与皮克斯公司继《玩具总动员》、《虫虫特工队》、《怪兽公司》之后，再度推出的最新三维电脑动画作品。这也是迪士尼第一部在暑期全球上映的电脑动画巨片。这是一部制作精美，色彩艳丽，场面宏大，故事感人的电脑动画巨片。片中电脑制作的角色和景物异常逼真。而全片的故事更是充满了悬念、历险、亲情、友谊等诸多元素，对各个年龄层次的观众都有巨大的吸引力，可以说是迪士尼和皮克斯动画有史以来最成功的电脑动画影片。

《海底总动员》的主人公是一对可爱的小丑鱼父子。父亲马林和儿子尼莫一直在澳洲外海大堡礁中过着安定而幸福的平静生活。鱼爸爸马林一直谨小慎微，行事缩手缩脚，虽然已经身为人父，却丝毫不会影响它成为远近闻名的胆小鬼。也正因为这一点，儿子尼莫常常与他发生争执，甚至有那么一点瞧不起自己的父亲。直到有一天，一直向往到海洋中冒险的尼莫，游出了他们所居住的珊瑚礁。正当尼莫想要舒展一下小尾巴的时候，一个潜水员毫不留情地将欢天喜地的尼莫捕走，并将它辗转卖到澳洲悉尼湾内的一家牙医诊所。

在大堡礁的海底，心爱的儿子突然生死未卜的消息，对于鱼爸爸马林来说无异于晴天霹雳。尽管胆小怕事，现在为了救回心爱的孩子，马林也就只有豁出去了。它决心跟上澳洲洋流，踏上寻找自己儿子的漫漫征程。

虽说是已下定决心，但这并不代表马林可以在一夜之间抛弃自己怯懦的性格。途中与大白鲨布鲁斯的几次惊险追逐，很快便令它萌生退意，险些使父子重聚的希望化为泡影。但幸运的是，马林遇到了来自撒马力亚的蓝唐王鱼多瑞。多瑞是一只热心助人、胸怀宽广的鱼。虽然多瑞严重的健忘症常常搞得马林哭笑不得，但是有多瑞在身边做伴，却也渐渐令马林明白了如何用勇气与爱战胜自己内心的恐惧，也懂得了一生中有一些事情的确是值得自己去冒险、去努力的道理。

就这样，两条鱼在辽阔的太平洋上的冒险使它们交到了形形色色的朋友，也遭遇了各式各样的危机。而鱼爸爸马林也终于克服万难，与儿子团聚并安全地回到了自己的家乡。过去那个甚至被自己儿子都瞧不起的胆小鬼马林，经过这次的考验后成为了儿子眼中真正的英雄！一场亲情团聚的大戏，就此在充满泪水的眼睛中落下了帷幕。

为角色配音时注意把握以下几点：

1. 注意区别动画片与故事片的配音要领。

2. 注意区别不同动物的性格、面目，以及它们之间的相互关系。

3. 为不同动物进行适当的语言声音造型。

美国动画片《狮子王》(片段)

导演：〔美〕明可夫

【剧中角色】

木法沙：老狮子王

辛　巴：小狮子

沙　祖：鹦鹉、大臣

辛　巴：爸、爸，快起来，我们要走了啦……噢，对不起……爸、爸、爸、爸……

母狮子：你儿子好像已经醒了。

木法沙：在天亮前他是你儿子。

辛　巴：爸、爸、爸、爸，拜托了……哎哟！你答应过我的啊！

木法沙：好吧，好吧，我醒了。辛巴你看，阳光所照到的一切都是我们的国度。

辛　巴：哇！

木法沙：一个国王的统治就跟太阳的起落是相同的，总有一天太阳将会跟我一样慢慢下沉并且在你当国王的时候一同上升。

辛　巴:这一切都是我的么?

木法沙:所有的一切。

辛　巴:阳光能照到的所有东西……那有阴影的地方呢?

木法沙:那在我们的国度之外,你绝不可以去那个地方。

辛　巴:我以为国王可以随心所欲啊!

木法沙:你错了,国王也不能凡事随心所欲啊!

辛　巴:不能吗?

木法沙:呵呵!辛巴,世界上所有的生命都有它存在的价值,身为国王,你不但要了解,还要去尊重所有的生活,包括爬行的蚂蚁和跳跃的羚羊。

辛　巴:但是爸,我们不是吃羚羊吗?

木法沙:是的。我来跟你解释一下啊!我们死后呢,尸体会化为草,而羚羊是吃草的,所以在这个生命圈里都是互相有关联的。

沙　祖:早安,陛下!

木法沙:沙祖,你早。

沙　祖:我来作早上的例行报告。

木法沙:你说吧。

沙　祖:(节奏轻快地唱起……)

木法沙:儿子,你在干什么?

辛　巴:捉东西。

木法沙:让老手示范给你看。尽量地压低身子、趴在地上。

辛　巴:低身子、趴在地上,好,我知道了。

木法沙:嘘,别出声。慢慢来,向前一步,然后……

木法沙:哈哈哈哈哈……非常好啊。

土拨鼠:沙祖。

沙　祖:什么事呢?

土拨鼠:地下传来消息。

木法沙:这一次呢!

沙　祖:陛下,土狼到了荣耀石了!

木法沙:带辛巴回家。

辛　巴:我不能去么?

木法沙:不行,儿子。

辛　巴：哼！什么地方都不准我去！

沙　祖：别着急，小主人，将来你也会成为国王的。

训练提示

《狮子王》是一部剧情跌宕起伏，充满冒险和传奇色彩的动画片，背景取材于莎士比亚的著名作品《哈姆雷特》。该片是迪士尼的影片制作者们用他们的智慧和创造力，经过四年精雕细琢所创造的奇迹。

故事情节是：小狮子辛巴追寻着自己最尊敬的父亲——狮子王木法沙的脚印，为当上狮子王统领万兽而努力，并不懈地寻找生命之环中属于自己的位置。然而辛巴的叔叔刀疤却阴谋篡位杀害了木法沙，并嫁祸于辛巴，把他驱逐出荣耀大地。孤独、害怕、悲痛欲绝的辛巴在绝望之际碰到了古怪却又热心肠的野猪蓬蓬和油嘴滑舌、喋喋不休的狸猫丁满。辛巴接受了他们俩的“hakuna matata”（没有烦恼）的生活态度，重新建立起了自己的生活信心。吃着美味的虫子宴，整天无忧无虑侃大山，在不知不觉之中辛巴已经长成了一只威武凶猛的大狮子。直到有一天，辛巴儿时的朋友娜拉为了寻找他来到了这里。命运中的会面不仅让这两个年轻人之间产生了情愫，更让辛巴下定决心返回已经是一片狼藉的荣耀大地，夺回本属于自己的王位和荣耀。在智慧的狒狒拉夫克的帮助下，辛巴知道了最尊敬的父亲一直活在自己的心中，并一直在给予自己力量。经过荣耀大地上的命运之战，辛巴终于打败了刀疤。在乌云密布的天空下，辛巴顶着暴雨走向荣耀之石的顶端。一声狮吼唤醒了笼罩在黑暗之下的荣耀大地，一时间乌云顿开，暴雨骤停……辛巴捍卫了狮子王的尊严，也在生命循环中写下了新的篇章。

《狮子王》一经上映，其活泼可爱的卡通形象、震撼人心的壮丽场景、感人至深的优美音乐，以及其所描述的爱情与责任的故事内容，深深地打动了许多人。《狮子王》不仅创造了票房上的巨大成功，也使人重新定义了动画电影，成为动画电影史上的奇迹！

为角色配音时注意把握以下几点：

所选的这一段是影片的开始，狮王木法沙带着自己心爱的幼子辛巴俯瞰自己阳光下的国度，向儿子传授为王之道和生存的本领，洋溢着明媚的生活气息和浓浓的父子深情。木法沙的配音雄浑、威严、果敢但又充满了温情；辛巴的配音活泼、纯净、稚气，但又朝气蓬勃；沙祖是一只鹦鹉，是王国的大臣，絮絮叨叨但又一丝不苟。动画片配音时不仅要注意人物的性格，也要注意人物的声音造型。

后　记

《文艺作品演播选》收录了各种形式的文艺作品，它对于我们学习文艺作品演播和训练演播能力，发挥不可估量的作用。

由于种种原因，我们很难找到每个作品的作者，向他们一一致谢，但是，我们相信，当他们得知那么多的学生是因为有了他们的作品而迷上文艺作品演播，因为有了他们的作品而习得良好的表达能力，他们会得到极大的满足与欣慰！

我们——从事艺术语言教育的工作者，也从心底向他们致以真诚的谢意！有了他们的作品，才使我们如勇士手中有了武器，帮助我们训练热望步入艺术语言殿堂的学子们。我们的教育离不开他们的帮助，我们共同的感激之情深在心底。

在此，我们向所选作品的每一位作者再次致以真挚的谢意！

编者

2008 年 8 月 5 日

后记

图书在版编目(CIP)数据

文艺作品演播选/罗莉,王明军编著.--北京:中国传媒大学出版社,2009.2(2024.12 重印)

ISBN 978-7-81127-229-1

Ⅰ.文… Ⅱ.①罗…②王… Ⅲ.播音—语言艺术—高等学校—教材 Ⅳ.G222.2

中国版本图书馆 CIP 数据核字(2008)第 202200 号

文艺作品演播选

WENYI ZUOPIN YANBOXUAN

编　　著　罗　莉　王明军
责任编辑　欧丽娜
责任印制　李志鹏
封面设计　大鹏工作室

出版发行　中国传媒大学出版社
社　　址　北京市朝阳区定福庄东街 1 号　　**邮　　编**　100024
电　　话　86-10-65450528　65450532　　**传　　真**　65779405
网　　址　http://cucp.cuc.edu.cn
经　　销　全国新华书店

印　　刷　唐山玺诚印务有限公司
开　　本　787mm×1092mm　1/16
印　　张　14
字　　数　241 千字
版　　次　2009 年 5 月第 1 版
印　　次　2024 年 12 月第 15 次印刷

书　　号　ISBN 978-7-81127-229-1/G·229　　**定　　价**　38.00 元(赠 CD 光盘一张)

本社法律顾问:北京嘉润律师事务所　郭建平